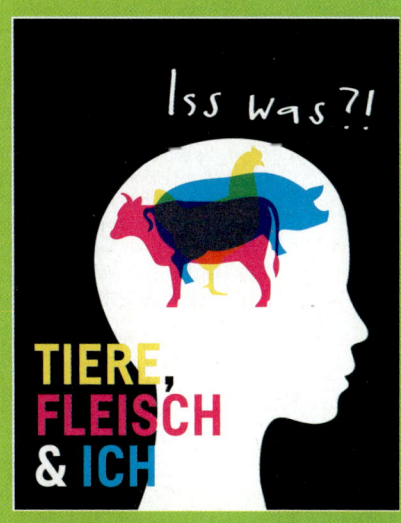

Autorinnen in diesem Heft

- BIRGIT ALBRECHT ist Lektorin und Autorin in Berlin.
- DIRK ASENDORPF arbeitet als freier Journalist für Print und Hörfunk zu Themen aus den Bereichen Forschung, Technik und Umwelt.
- KYLE G. BROWN ist Journalist.
- JITENDRA CHOUBEY lebt in Delhi und ist Journalist beim indischen Umweltmagazin *Down to Earth*.
- HÉLÈNE COLINEAU arbeitet an der École Normale Supérieure von Lyon.
- PIERRE DAUM ist Journalist und Autor. Er schreibt regelmäßig über das koloniale Erbe Frankreichs.
- NAÏKÉ DESQUESNES lebt als freie Journalistin in Paris.
- TIM DORLACH ist Politikwissenschaftler an der Koç-Universität in Istanbul.
- DIETER FAHRIAN lebt als freier Journalist im Schwarzwald und schreibt regelmäßig über Food, Landwirtschaft und Umwelt.
- JACK FEREDAY lebt als freier Journalist in Indien.
- ULRIKE GONDER ist Diplom-Ökotrophologin, freie Wissenschafts-journalistin und Buchautorin.
- CHRISTIANE GREFE ist Reporterin bei der *Zeit* und Buchautorin.
- RAÚL GUILLÉN ist Journalist und Imker.
- URSULA HUDSON lehrte Interkulturelle Germanistik an der Universität Bayreuth und an den Universitäten Cambridge und Oxford. Seit 2012 ist sie Vorsitzende von Slow Food Deutschland.

- JÖRN KABISCH ist kulinarischer Korrespondent von *taz* und *FuturZwei*.
- MANFRED KRIENER ist Umweltjounalist in Berlin. Er gehört zur Gründergeneration der *taz* und war Redaktionsleiter des Umweltmagazins *zeozwei* und des *Slow-Food*-Magazins.
- STEFANO LIBERTI ist freier Journalist und Filmemacher.
- FRÉDÉRIC LE MARCIS ist Ethnologe an der École Normale Supérieure von Lyon.
- JEAN-BAPTISTE MALET ist Journalist und Autor.
- BERND MÜLLENDER ist freier Journalist in Aachen. Er schreibt unter anderem regelmäßig Reportagen für die *taz* und die *Zeit*.
- GUNDULA OERTEL ist freie Journalistin und Autorin mit den Spezialgebieten Natur- und Verbraucherschutz.
- CHRISTINE POHL Mitinitiatorin des Berliner Ernährungsrats.
- HILAL SEZGIN ist freie Publizistin und arbeitet vornehmlich zu den Themengebieten Philosophie, Feminismus und Tierrechte.
- KRISTINA SIMONS ist freie Journalistin in Berlin mit den Schwerpunkten Energie und Umwelt.
- VALENTIN THURN lebt als Filmemacher und Journalist in Köln.
- KRISTINA VAILLANT lebt in Berlin als Wissenschaftsjournalistin und Buchautorin.
- ALEX DE WAAL ist geschäftsführender Direktor der World Peace Foundation.
- ZHANG ZHULIN ist ein in Frankreich lebender chinesischer Journalist.

Impressum

Edition Le Monde diplomatique N° 24 · 2019

Redaktionsadresse
Rudi-Dutschke-Straße 23, D-10969 Berlin
Telefon +49 (0)30 259 02-276
Fax +49 (0)30 259 02-676

Redaktion: Manfred Kriener (v. i. S. d. P.),
Dorothee d'Aprile, Barbara Bauer, Anna Lerch
Korrektur: Franziska Özer

Bildredaktion und Gestaltung: Adolf Buitenhuis
Internet: www.monde-diplomatique.de

Verlagsadresse
taz Verlags- und Vertriebs GmbH
Rudi-Dutschke-Straße 23, D-10969 Berlin
Telefon +49 (0)30 259 02-0

Anzeigen: Daniel Schwertfeger
Telefon +49 (0)30 25 902-127
dschwert@monde-diplomatique.de

Vertrieb: Norman Nieß, vertrieb@taz.de

Druck: möller druck, Ahrensfelde
Gedruckt auf 100 % Recyclingpapier
Printed in Germany

ISSN (Print)   1864-3876 · ISBN (Print)   978-3-937683-76-8
ISSN (E-Book) 2511-6819 · ISBN (E-Book) 978-3-937683-77-5

❀ **taz.genossenschaft**

Die deutsche Ausgabe von *Le Monde diplomatique* geht auf eine Initiative der taz-Genossenschaft im Jahr 1994 zurück. Mehr über die Genossenschaft erfahren Sie unter: www.taz.de/genossenschaft

Erhältlich in den Bahnhofs- und Flughafenbuchhandlungen in Deutschland

Kinder, Essen ist fertig!

Editorial

Von Manfred Kriener

Ich esse, also bin ich! Noch nie wurde so viel über Ernährung geredet: Superfood, Ethnofood und Weizenwampe, Veganerinnen und Carnivoren, Gluten- und Laktoseintoleranz, Intervallfasten und Heilfasten, Low Carb und No Carb, Adipositas und Magersucht. In ihrer kulinarischen Komfortzone sind die Verbraucherinnen und Verbraucher umstellt von immer neuen

Schlagworten und angeblichen Megatrends. Es ist noch gar nicht lange her, da tranken wir zum Wurstbrot Hagebuttentee, heute gibt's »Long Live Tea« aus Minze, Ingwer, Gojibeeren und getrocknete Datteln. Und im Fernsehen werden die Kochsendungen langsam zur Landplage.

Essen ist auf dem Weg, zur neuen Religion zu werden, Andersessende müssen bekehrt werden, sie sollen Heilung erfahren. Und hinter jeder Käsetheke lauert ein Ernährungsberater. Was kann ich überhaupt noch essen, was ist gesund, fair, bio, artgerecht, fragt man sich vor lauter Qualitätssiegeln und Ernährungspyramiden. Auch die Deutsche Gesellschaft für Ernährung (DGE), die offizielle Magenwächterin der Republik, mischt nach Kräften mit. Zuletzt hat sie ihre Ernährungsregeln in wichtigen Punkten umgeschrieben. Light-Produkte sind plötzlich aus der Empfehlungsliste verschwunden und der Dämonisierung des Fetts wurde ein wenig Einhalt geboten. Mit ihren Empfehlungen für eine kohlenhydratreiche Kost ist die DGE dagegen zurückhaltender geworden. Wir lernen: Was gestern richtig war, kann heute schon falsch sein. Und umgekehrt.

Doch es gibt Wichtigeres als den Bohei um die kulinarischen Befindlichkeiten in den reichen Ländern des Nordens. Die zentrale Frage: Wie können 8, 9 oder 10 Milliarden Menschen künftig satt werden? Das ist nicht nur das Problem der ärmsten afrikanischen und asiatischen Länder, das ist auch unseres. Wir sollten endlich aufhören, von der Kommandobrücke herunter mitleidig auf die Hungernden und Mangelernährten hinabzublicken, sagt der Berliner Agrarexperte Benny Härlin im Interview mit *Le Monde diplomatique (Seite 68)*. Stattdessen sollten wir uns fragen, wie nachhaltig der eigene Speiseplan für unsere Gesundheit und für die des Planeten ist.

Wie eng die Industrie-, Schwellen- und Entwicklungsländer landwirtschaftlich und damit auch kulinarisch verbunden sind, zeigt der Anbau von Futtermitteln: Deutschland hat ein Fünftel seiner Anbauflächen outgesourct. Soja, das Kraftfutter für Millionen deutscher Hühner und Schweine, wächst in Argentinien, Brasilien und Paraguay. Dirk Asendorpf berichtet über die Wunderbohne, ohne die Massentierhaltung in Europa nicht möglich wäre *(Seite 18)*, und Stefano Liberti erzählt, wie sich die Bauern im Norden von Mosambik erfolgreich gegen den im großen Stil geplanten Anbau von Sojabohnen zur Wehr setzen *(Seite 22)*.

Auch das Nachtschattengewächs namens Tomate verbindet die reichen und armen Länder. Tomatenmark ist heute das am weitesten verbreitete Industrieprodukt weltweit, berichtet Jean-Baptiste Malet *(Seite 16)*, und Pierre Daum reiste in die Sahara, wo Algerien riesige Wasservorkommen unter dem Wüstensand für den Aufbau einer neuen landwirtschaftlichen Industrie nutzt *(Seite 12)*.

Zum Agrargiganten hat sich Indien entwickelt. Das Land der Vegetarier ist größter Rindfleischexporteur der Welt: Jitendra Choubey schreibt über die Traditionen und Widersprüche der indischen Ernährung und Ernährungspolitik, Jack Fereday über den Kampf indischer Bäuerinnen für mehr Selbstbestimmung und eine nachhaltige Landwirtschaft und Naïké Desquesnes über die hindunationalistische Vereinnahmung der heiligen Kuh *(Seite 42 bis 49)*.

Tiere in der Landwirtschaft sind in unseren Breiten alles andere als heilig. Es sind Nutztiere, die nach rein wirtschaftlichen Erfordernissen gezüchtet, gemästet und geschlachtet werden. Wir erzählen die Geschichte der Legehennen von den Dschungelhühnern in Südostasien bis zum 300-Eier-Turboexemplar im modernen Hühnerstall *(Seite 50)*. Der Lachs in der Aquakultur ist eine Art Unterwasser-Huhn. Neuerdings wird der Raubfisch vor allem vegetarisch ernährt. Und er wird immer öfter von Fischläusen befallen *(Seite 58)*. Ein ganz anderes Nutztier ist die Biene, die sich zum geflügelten Liebling der Kritiker des Agromolochs entwickelt hat *(Seite 38)*. Zum Nutztier gehört auch die Fleischdebatte. Hilal Sezgin hält ein vehementes Plädoyer für vegane Ernährung *(Seite 62)*, und Jörn Kabisch hat sich in den Labors der Kunstfleischproduzenten umgesehen *(Seite 64)*. Schon 2021 soll das In-vitro-Schnitzel im Supermarkt liegen.

Inhalt

JEREMY BROOKS, THOMAS HAWK [CC BY 2.0]; PHIL KING, PHIL SHIRLEY [CC BY-ND 2.0]; ARBYREED, JIM NIX, OWEN PARRISH, DON SNIEGOWSKI [CC BY-SA 2.0]

FOTO UMSCHLAG: MICHAEL STERN [CC BY-SA 2.0]

120 000

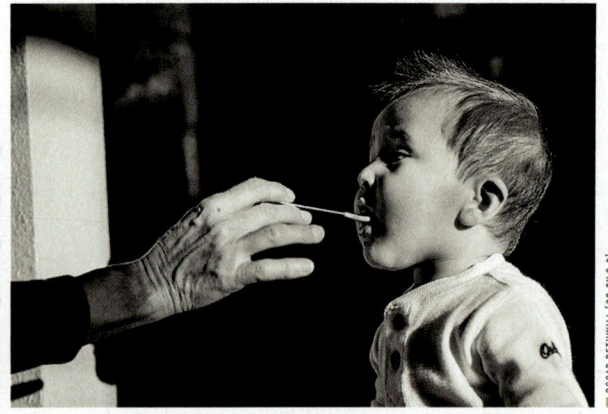

Im Laufe eines 80-jährigen Lebens isst der Mensch rund 120 000-mal. Inklusive der Einkaufs- und Zubereitungszeit für unsere Mahlzeiten verbringen wir bis zu zehn Jahre unseres Lebens mit Essen.

50 %

Die Landkonzentration nimmt zu. 3 Prozent der landwirtschaftlichen Betriebe gehören 50 Prozent des europäischen Agrarlands.

65 %

Die Bewohner auf der Erde – das sind 65 Prozent Nutztiere, 32 Prozent Menschen und 3 Prozent Wildtiere. Hühner, Schweine und Rinder haben uns überflügelt.

34 %

34 Prozent der weltweit angebauten Nahrungsmittel werden an Tiere verfüttert.

1,5 Mrd.

Nur 11 Prozent der bebaubaren Erdoberfläche ist Acker-land. 7,5 Milliarden Menschen teilen sich 1,5 Milliarden Hektar Ackerfläche. Das sind 2000 Quadratmeter für jeden Menschen: 40 mal 50 Meter.

4 m³

Die Produktion von 1000 Kalorien aus Getreide benötigt einen halben Kubikmeter Wasser. Für 1000 Fleischkalorien aus Massentierhaltung sind im Durchschnitt 4 Kubikmeter nötig, 8-mal so viel.

450 Mio.

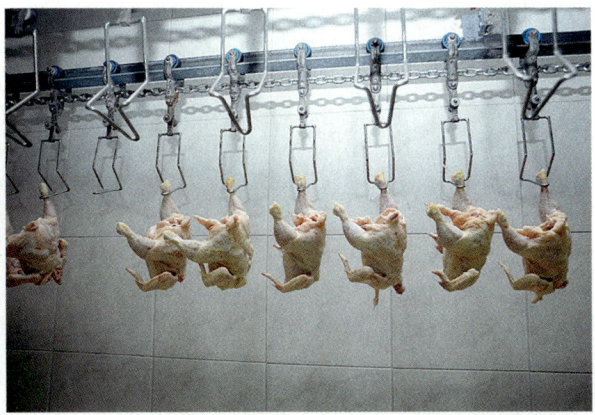

Der weltweite Fleischverzehr hat sich in den vergangenen 45 Jahren verdreifacht: von 100 Millionen Tonnen auf über 300 Millionen. Bis 2050 soll er auf 450 Millionen Tonnen anwachsen.

30

30 000 Pflanzen gelten als essbar. Der größte Teil der Weltbevölkerung ernährt sich heute von nur noch 30 Pflanzen.

129

Vor der industriellen Revolution konnte ein Bauer 4 Menschen ernähren. 1950 waren es 10. Heute kann ein einzelner Bauer in den Industrieländern 129 Menschen ernähren.

29 397

In Deutschland ist jeder neunte Bauer Biobauer. 2017 ist ihre Zahl um 8,3 Prozent auf 29 397 gestiegen. Die ökologisch bewirtschafteten Felder sind 1,4 Millionen Hektar groß, das entspricht 8 Prozent der Gesamtfläche.

22 Mrd.

80 Prozent der Pflanzen sind auf die Bestäubung von Bienen und anderen Insekten angewiesen. In Europa wird das Volumen ihrer wirtschaftlichen »Dienstleistung« auf jährlich 22 Milliarden Euro geschätzt.

815 Mio.

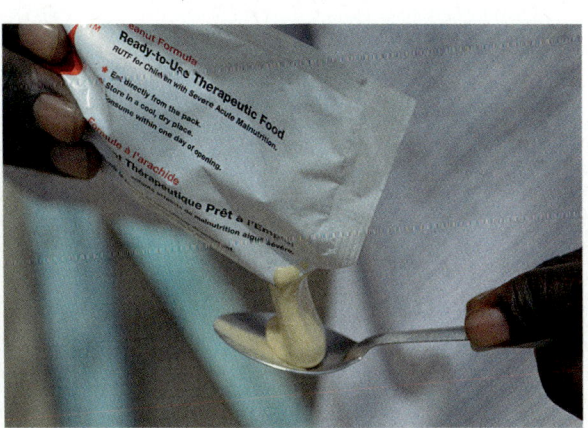

Jeder neunte Mensch auf der Erde leidet Hunger. Mehr als 60 Prozent der Hungernden sind weiblich.

Die Erfinder des Fast Food

Heinrich Nestlé, Justus von Liebig, Julius Maggi und Carl Heinrich Knorr legten
den Grundstein für die Industrialisierung der Lebensmittelherstellung

Von Manfred Kriener

Am Anfang war die Konserve. Nicolas Appert, der Zuckerbäcker und ehemalige Leibkoch des Herzogs von Pfalz-Zweibrücken, erhält im Jahr 1810 von Napoleon für die Kunst, »alle animalischen und vegetabilischen Substanzen in voller Frische zu erhalten«, die fette Prämie von 12 000 Goldfrancs ausbezahlt. Appert hat die bereits bekannten Wirkmechanismen des Vakuums und des Dampfkochens kombiniert und die Hitzekonservierung erfunden. Das Erhitzen von Nahrungsmitteln in einem Gefäß tötet die Fäulnisbakterien. Beim Abkühlen entsteht ein Vakuum, das den Deckel auf dem Gefäß abdichtet.

Appert arbeitet noch mit Glasflaschen. Der britische Kaufmann Peter Durand benutzt Blechkanister und erfindet im selben Jahr die Konservendose, die am 25. August 1810 patentiert wird. Mit einem Lötkolben werden die Dosen verschlossen, mit Hammer und Meißel brachial geöffnet. Die Konservendose wird zur kulinarischen Zeitmaschine. »Indem sie uns den Mai in den Februar befördert, bewirkt sie die sanfteste Revolution in unseren Gaumen«, schreibt der französische Gastrosoph Grimod de la Reynière. Mit Hilfe der Dose können Lebensmittel unabhängig von Erntezeitpunkt und Herkunft haltbar gemacht, aufbewahrt und gehandelt werden. So bekommen die Soldaten Napoleons für ihre Schlachtenzüge unverderblichen Proviant in den Tornister.

Die Erfindungen von Appert und Durand bilden den Auftakt für ein stürmisches Jahrhundert epochaler Erfindungen, die weltweit zu Meilensteinen in der Kulturgeschichte der Küche avancieren und die Ernährung der Menschen auf den Kopf stellen. Es ist die Geburtsstunde einer neuen Massenfabrikation von Lebensmitteln. Ihre Schöpfer heißen Henri Nestlé, Julius Maggi, Justus Liebig und Carl Heinrich Theodor Knorr. Mit Milchpulver, Erbswurst und Fleischextrakt wollen sie die Volksernährung verbessern, den Armen und Arbeitern eine nahrhafte Kost anbieten. Am Ende blubbert das erste Fast Food in ihren Töpfen. Die Industriealisierung und Standardisierung der Lebensmittel ist nicht mehr aufzuhalten. Was als geplante Wohltat für die Armen beginnt, nimmt im Verlauf der Geschichte eine ungute Wendung.

Henri Nestlé wird vor 200 Jahren, am 10. August 1814 als elftes von vierzehn Kindern und Sohn des Glashändlers Johann Ulrich Nestle in Frankfurt am Main geboren. Eigentlich heißt er in bravem Deutsch Heinrich Nestle. Nach einer Apothekerlehre wandert er nach Vevey ins Schweizer Kanton Waadt aus und passt dort seinen Namen der neuen Heimat an. Der Mann handelt mit Zement und Steinen, er vertreibt Düngemittel, Schnaps und Limonade, Flüssiggas und Petrollampen. Er erfindet eine Süßholzschneidemaschine und konstruiert eine Riesenstampfe zum Zerkleinern von Knochen. Doch seine multiplen Geschäfte machen ihn weder reich noch glücklich. Bis im Herbst 1867 der große Wurf gelingt.

Nestlé experimentiert mit den Grundzutaten Milch, Mehl und Zucker. Er will der Menschheit dienen und zur Ernährung von Kleinkindern »ein Präparat bieten, das alle nothwendigen Bestandteile in sich vereinige und dessen leichte und schnelle Herstellungsweise es jeder Mutter leichter macht, sich derselben in wenigen Minuten selbst zu benutzen«. Grammatik ist nicht seine Stärke, aber unternehmerischer Elan und Erfindungsgeist. Den hat zuletzt der deutsche Chemiker Justus Liebig (später Freiherr Justus von Liebig) angestachelt. Am 16. Januar 1866 hat die *Deutsche Reichszeitung* eine aufregende Rezeptur Liebigs zur Zubereitung einer »Säuglingssuppe« veröffentlicht, um Kleinkinder und Invaliden zu nähren. Apotheker in München und Stuttgart verkaufen die Liebig'sche Stärkung frisch zubereitet in kleinen Portionen. Die Krux: Die Zubereitung ist »gar zu umständlich«, notiert Nestlé, sie erfordert »eine halbe Stunde complizierte Kocherei«, um aus Mehl, Malz, Milch und Pottasche den wertvollen Brei zusammenzurühren.

Nestlé hat verstanden, dass es schneller und einfacher gehen muss. Er dickt mit Zucker gesüßte Milch im Vakuumkessel »bei gelinder Wärme« durch Verdampfung ein. Das Weizenmehl gibt er nicht direkt in die Milchpampe, er backt vielmehr kleine Zwiebäckchen und zerbröselt sie staubklein. So wird der Weizen veredelt und verdaulicher gemacht. Dann rührt er das Zwiebackpulver unter die dicke Milch und trocknet die Mischung vollständig aus. Jetzt gibt er zur besseren Bekömmlichkeit noch etwas Kaliumbicarbonat zu, und schon ist das neue Nahrungsmittel fertig: Nestlés Kindermehl für Säuglinge und schwächliche Personen. Für die Zubereitung braucht es lediglich etwas Wasser, um das Konzentrat aus der Dose zum glatten Brei zu rühren.

Nestlés Vorbild und chemischer Ziehvater ist der Farbenhändlersohn Justus Liebig. Er verfolgt jenseits der Säuglingssuppe ganz andere Pläne. Liebig ist schon mit 21 Jahren zum außerordentlichen Professor der Chemie ernannt worden. Mit seinem Standardwerk zur Chemie in der Anwendung auf Agrikultur und Physiologie hat er im Jahr 1840 die Grundlage der modernen Ernährungswissenschaft gelegt. Jetzt will er den Armen und Kranken einen nahrhaften Ersatz für das teure Fleisch liefern. Mit seinen Studenten extrahiert er das Fleisch verschiedener Tiere, mal mit kaltem, mal mit

Eine Dose mit Nestlé-Kindermehl, um 1875.

NESTLÉ

heißem Wasser. In der Brühe entdeckt er eine imposante Stoff-Gemengelage. Seine Vision: Der Extrakt mit den gelösten Inhaltsstoffen könnte vielleicht genauso wertvoll und nahrhaft sein wie das Fleisch selbst. Er kocht eine intensive Fleischbrühe und konzentriert sie immer weiter zu einem festen braunen Sirup: Liebigs Fleischextrakt ist geboren – ein neues Nahrungsmittel für »außerordentliche Bequemlichkeit« und »große Zeitersparnis im Haushalte«, so die Werbung.

Henri Nestlé (1814–1890), Gründer des Nestlé-Konzerns.
■ NESTLÉ (S.P.N.)

Ähnlich liegt der Fall des 1846 geborenen Kaufmanns Julius Maggi, der Sohn eines italienischen Auswanderers und einer Zürcher Lehrerstochter. Ein Vortrag des Fabrikinspektors Fridolin Schuler im Jahr 1882 über die »Ernährung der Fabrikbevölkerung und ihre Mängel« geht ihm nicht mehr aus dem Kopf. Maggi zeigt sich tief berührt, er will die Arbeiterfamilien und ihre Kinder durch bessere Ernährung vor Krankheit und Tod retten. Gemeinsam mit Schuler experimentiert er mit eiweißreichen Hülsenfrüchten, bis er 1884 auf der Basis eines gut verdaulichen Leguminosenmehls die erste Fertigsuppe entwickelt. Die Anwendung ist denkbar einfach. Wasser zugeben, erhitzen, umrühren und: Kinder, das Essen ist fertig! Maggi will vor lauter Begeisterung seine eigene Tochter auf den Namen »Leguminosa« taufen, doch die Ernüchterung folgt bald. Denn der Suppenbrei aus Hülsenfrüchten schmeckt nicht und ist für die Arbeiter auch viel zu teuer. Maggi muss den Geschmack seiner Erfindung verbessern, eine kräftige Würzung soll sie delikater machen. Aus Sojabohnen und Weizeneiweiß, die er mit Salz- und Schwefelsäure versetzt, entsteht eine dunkelbraune Flüssigkeit mit kräftigem Aroma. Sie ist bis heute untrennbar mit dem Namen Maggi verbunden: die Maggi-Würze im markanten Vierkantdesign. Lange Zeit war sie die berühmteste Flasche Deutschlands. Keine Suppe ohne einen kleinen Spritzer Maggi.

Maggi produziert auch Fleischbrühe in Kapseln, Suppenwürfel und -tabletten. Sein großer Gegenspieler ist die Familie Knorr in Heilbronn, die mit dem Handel von Dörrobst und Getreide ihr Geld verdient. Doch Carl Heinrich und seine Söhne tüfteln seit 1873 mit Hülsenfrüchten, Gemüse und Würzmischungen herum. Sie bringen 1886 ihre ersten Fertigsuppen in neuer Verpackung auf den Markt – in Tafel- und Wurstform. 1889 kauft Knorr auch noch die Rechte an der schon damals legendären Erbswurst.

Der Berliner Koch Johann Heinrich Grünberg hat 1866 Erbsmehl, Speck und Zwiebeln mit Gewürzen und einer großen Portion Nierenfett vermischt und diesen Teig zu einer schlanken Wurst gepresst. Die preußische Regierung kauft das Patent und versorgt einen militärischen Versuchstrupp ausschließlich mit Erbswurst und Brot. Die Kampfkraft nimmt keinen Schaden, die Soldaten bleiben fit und munter. Im Krieg gegen Frankreich 1870/71 wird die Wurst erstmals im großen Stil an die Soldaten verteilt. Nach 1889 stellt sie Knorr in industrieller Massenproduktion her.

Der philanthropische Geist der Erfinder beginnt sich allmählich zu verflüchtigen. Immer stärker treiben Profitstreben und militärische Interessen die Entwicklung des frühen Convenience-Food voran, schreibt der Kulinarik-Historiker Peter Peter in seiner Kulturgeschichte der deutschen Küche. An die Stelle der Ernährungsverbesserung sei »ein pseudomedizinischer Überbau« getreten, der die neuen Produkte »zur gesunden, hygienischen und nahrhaften Kost« verklärt habe.

Ob Erbswurst, Kindermehl oder Suppenwürze: Die neuen industriellen Lebensmittel werden offensiv beworben. »Marketing gehört zur industriellen Massenherstellung wie das Huhn zum Ei«, schreibt der Historiker Gunther Hirschfelder in seiner »Geschichte der Ernährung«. Nestlé, Maggi und Co., werden damit auch zu Pionieren von Markenbildung, Werbung und des Corporate Designs. Auch Künstler werden jetzt für die Werbung eingespannt. »Liebig's Fleisch-Extract Compagnie« wirbt mit Haushaltskalendern und legt eine Sammelbildserie auf. Die hübschen Bildchen zeigen Stationen aus Liebigs Leben. Für Maggi erfindet der bekannte Dichter Frank Wedekind immer neue Werbesprüche von eher bescheidenem Niveau: »Vater, mein Vater! / Ich werde nicht Soldat, / Dieweil man bei der Infantrie / Nicht Maggi-Suppen hat!« Henri Nestlé wählt das berühmte Nest mit dem fütternden Vogel, der seinen Jungen Nahrung bringt, als Blickfang und Markenzeichen. Von Nestlé zum Vogelnest – eigentlich ein eher schlichter Gedankengang. Und doch wird der Frankfurter Apotheker bis heute als marketingorientiertes Genie besungen, der eines der ersten Markenprodukte erschaffen hat.

Nach einem erfolgreichen und äußerst werbewirksamen Test seines Kindermehls an einem sterbenskranken Säugling, hat Nestlé 1869 eine »kolossale Fabrik« mit einer Kapazität von täglich 1000 Dosen Kindermehl aufgebaut. Die Verkaufserfolge übertreffen all seine Erwartungen. Doch die unregelmäßige Anlieferung der verderblichen Milch – ohne moderne Kühlketten – bringt ihn immer wieder in Bedrängnis. Mal gibt es zu wenig Milch, dann wieder so viel, dass Nestlé gezwungen ist, aus den Überschüssen Käse zu produzieren. Gehetzt vom großen Verkaufserfolg muss er im Herbst 1872 den Ausstoß seiner Fabrik durch weitere Investitionen auf 2 000 Dosen täglich verdoppeln. Trotz der Expansion drohen immer wieder Lieferengpässe. Längst exportiert er sein Produkt auch ins Ausland und nach Übersee. Als die dritte Firmenerweiterung unausweichlich wird, um keine Marktanteile an die erwachte Konkurrenz zu verlieren, resigniert Nestlé. Sein Familienunternehmen mit 30 Beschäftigten ist ihm über den Kopf gewachsen. »Ich gehe bei der Sache zu Grunde«, schreibt er dem Vetter in Frankfurt, »die ganze Einrichtung, die Fabrikation und die weitläufige Korrespondenz allein zu besorgen, kann ich auf die Länge nicht aushalten.« 1875, als sich der Jahresausstoß langsam der Millionengrenze nähert, beschließt der ausgelaugte Erfinder den kompletten Rückzug. Am 12. Januar berichtet das *Nachrichtenblatt* in Vevey vom »sensationellen Verkauf« der Kindermehlfabrik für 1 Million Franken. Nestlés alter Traum vom Millionär ist doch noch wahr geworden.

Am 8. März 1875 gründen die Hauptaktionäre Pierre-Samuel Roussy, Jules Monnerat und Gustave Marquis die Aktiengesellschaft Henri Nestlé. Der alte Besitzer hat seinen Namen gleich mitverkauft. Deshalb muss er jetzt den Namen seiner Ehefrau annehmen. Als reicher Mann von 60 Jahren flaniert er nun, ganz in Weiß gekleidet, in seiner Wahlheimat Montreux durch die Stadt. Seine Fabrik entwickelt sich schnell zu einem managergeführten modernen Betrieb. Die neuen Besitzer verdreifachen den Pulverausstoß durch Investitionen in Maschinen und Fabriken mit Bahnanschluss. Die neugegründete AG verkauft 2,8 Millionen Dosen Kindermehl und als Zusatzprodukt noch 2,2 Millionen Büchsen Kondensmilch im Jahr. In Payerne, ebenfalls im Kanton Waadt, entsteht die erste Zweigfabrik. Das Werbebudget wird auf 100 000 Schweizer Franken erhöht und damit fast verzehnfacht. Wie man neue Produkte in den Markt drücken kann, haben gerade die Erfinder der Margarine vorgemacht. 1869 sind in Frankreich die ersten Fettwürfel produziert worden. Das Produkt ist ebenso billig wie überflüssig, denn Butter und Öl sind reichlich verfügbar. Doch die Margarine wird als »Sparbutter« geschickt vermarktet und kann sich tatsächlich durchsetzen.

Im Geschäft der Nestlé AG tobt währenddessen ein verbissener Preiskrieg um die Kondensmilch. 1905 wird er auf ebenso elegante wie richtungsweisende Art gelöst. Die Firma Nestlé fusioniert mit ihrem härtesten Konkurrenten Anglo-Swiss Condensed Milk und erhöht damit die Schlagkraft auf 18 Fabriken. Es ist der Anfang einer endlosen Unternehmensgeschichte von Fusionen, Beteiligungen und Einverleibungen. Wie ein gefräßiges Tier schnappt sich Nestlé Brocken um Brocken. Wachstum durch stetes Verschlingen. 1929 wird das Schokoladenunternehmen Peter Callier Kohler »eingegliedert«. Neun Jahre später besitzt Nestlé bereits 105 Fabriken.

Der alte Nestlé stirbt 1890 im schweizerischen Glion, Julius Maggis Leben endet 1912 in Küsnacht. 1947 kreuzen sich die Wege der beiden genialen Erfinder noch einmal. Der Nestlé-Konzern schluckt die Schweizer Firma Alimentana, die unter der Marke Maggi Suppen, Brühwürfel und Würzmittel verkauft. Die beiden anderen Pioniere, Liebig und Knorr, enden in den großen Armen von Unilever, dem anderen Nahrungsmittelriesen. Von den vier großen Namen bleibt allein Nestlé als eigenständiges Unternehmen bestehen. Und wie! Der Konzern expandiert mit beinahe naturgesetzlicher Konstanz. Am 1. April 1938 wirft Nestlé eine bahnbrechende Innovation auf den Markt: Ein Schweizer Forschungslabor hat im Auftrag des Konzerns eine Art Würfelkaffee hergestellt, der sich wie Zucker im heißen Wasser auflöst: Nescafé. Er erobert weltweit in rasendem Tempo die Regale. Berauscht vom Erfolg realisiert Nestlé weitere Akquisitionen: Neben Maggi werden auch Findus, Cross & Blackwell (Dosensuppen), Ursina (Bärenmarke, Thomy) und Libby übernommen. Der anschließende Einstieg beim Kosmetikhersteller l'Oreal erschließt wiederum ein ganz neues Geschäftsfeld. Und mit Speiseeis, Tiefkühlkost, Mineralwasser, Weinen und Restaurants dringt der Konzern auch noch in die letzten Nahrungsmittelmärkte vor.

Der heftige Rückschlag erfolgt ausgerechnet im Kerngeschäft des Gründervaters Henri: bei der Säuglingsnahrung. Nicht die Konkurrenten stellen Nestlé ein Bein und auch nicht die Kartellwächter. Der Schweizer Multi steht moralisch im Abseits. Die Anschuldigung klingt ungeheuerlich: »Nestlé tötet Babys!«. Der britische Journalist Mike Muller und die Schweizer »Aktionsgruppe Dritte Welt« werfen dem Unternehmen vor, mit seiner aggressiven Werbung für künstliche Babynahrung Millionen Säuglinge umzubringen. Immer mehr Studien werden bekannt, die zeigen, dass Flaschenkinder sehr viel häufiger an Infektionen und Durchfall sterben als gestillte Kinder. »Breast is best!«, Muttermilch ist das Beste für den Säugling, sagt die Weltgesundheitsorganisation. Aber immer mehr Mütter in den Entwicklungsländern glauben »West is best«. Sie sind überzeugt, dass das Milchpulver der Reichen pausbäckige, gesunde Babys garantiere. Nestlés Flasche als Fortschrittssymbol und Killer in einem? Allmählich begreift die Konzernzentrale, was ihr Werbefeldzug angerichtet hat. Eine weltweite Boykottkampagne gegen den Multi beginnt; sie wird auch von den Kirchen unterstützt und zeigt Wirkung. Nestlé muss seine aggressive Werbekampagne für das Milchpulver korrigieren.

Im Frühjahr 2018 kam plötzlich eine neue Boykottstimmung auf. Diesmal waren es nicht die Käufer, sondern die Verkäufer, die Nestlé boykottierten. Die Edeka-Kette und ihre Partner wollten günstigere Einkaufspreise erreichen und konnten sich tatsächlich durchsetzen, nachdem sie eine Reihe von Nestlé-Produkten ausgelistet hatten. Der Riese gab nach und zeigte sich plötzlich verwundbar.

Heute bräuchten Nestlé-Boykotteure beim Einkaufen einen langen Spickzettel. Denn 200 Jahre nach der Geburt des Gründervaters verkauft der Konzern in 196 Ländern – täglich! – rund 1 Milliarde Artikel. Zum Nestlé-Imperium gehören inzwischen 450 Fabriken in 86 Ländern mit 330 000 Beschäftigten. Mehr als 2000 Marken hat der Konzern durch Zukäufe und Übernahmen in seinem Portfolio vereint. Nestlé sammelt Firmen wie andere Leute Briefmarken. Der Schweizer Multi produziert einfach alles: Leberwurst und Hundefutter, Hautcremes und Brühwürfel, Smarties und Frosties, Fitnesskost und Kalorienbomben, Müsli und Mayonnaise, linksdrehenden Joghurt und rechtsdrehende Ideologie.

Nescafé und Nespresso heißen die bekannten Cashcows, aber Nestlé das ist auch Contrex, Vittel, Perrier und San Pellegrino, das sind Spaghetti von Buitoni oder Pfefferminzplättchen von After Eight. Selbst die Arbeiter in den Fabriken wissen nicht mehr, was da alles über die Fließbänder läuft. Alles Nestlé! Zuletzt verstärkte der Konzern seine Aktivitäten im Kosmetik- und Gesundheitssektor. Dazu gehört auch ein Einstieg in den boomenden Markt mit Botox-Spritzen – faltenfrei dank Nestlé.

Die Boykottaktionen der Zivilgesellschaft sind beendet, aber Nestlé bleibt der ungeliebte, unheimliche Riese: der Nahrungsmittelkonzern, der die Industrialisierung der Lebensmittel auf die Spitze getrieben hat. Den Armen und Kranken der Welt zu helfen, das war der Anspruch der vier Pioniere Nestlé, Liebig, Maggi und Knorr. Heute ist der übrig gebliebene »Gigant Nestlé«, so seine Kritiker, der weltweit größte Hersteller von Nahrungsmitteln zweifelhafter Qualität. Plastikfutter, das niemand braucht und das doch das Leben und Essen von Abermillionen bestimmt.

●

Tomaten aus der Sahara

Algerien nutzt riesige Wasservorkommen unter dem Wüstensand für den Aufbau einer neuen landwirtschaftlichen Industrie

Von Pierre Daum

Die Nationalstraße 83 zwischen Tébessa und Biskra führt durch Landschaften von seltener Schönheit. Auf den Hochplateaus zwischen den Ausläufern des Aurès-Gebirges im Norden und den Nementscha-Bergen im Süden gibt es nichts als Steine, Sand und Staub. Wir befinden uns 450 Kilometer südlich von Algier, am Rande der riesigen Weiten der Sahara. Die Wüste ist bereits zu spüren. Im Sommer ist die Hitze unerträglich, die Farben beschränken sich auf Gelb und Grau, mit vereinzelten rosa Einsprengseln. Aber nirgends ist Grün zu sehen. Auf einem Boden, der so arm an organischer Materie ist und unter einem Himmel, aus dem es so selten regnet, wächst fast nichts.

Doch am Ende einer Querstraße und manchmal nur ein paar Meter neben der Nationalstraße, bietet sich ein überraschender Anblick: lange Reihen von Gewächshäusern, tausende halbrunde Tunnel aus Plastikfolie bis zum Horizont. Unter den Folien, im feuchtwarmen Klima, wachsen Tomatenpflanzen der robusten Sorte Tofane. Die leuchtend roten Früchte sind groß und kugelrund.

Seit einigen Jahren kommen alle Tomaten, die in Algerien im Winter zwischen Dezember und März gegessen werden, aus dem Umfeld der Oasen¬stadt Biskra in der Region der Ziban-Berge. Der Großteil der Produktion verteilt sich auf die beiden Anbaugebiete El Ghrous im Westen der Stadt und Meziraa im Osten. Schon 2014 erreichte dort die Tomatenproduktion rund 300 000 Tonnen. Das ist fast ein Drittel der gesamten algerischen Jahresproduktion.[1]

Die eher fad schmeckenden, schnell verderblichen Wintertomaten können in den traditionellen Anbaugebieten im Norden des Landes nicht kultiviert werden, weil es dort im Winter zu kalt wird. In der kalten Jahreszeit ist der Anbau besonders rentabel, weil es keine Konkurrenz gibt. In Algier oder Oran kostet das Kilo Tomaten dann bis zu 100 Dinar (85 Cent) – ein saftiger Preis für algerische Verhältnisse, und trotzdem wächst die Nachfrage beständig. Im Sommer, wenn die Saisontomaten auf den Markt kommen, die auf den offenen Feldern im nördlichen Flachland angebaut werden, fällt der Preis um die Hälfte oder sogar um zwei Drittel.

Wie ist es überhaupt möglich, in der Wüste Tomaten anzubauen? Die Antwort: mit viel Dünger und mit Brunnen. Die Nährstoffarmut des Bodens wird durch den massiven Einsatz chemischer Düngemittel ausgeglichen. Vor allem mit Stickstoff, Phosphat und Kalium werden die Tomatenkulturen gefüttert. Beim Anbau in der algerischen Sahara handelt es sich zwar nicht um eine bodenfreie Pro-

duktion, die ohne natürliche Erde auskommt, doch das Prinzip ist ähnlich: Die Wurzeln der Wüstentomaten dringen nur oberflächlich in den sandigen Untergrund ein, der kaum Nährstoffe enthält. Die muss der Kunstdünger liefern. Und das Wasser? Entgegen allen Vermutungen ist Wasser im Überfluss vorhanden. Man muss nur ein bisschen graben.

Oberflächlich ist die Sahara extrem trocken. Doch unter der Erde lagern riesige Wasservorkommen. Schätzungen zufolge führt das Grundwassersystem der nördlichen Sahara, das sich von Algerien über Tunesien bis nach Libyen erstreckt, etwa 60 000 Milliarden Kubikmeter. Der Großteil dieser Lagerstätten wurde vor einigen tausend Jahren im Untergrund eingeschlossen. Es verteilt sich auf mehrere hermetisch voneinander abgetrennte Schichten. Die am tiefsten gelegenen Reservoirs liegen zwei Kilometer unter der Erde, höhere Vorkommen lagern leichter zugänglich in einer Tiefe von 10 bis 300 Metern. Für 20 000 bis 50 000 Euro kann jeder seine eigene Bohrung durchführen und mit dem Wasser ein Stück Wüste fruchtbar machen.[2]

»Zurzeit ist der Süden eine Goldmine!«, sagt der 40-jährige Mohamed Sami Agli. Er kommt aus einer der einflussreichen Familien in der Re¬gion und ist Repräsentant des Forum des Chefs d'Entreprises (FCE), des wichtigsten algerischen Arbeitgeberverbands. »Man kann hier wirklich viel Geld verdienen, der Staat bietet Hilfen, und dazu kommt noch die Steuerbefreiung – ein Traum für Investoren! Die kommen aus allen möglichen Ländern.«

Dass sich die Plastikkulturen mit dem Anbau unterm Folientunnel um Biskra so rasant ausgebreitet haben, liegt sowohl an privaten Initiativen als auch am Einsatz des Staats. »Auch wenn man den Eindruck hat, dass der Staat gar nicht präsent ist – in Wirklichkeit ist er der wichtigste Akteur bei der Entwicklung der Sahara-Landwirtschaft«, sagt Tarik Hartani, Leiter einer Forschergruppe an der Universität Tipasa, die sich auf die algerische Agrarwirtschaft spezialisiert hat. Der Staat habe die Voraussetzungen geschafft, indem er Straßen baute, die Stromversorgung sicherstellte, große Bohrungen durchführte und Kanäle anlegte.

Der algerische Staat unterstützt die Ansiedlung von Gemüsebauern finanziell und stellt Land zur Verfügung. Die Verteilung der Gelder und Parzellen folgt einem festgelegten Verfahren, mit Antragstellung und Auswahlkommission. In der Praxis weiß jedoch jeder, dass gute »Maarifa« (Beziehungen) mehr zählen als ein ordnungsgemäßer Antrag.

Seit zwanzig Jahren, und mit einer nochmaligen Steigerung in den letzten fünf Jahren, erlebt die traditionell für ihre Datteln be-

Tomatentreibhaus bei Biskra, Algerien 2014.

■ MOHAMED RIDHA MESSAK

rühmte Region um Biskra einen Goldrausch. Inzwischen tummelt sich hier ein buntes Gemisch aus lokalen Bauern, algerischen Investoren und Erntearbeitern aus dem Norden des Landes. Dazu kommen Schwarzarbeiter aus Marokko und Mali. Seit 2009 gibt es auch riesige Gewächshäuser wie auf den Kanarischen Inseln. Beim Folienanbau wird eine Fläche von bis zu eineinhalb Fußballfeldern mit Plastik überspannt – eine große, aber äußerst lukrative Investition.

»In der letzten Saison lag der Tomatenpreis im Großhandel bei 50 Dinar pro Kilo, damit habe ich einen Nettogewinn von 4,25 Millionen gemacht (etwa 50 000 Euro)«, erzählt Nordine, den wir 80 Kilometer westlich von Biskra treffen. »Meine Investitionen haben sich in einer Saison amortisiert. Ab jetzt mache ich nur noch Gewinn!«

●

Die Investitionen werden immer umfangreicher, die Bohrungen tiefer, die Gewächshäuser größer. So wird mit den Saharatomaten ein irreversibler ökologischer Schaden in Kauf genommen

Mitte März, wenn die Zeit der Wintertomaten zu Ende ist, wird auf Honig- oder Wassermelonen ausgewichen. Auch diese Früchte kommen früher auf den Markt als die Produkte aus den traditionellen Anbaugebieten im Norden Algeriens. Nach einigen Jahren, wenn die Besitzer der Gewächshäuser genug Geld angespart haben, pflanzen sie junge Dattelpalmen. Die sind weniger pflegeintensiv als Tomaten oder Melonen und ihr Marktpreis ist mit umgerechnet etwa fünf Euro pro Kilo gleichbleibend hoch. Zudem bieten sie die Möglichkeit, ins Exportgeschäft einzusteigen: »Deglet Nour« (Finger des Lichts), heißt die Königin der Datteln, deren Hauptanbaugebiet etwa 40 Kilometer westlich von Biskra direkt neben dem Tomatenland El Ghrous liegt. Datteln sind das einzige Nahrungsmittel, das Algerien exportiert. In zwanzig Jahren hat sich die Zahl der Dattelpalmen mehr als verdoppelt: Heute sind es rund 18 Millionen, ein Viertel davon stehen in den Ziban-Bergen.

Manche Unternehmer sind wirklich reich geworden. Besonders deutlich zeigt sich der neue Wohlstand in Miziraa. Das Dorf, das noch vor zehn Jahren ein winziger Weiler mit wenigen flachen Häuschen war, vermittelt heute den Eindruck einer wohlhabenden Ortschaft, in der die Hausbesitzer ihren neuen Reichtum zur Schau stellen. Überall entstehen vier- bis fünfstöckige Wohnhäuser, die so viele Zimmer haben wie ein kleines Hotel.

Im Dezember warten hier schon um 3 Uhr morgens die Lastwagen aus allen Ecken des Landes, bis der Großmarkt an der Hauptstraße seine Tore öffnet. Zwei Tage später liegen die Tomaten aus Biskra in den Läden des ganzen Landes. Die Konsumenten, von denen sich viele noch mit Schrecken an die leeren Regale der 1960er und 1990er Krisenjahre erinnern, freut die Tomatenflut.

Die Leute aus Biskra würden ihre Tomaten allerdings »nie im Leben« selbst essen. Die Renditen, die der Tomatenanbau in der algerischen Sahara abwirft, sind nur auf Kosten eines massiven Einsatzes von Dünger, aber auch von Pestiziden möglich: Insektengift, Unkrautvernichter, Fungizide, Bakterizide.

»Auch in Europa werden chemische Dünger und Pestizide verwendet«, sagt Arezki Mekliche von der Agrarwissenschaftlichen Hochschule in Algier. »Allerdings unterliegt ihr Einsatz dort strengen Regeln, und er wird stark kontrolliert; in Algerien sind diese Kontrollen viel laxer.« Meist würden Generika versprüht, die aus China oder der Türkei kommen. Die seien deutlich billiger als die europäischen Originalprodukte. Der vorgeschriebene zeitliche Mindestabstand zwischen der Anwendung eines Pestizids und der Ernte werde oft nicht eingehalten, was für den Verbraucher gefährlich sei, erläutert Mekliche. »In Europa könnten diese Tomaten gar nicht verkauft werden, weil sie nicht den europäischen Gesundheitsvorschriften entsprechen.«

Neben dem massiven Einsatz gefährlicher Substanzen wirft auch der Umgang mit den Wasserressourcen Probleme auf. Über viele Jahrzehnte nutzte die Landwirtschaft in der Sahara Brunnen und Quellen, die Grundwasser an die Oberfläche brachten. Mitten in der unendlichen Wüste – die Sahara ist die größte Trockenwüste und 26-mal so groß wie ganz Deutschland – bewirtschafteten die Menschen wundervolle Oasen. Deren Ökosysteme stellten ein Gleichgewicht her zwischen den Bedürfnissen der Wüstenbewohner und den vorhandenen Ressourcen – dem Wasser, dem Boden und dem Schatten der Palmen. Grundlage der Bewirtschaftung waren raffinierte Techniken der Terrassierung, Wasseraufbereitung und die Verwendung von natürlichem Dünger. Die Fellachen wussten sehr genau, welch ein kostbares Gut das Wasser in der Wüste ist. Sie gingen sparsam damit um.

In Biskra und einigen anderen Orten im Süden Algeriens (siehe Kasten) haben zehntausende von Wasserbohrungen die traditionelle Oasenbewirtschaftung komplett über den Haufen geworfen. Zuerst hat die intensive Nutzung des Grundwassers die alten Wasserquellen nach und nach versiegen lassen: »Früher mussten wir 50 Meter tief bohren, um an reichlich Wasser zu kommen«, erzählt Smain Benchouia, der seit dreißig Jahren überall in den Ziban-Bergen Brunnen bohrt. »Heute müssen wir für dieselbe Wassermenge 250 oder 300 Meter tief graben.«

Im Lauf der letzten dreißig Jahre hat sich die Menge Wasser, die aus dem Boden gepumpt wird, verzehnfacht. Und weil es sich um »fossiles« Wasser handelt, das nicht durch regelmäßige Niederschläge gespeist wird, füllen sich die unterirdischen Speicher nicht mehr auf. »Das ist so, als hätte man das Auto vor 6000 Jahren vollgetankt und wäre seither mit dieser einen Tankfüllung unterwegs«, erklärt Christian Leduc, Hydrologe am Institute des Recherche pour le Développement (IRD) in Montpellier. »Heute werden etwa 3 Milliarden Kubikmeter im Jahr abgezapft. Bei einer Reserve von 60 000 Milliarden Kubikmetern wird man also erst mal nicht liegen bleiben. Aber die Zukunft ist in Gefahr.«

Ein weiteres Problem: Die Qualität des Grundwassers habe sich verschlechtert, sagt Noura Bouchahm, Spezialistin für Wasserressourcen am Centre de Recherche Scientifique et Technique sur les Régions Arides in Biskra. »Die Belastung mit Chlorid und Sulfat überschreitet allmählich die Grenzwerte für Trinkwasser.« In den vergangenen Jahren ist ein Teil der chemischen Produkte, die in den Gewächshäusern verwendet werden, in die Grundwasserspeicher gelangt, aus denen auch die privaten Haushalte ihr Wasser beziehen. In manchen Gebieten werden sogar Abwässer, die Nitrate und Ammonium enthalten, ins Grundwasser gespült.

An manchen Stellen laufen die Grundwasserspeicher durch die Bohrungen in tiefere Schichten sogar über. Ein Anstieg des Grundwasserspiegels und teilweise sogar stehendes Wasser auf den Böden sind die Folge. Mittlerweile sterben tausende Dattelpalmen ab, weil ihre Wurzeln verfaulen. Wenn das Wasser an die Oberfläche tritt, verdunstet es schnell. Zurück bleiben die vielen mineralischen Salze, die es enthält. Sie bilden eine harte Kruste, die eine landwirtschaftliche Nutzung des Bodens nach kurzer Zeit unmöglich macht.

Die Landwirte von Biskra wissen genau, dass die Parzellen wegen der chemischen Belastung und der Salzkrusten nicht lange bepflanzt werden können. Alle drei Jahre bauen sie die Gewächshäuser im Sommer ab und stellen sie in einiger Entfernung wieder auf – die Wüste ist schließlich unendlich.

Die Landbesitzer verdienen bestens. Einige Investoren besitzen teilweise mehrere hundert Gewächshäuser. Für die Vermietung von 400 Gewächshäusern für umgerechnet 500 Euro pro Stück und Jahr kommen immerhin 200 000 Euro zusammen. Dazu kommen noch Einkünfte aus importierten Düngemitteln, dem Bau von Gewächshäusern, den Brunnenbohrungen oder dem Anbau von Datteln: 1000 Palmen bringen Einnahmen von rund 90 000 Euro im Jahr.

Das System funktioniert aber nur dank der Arbeit tausender Landarbeiter, meist junge Leute unterschiedlicher Herkunft. Manche werden tageweise entlohnt zu 250 Dinar pro Stunde (2,10 Euro). Für einen Acht-Stunden-Tag erhalten sie rund 17 Euro, wobei sie nie einen vollen Monat durcharbeiten können. Andere arbeiten als Pächter bei einem der großen Landbesitzer. Sie bekommen am Ende der Saison ein Viertel oder ein Fünftel des anteiligen Nettogewinns. Wieder andere mieten ein paar Gewächshäuser für die Saison und versuchen durch Selbstausbeutung ein Maximum herauszuholen.

Am Ende eines langen Weges zwischen endlosen Folientunneln lebt der 36-jährige Hocine mit seinem 20-jährigen Neffen Mustapha in einer armseligen Hütte: vier Wände aus Hohlbetonsteinen mit einem Dach aus Wellblech. Drinnen liegen zwei rissige Matratzen auf dem nackten Boden, eine Glühbirne hängt von der Decke herunter und auf dem Gaskocher stehen zwei rußgeschwärzte Kochtöpfe. Im Sommer kann hier das Thermometer schon mal auf mehr als 50 Grad steigen.

Die beiden Männer, die vor fünf Jahren hierhergekommen sind, stammen aus Aïn Defla, einer landwirtschaftlich geprägten Stadt zwischen Algier und Oran. Sie begannen als Tagelöhner, später waren sie Pächter, dann haben sie sich selbstständig gemacht, mit zehn gemieteten Gewächshäusern in El Ghrous: »Die Miete pro Gewächshaus beträgt 600 Euro im Jahr«, erzählen sie. Wenn der Tomatenpreis bei 50 Dinar pro Kilo bleibt, hoffen sie auf einen Nettogewinn von 500 bis 600 Euro pro Gewächshaus. Im besten Fall verdienen sie dieses Jahr 6000 Euro.

Allerdings sind in dieser Rechnung keine Extraausgaben eingeplant. In ihrer Hütte wohnen sie umsonst, zu essen gibt es fast jeden Tag Kartoffeln, Fleisch so gut wie nie. Vor allem aber dürfen sie nicht krank werden. Die Erntearbeiter sind nicht krankenversichert, jeder Arbeitsunfall und jede Krankheit bringt ihre Ersparnisse in Gefahr. Aber sie beschweren sich nicht. Achten Hocine und Mustapha beim Umgang mit den Pestiziden auf ihre Gesundheit? »Weißt du«, antworten sie, »unser Leben liegt in Gottes Hand!«

Ihr Vermieter, Abderazak M., hat ein Diplom der Universität Biskra. In den 1990er Jahren war er arbeitslos. Dann bekam er Geld und Land vom Staat. »Früher hab ich selbst in den Gewächshäusern gestanden. Jetzt bin ich 45 Jahre alt, und meine Arme sind kaputt«, sagt Abderazak mit einem traurigen Lächeln. Er sitzt bei einem Glas Tee mit seinen Mietern zusammen.

120 Kilometer östlich von Biskra scheint es der 25-jährige Marokkaner Habib C. besser getroffen zu haben. Weil er sich wie viele seiner Landsleute gut im Tomatenanbau auskennt, hat er Arbeit in einem großen Gewächshaus gefunden. Habib verdient 500 Euro im Monat. Allerdings darf er sich seine Unterkunft nicht selbst aussuchen. Die Abmachung mit seinem Chef verbietet es ihm, im Dorf zu wohnen, geschweige denn, sich dort aufzuhalten. Er muss sieben Tage in der Woche in seiner Hütte bleiben, denn die Marokkaner haben keine Arbeitserlaubnis. Vor sechs Monaten hat die Polizei zwei von ihnen im Dorf aufgegriffen, der Besitzer des Gewächshauses musste eine Strafe von umgerechnet 170 Euro bezahlen.

Als wir Habib treffen, versprüht er gerade ein Insektizid – ohne Mundschutz. Seine Füße sind mit zerrissenen Plastiktüten umwickelt, damit die löchrigen Turnschuhe noch eine Saison halten. Schnell verlassen wir das Gewächshaus, Hals und Augen brennen.

Die algerischen Behörden sehen der umwelt- und gesundheitsschädlichen Entwicklung in der Landwirtschaft um Biskra weitgehend tatenlos zu. Der Staat wisse sehr wohl, dass tausende Bohrungen ohne oder mit gefälschten Genehmigungen stattfinden, sagen die Hydrologen, aber es passiere nichts.

Wer beschwert sich schon über ein System, bei dem (fast) alle auf ihre Kosten kommen? »Das ist eine von mehreren Methoden, das Geld aus den algerischen Ölexporten zu verteilen«, sagt Omar Bessaoud, Wissenschaftler am Landwirtschaftlichen Institut Montpellier. »Die staatlichen Hilfen gehen zu 80 Prozent an Großinvestoren, und die restlichen 20 Prozent werden unter den Tausenden kleinen Fellachen verteilt. So sind alle zufrieden.«

Inzwischen werden die Investitionen immer umfangreicher, die Bohrungen tiefer, die Gewächshäuser größer. So wird mit den Saharatomaten ein irreversibler ökologischer Schaden in Kauf genommen. Der schreitet allerdings nur langsam voran und ist wenig sichtbar. Angesichts der darniederliegenden Industrie in Algerien scheinen die Agrarpioniere von Biskra ein neues Entwicklungsmodell aufzuzeigen. Mit ihrem Tomatenanbau haben sie einen Anschubeffekt ausgelöst, der neue Unternehmen anzieht: Lebensmittelhändler, aber auch eine Zementfabrik und ein Kabelwerk. Sogar der Tourismus profitiert. 26 neue Hotels werden gerade gebaut. Wenn es so weitergeht, hat der Tomatenanbau in der Sahara zumindest wirtschaftlich eine rosige Zukunft vor sich. ●

Aus dem Französischen von Jakob Farah

---

1 Im Jahr 2016 produzierte Algerien 1,28 Millionen Tonnen Frischtomaten, Frankreich 640 000 Tonnen, Marokko 1,23 Millionen Tonnen und Spanien 4,6 Millionen Tonnen. Die globale Tomatenproduktion erreichte mit 170,7 Millionen Tonnen eine neue Rekordmarke. Siehe Food and Agriculture Organization of the United Nations (FAO): faostat3.fao.org.
2 In der Region Biskra kostet eine Bohrung zwischen 85 und 170 Euro pro Meter, einschließlich Schläuche und Motor. Je nach Bohrzone muss man bis zu 300 Meter tief bohren, ein Brunnen kostet somit bis zu 50 000 Euro.

Erstmals erschienen in *Le Monde diplomatique* vom Juni 2016. Die Daten zur Tomatenernte wurden aktualisiert.

Der rote Einheitsbrei

Tomatenmark ist das am weitesten verbreitete Industrieprodukt der Welt

Von Jean-Baptiste Malet

Das Restaurant ist mit ausgestopften Bären und Kobras dekoriert. Beherzt beißt Chris J. Rufer in seinen Hamburger, die Ketchup-Flasche in Reichweite. Hier, in der kalifornischen Kleinstadt Williams im Herzen des Sacramento Valley, gründete Rufer 1970 die Morning Star Company, die heute in drei gigantischen Fabriken 12 Prozent des weltweit konsumierten Tomatenmarks herstellt. »Ich bin so etwas wie ein Anarchist. Deshalb gibt es in meinem Unternehmen keinen Chef«, erklärt Rufer zwischen zwei Bissen. Selbstmanagement heißt hier allerdings nur, dass Computer inzwischen die Vorgesetzten sind. Eine Kontrolle durch die Arbeiter ist nicht vorgesehen.

1350 Tonnen frische Tomaten werden hier zu Konzentrat verarbeitet. In jeder Stunde! Das Waschen, Zerkleinern und Verdampfen ist komplett automatisiert. Ständig rollen Sattelschlepper mit jeweils zwei Tomatencontainern auf das Firmengelände. Gearbeitet wird in drei Acht-Stunden-Schichten mit je 70 Leuten, die meisten Arbeitskräfte wurden durch Maschinen ersetzt. Die Verarbeitung bringt verschiedene Qualitäten von Tomatenmark hervor, das in Containerschiffen nach Europa transportiert wird.

In den riesigen Konservenfabriken von Neapel, die den europäischen Großhandel mit Dosenware beliefern, lagert fässerweise Tomatenmark aus Kalifornien, aber auch aus China. Von Skandinavien über Osteuropa bis hin zu den Britischen Inseln wird das Konzentrat in Fertiggerichten wie Ratatouille, Tiefkühlpizza oder Lasagne verarbeitet. Mit Grieß oder Reis vermischt, landet die dunkelrote Paste inzwischen auch in westafrikanischen Eintopfgerichten, in der maghrebinischen Chorba oder der spanischen Paella.

Tomatenmark ist heute das weltweit am weitesten verbreitete Industrieprodukt, die Schmiere für alle Fälle. Man findet es auf den Tischen schicker Restaurants in San Francisco wie auf den Marktständen in den ärmsten Dörfern Afrikas, wo es manchmal, wie im Norden Ghanas, löffelweise für ein paar Cent verkauft wird. Alle Welt verzehrt Industrietomaten. 2016 wurden 38 Milliarden Kilogramm des roten Fruchtgemüses verarbeitet oder in Konserven abgefüllt. Das entspricht einem Viertel der Gesamtproduktion. Im letzten Jahr hat jeder Bewohner der Erde 5,2 Kilo verarbeitete Tomaten konsumiert.[1] Ob Junkfood oder Mittelmeerküche, Tomaten sind immer dabei. Botanisch sind sie eine Frucht, am Zoll gelten sie als Gemüse. Das Nachtschattengewächs kennt keine kulturellen Grenzen. Die einst von Fernand Braudel in seiner Sozialgeschichte des 15. bis 18. Jahrhunderts beschriebenen Weizen-, Reis- und Maiskulturen wurden im ausgehenden 20. Jahrhundert von einer anderen übertrumpft – der Tomatenkultur.

Chris Rufer drückt auf die Heinz-Plastikflasche, um noch einen Schuss Ketchup auf seine Pommes zu quetschen. Das satte Geräusch kennen Milliarden Menschen von Kindesbeinen an. Ganz sicher auch Rufer, der mehr als andere über die bewegte Geschichte seines Produkts weiß. Wobei Tomatenketchup zwar rot ist, aber nicht wirklich nach Tomate schmeckt. Denn er enthält je nach Rezept nur maximal 30 und minimal 6 Prozent Tomatenmark – bei einem Zuckeranteil von 25 Prozent. In den USA wird der Zuckersirup vor allem aus Genmais gewonnen, der billiger als Rohr- oder Rübenzucker ist. Der Glukose-Fruktose-Sirup, der in vielen industriell hergestellten Nahrungsmitteln verarbeitet wird, ist als ein Hauptverursacher der epidemischen Fettleibigkeit in die Kritik geraten. In den schlechtesten Ketchups stecken außerdem große Mengen genmanipulierter Stärke, aber auch Verdickungs- und Geliermitteln wie Xanthangummi (E415) oder Guargummi (E412).

Die Technologie zur Herstellung von Tomatenmark, die heute weltweit nahezu unverändert zum Einsatz kommt, wurde in der Emilia-Romagna erfunden. Als Ende des 19. Jahrhunderts Millionen Italiener emigrierten, brachten sie auch die kulinarische Verwendung verarbeiteter Tomaten mit und kurbelten den Export italienischer Tomaten an. Im italienischen Faschismus (1922–1943) wurde die Konservendose zum Symbol einer vom Futurismus inspirierten Kulturrevolution, die das urbane Leben, die Maschine und den Krieg verherrlichte. Das Tomatenmark aus der Dose als Nahrungsmittel des »neuen Menschen« schlug eine Brücke zwischen den Ingenieurswissenschaften, der Industrieproduktion und dem Patriotismus, weil in ihm konserviert wurde, was die Böden Italiens hervorgebracht hatten.

1940 fand in Parma die erste Ausstellung von Konservendosen statt. Auf dem Deckblatt des Ausstellungskatalogs prangte eine Konservendose, auf der das Wort »Autarchia« eingeprägt war. Autarkie in der Landwirtschaft – das war das Ziel, und so setzte das Regime vor allem auf die Weiterentwicklung der Tomatenindustrie. »Zwei globalisierte Fast-Food-Nahrungsmittel enthalten heutzutage Tomaten: Nudelgerichte und Pizzen«, erläutert Alberto Capatti, der eine Kulturgeschichte der italienische Küche geschrieben hat. »Dies ist auch das Erbe einer Industrie, die vom faschistischen Regime strukturiert, entwickelt, gefördert und finanziert wurde.«[2]

Die Tomatensuppendose von Campbell, die Andy Warhol in seinem Pop-Art-Siebdruck Anfang der 1960er Jahre zur Ikone verewigt hat, und die rote, achteckige Ketchup-Flasche von Heinz wurden schon im 19. Jahrhundert entworfen. Von der Heinz-Flasche werden inzwischen jährlich weltweit 650 Millionen Stück verkauft. Beide Behältnisse gelten heute, wie die 1916 gestaltete Coca-Cola-Flasche, als Symbole des Konsumkapitalismus. Noch bevor Henry Ford 1913 sein erstes Automodell am Fließband herstellen ließ, produzierten die Heinz-Fabriken in Pittsburgh schon automatisch gefertigte Dosen mit Bohnen in Tomatensauce. Auf Fotografien von 1904 sieht man Arbeiterinnen in Heinz-Uniformen am Fließband stehen. Ein Jahr später verkaufte das Unternehmen bereits 1 Million Ketchup-Flaschen. 1910 produzierte das Unternehmen 40 Millionen Konservendosen und 20 Millionen Glasflaschen. Damals war Heinz der größte multinationale US-Konzern.

In den 1980er Jahren trat die Tomatenverarbeitung in eine neue Phase ein. Die Erfindung aseptischer Verpackungen machte nun den interkontinentalen Handel mit Lebensmitteln möglich. Die Big Player, Heinz und Unilever, gingen zunehmend dazu über, Subunternehmer mit der Tomatenverarbeitung zu betrauen. Seitdem decken sich die Ketchup-, Suppen- und Pizza-Multis direkt bei Lieferanten ein, die riesige Mengen von industriellem Tomatenmark zu Billigpreisen anbieten. In Kalifornien, China und Italien verarbeitet eine Handvoll Megakonzerne die Hälfte aller weltweit produzierten Industrietomaten. Die Niederlande sind dank der gigantischen Heinz-Fabrik in Elst der größte Ketchup- und Saucen-Exporteur Europas, aber im Land selbst werden keine Industrietomaten angebaut.

»Das gesamte Tomatenmark in den exportierten Saucen stammt von Tomatenimporten aus verschiedenen Regionen der Welt«, berichtet Juan José Amézaga, ein Händler aus Uruguay. »Die Lieferanten können Unternehmen in Kalifornien, Europa oder China sein. Das ändert sich je nach Jahreszeit, Wechselkurs, Lagerbeständen und Ernteerträgen.« Obwohl Kalifornien weltweit das meiste Tomatenmark produziert, sind dort nur zwölf Verarbeitungsbetriebe ansässig, die aber allesamt riesig sind. Sie beliefern den gesamten nordamerikanischen Markt, exportieren aber auch nach Europa, wo ihre Produkte mitunter billiger sind als italienisches oder spanisches Mark.

Anders als die für den Frischmarkt bestimmten Tomaten müssen die Industrietomaten nicht abgestützt werden. Sie werden ausschließlich auf dem freien Feld angebaut, wo sie unter dem reichlich vorhandenen kostenlosen Sonnenlicht reifen. In Kalifornien beginnt die Ernte teilweise schon im Frühling und endet im Herbst. Seit den 1960er Jahren werden Tomaten in der Agrarindustrie »genetisch verbessert«. So ist es durch Einschleusung eines Gens gelungen, maschinelle Erntemethoden zu ermöglichen. Die hybriden Industrietomaten lassen sich wesentlich leichter vom Stiel ablösen. Tomatenmark ist das erste genetisch veränderte Nahrungsmittel, das auch in Europa vermarktet wurde.[3]

Dank ihrer dicken Haut kann die Industrietomate die Erschütterungen des Lkw-Transports und auch das Rütteln der Fördermaschinen überstehen. Selbst die Tomaten am Boden eines Förderkorbs, auf denen große Mengen anderer Tomaten lasten, zerplatzen nicht. Die großen Saatguthersteller haben alles darangesetzt, den Wassergehalt der Industrietomate zu reduzieren. Damit unterscheidet sie sich von den Speisetomaten im Supermarkt, die sich wegen ihrer wässrigen Beschaffenheit nicht für die Produktion von Tomatenmark eignen.

Ökologisch gesehen ist die Ketchup-Produktion mit einem absurden Wassermanagement verbunden. In trockenen Regionen wie Kalifornien, wo vor drei Jahren der Dürrenotstand ausgerufen wurde, werden Tomatenfelder massiv bewässert. Kaum in den Fabriken angekommen, wird der hohe Wassergehalt mittels Eindampfen drastisch reduziert. So wird eine Paste gewonnen, die sich vor allem durch ihre Trockenmasse auszeichnet. •

Aus dem Französischen von Markus Greiß

1 *Tomato News*, Suresnes, Dezember 2016.
2 Alberto Capatti und Massimo Montanari, *La cucina italiana. Storia di una cultura*, Rom/Bari (Economica Laterza) 2005.
3 In Großbritannien vermarktete die Supermarktkette Sainsbury's zwischen Februar 1996 und Juli 1999 billiges Tomatenmark aus genmanipulierten Früchten.

Erstmals erschienen in *Le Monde diplomatique* vom Juli 2017.

Die Wunderbohne

Ohne Sojaimporte wäre die deutsche Massentierhaltung nicht möglich. Die kurze Geschichte vom Aufstieg einer Hülsenfrucht

Von Dirk Asendorpf

Zufrieden steht Reinhard Bauer zwischen seinen Pflanzen, der Blick geht über die sanften Hügel rund um das niederbayrische Landshut. Die meisten Felder sind schon kahl, doch bis zur Ernte wird es noch zwei, drei Wochen dauern. Bis dahin verwelken die Blätter und fallen ab. Dann stehen nur noch hüfthohe Stängel auf dem Acker, daran Dutzende Hülsen, in jeder stecken bis zu fünf gelbliche Samen: Sojabohnen.

»Als wir vor sechs Jahren eingestiegen sind, habe ich von allen gehört: Soja, das geht doch bei uns gar nicht.« Doch der Bauer hat getan, was EU, Bundes- und Landesregierung fordern und fördern: mehr Eiweißpflanzen anbauen. Das soll die Biodiversität und Bodenfruchtbarkeit erhöhen und Importe vermeiden. Denn Ackerbohne, Futtererbse und all die anderen heimischen Leguminosen sind fast vollständig aus der deutschen Landwirtschaft verschwunden. Viel zu billig waren die Sojaimporte aus Übersee – und viel zu hochwertig war das darin enthaltene Eiweiß. »Heute gilt: Je weiter etwas transportiert wird, desto billiger ist es«, staunt Reinhard Bauer.

Der Landwirt ist kein Öko, das Unkraut auf dem Sojafeld hat er vor der Aussaat weggespritzt, und wenn es die 120 Euro Zuschuss nicht gäbe, die er aus verschiedenen Töpfen für jeden seiner 18 Hektar Soja bekommt, würde er etwas anderes anbauen.

Zwar hat sich die deutsche Sojaernte zwischen 2013 und 2018 verdreifacht, mit gut 30 000 Tonnen ist sie gegenüber den 4,2 Millionen Tonnen Import-Soja aber weiter sehr gering. Reinhard Bauer ist Sojapionier, aber er ist auch Realist. Deutsches Soja werde die Importe nie ersetzen können. 75 Prozent des Eiweißes, das er verfüttert, kauft er zu. Und die eigene Ernte verwendet er nur für Muttersauen und Ferkel. Seine 2000 Mastschweine bekommen eine bis aufs Milligramm für schnelles Wachstum optimierte Kraftfuttermischung. Die selbst angebauten Sojabohnen kommen nicht in den Futtertrog. »Zu riskant«, meint er, Qualität und Eiweißgehalt schwanken stark.

Auf dem Acker würde kaum jemand die unscheinbare Hülsenfrucht erkennen. Und im Laden sind ihre kleinen gelblichen Samen fast nirgendwo zu bekommen, sogenannte Sojasprossen sind nämlich in Wahrheit Keimlinge der Mungobohne. Trotzdem beträgt der durchschnittliche Jahresverbrauch in Deutschland 60 Kilo pro Kopf. Zum Vergleich: Kartoffeln (56 Kilo) und Brot (54 Kilo) liegen dahinter, Nudeln (8 Kilo) sind weit abgeschlagen.

Wir sind Soja-Junkies – und haben es gar nicht gemerkt. Unsere Sucht befriedigen wir indirekt – vor allem mit dem Konsum von Fleisch, Eiern und Milchprodukten. Tofu, Sojadrinks (Milch dürfen sie in Deutschland nicht genannt werden), Sojawurst und all die anderen Nischenprodukte der Veggie-Szene finden sich heute im Regal jedes Supermarkts. Zugleich gluckert Sojaöl als kleiner Biodieselanteil in Autotanks oder steckt als Zutat in Mayonnaise, Frittieröl und tausenden industriell erzeugter Lebensmittel. Doch mehr als 80 Prozent des in Deutschland verbrauchten Soja landen als Kraftfutter im Tiermagen.

Trotzdem lieben nicht nur Viehzüchter die Wunderbohne. Auch Vegetarierinnen, Diätratgeber und Unterernährungsbekämpfer vergöttern sie. Buddhistische Mönche verbreiteten sie vor 1000 Jahren in Ostasien, mit der Industrialisierung eroberte sie die ganze Welt. Die Nazis wollten mit Sojaprodukten Blitzkriege gewinnen, Hippies mit Tofu den Weltfrieden herbeikochen.

Das Saatgut für vier Fünftel der weltweiten Anbaufläche stammt heute aus den Labors US-amerikanischer Gentechnikkonzerne. In der EU dürfen die gentechnisch veränderten Sorten nicht angebaut werden, als Tierfutter sind sie aber zugelassen und weit verbreitet, in Deutschland liegt ihr Anteil an verfüttertem Soja bei über 80 Prozent – obwohl 70 Prozent der Deutschen die grüne Gentechnik strikt ablehnen.

Angebaut wird Soja vor allem in Brasilien, Argentinien und den USA. In diesen drei Ländern wächst auf 2,7 Millionen Hektar Futtermittel für das Vieh in unseren Ställen. In den letzten 10 Jahren ist diese Fläche um 40 Prozent gewachsen – obwohl der deutsche Fleischkonsum im selben Zeitraum leicht zurückging. Der Grund: Deutschlands Fleischexporte sind explodiert. Bei Schwein und Geflügel haben sie sich glatt verdoppelt.

Es ist das Ergebnis zunehmender Spezialisierung in der globalen Agrarwirtschaft: Dänemark und die Niederlande haben die Zucht optimiert und liefern billige, genetisch weitgehend identische Ferkel, in Deutschland werden sie mit billigem Futter aus Süd- und Nordamerika gemästet, von billigen osteuropäischen Arbeitskräften geschlachtet und dann zum Beispiel nach China exportiert. Die Folgen sind bis nach Kumhausen bei Landshut zu spüren. Hier lebt Reinhard Bauer mit seiner Familie in einem idyllischen Vierseithof, Ställe und Wirtschaftsgebäude an drei Seiten, an der vierten das Wohnhaus mit geraniengeschmücktem Holzbalkon.

Üppige Stallbauprämien haben die stetige Erweiterung der Mastschweinehaltung ermöglicht. »Im Vergleich zu anderen sind wir noch langsam gewachsen«, sagt Bauers Sohn Johannes, er studiert Agrarwissenschaften und soll den Hof einmal übernehmen. »Als wir zuletzt 400 neue Mastplätze geschaffen haben, hat uns die Baufirma blöd angeguckt, so einen kleinen Stall haben sie schon lange nicht mehr gebaut.« Betriebe mit 5000 Mastschweinen sind in der eigentlich kleinbäuerlich geprägten Region keine Seltenheit.

Wachstum durch weltweite Arbeitsteilung – in vielen Industriebereichen ist das heute normal. Brasilien kann Soja am günstigsten produzieren. Die tropische Pflanze bringt es dort auf zwei Ernten im Jahr, im kälteren Mitteleuropa nur auf eine. Bei uns dagegen bringt Weizen besonders gute Erträge. Warum also Soja pflanzen? Bananen oder Kaffee bauen wir hier schließlich auch nicht an.

»In der Nahrungsmittelproduktion ist die Globalisierung ein Irrweg«, sagt Gerhard Bellof. Auch er ist kein Öko, sondern international anerkannter Experte für Nutztierernährung an der Hochschule Weihenstephan-Triesdorf. Der Unterschied zur Autoindustrie: Ferkel, Fleisch und Futtermittel können zwar global transportiert werden, der landwirtschaftliche Boden aber nicht. Ein gefährliches Ungleichgewicht ist die Folge: Mit den Sojaimporten gelangen gewaltige Nährstoffmengen nach Europa, die Gülle der damit gemästeten Tiere geht aber nicht wieder zurück. Sie wird in der Nähe der Mastbetriebe verteilt, die enthaltenen Nährstoffe reichern sich im Boden an – und landen als Nitrat im Grundwasser.

An manchen Messstellen im Landkreis Landshut sind die Werte in den vergangenen 12 Jahren um mehr als 20 Prozent gestiegen. Besonders gravierend ist das Nitratproblem in Niedersachsen, wo die Massentierhaltung schon lange konzentriert ist. Fast die Hälfte des Grundwassers ist in schlechtem Zustand. Jetzt geht der Europäische Gerichtshof gegen Deutschland vor.

»Insgesamt erzeugt die deutsche Landwirtschaft inzwischen jedes Jahr einen Überschuss von rund 100 Kilo Stickstoff pro Hektar«, sagt Bellof. Regelmäßig simuliert er mit seinen Studenten den Nährstoffkreislauf der Mastbetriebe. »Der Systemgedanke muss wieder stärker in die Köpfe«, fordert der Wissenschaftler. Der Sojaanbau im Fruchtwechsel mit Getreide und Mais ist ein kleiner Schritt in diese Richtung. Doch die Politik hat die Landwirte in die Massentierhaltung gedrängt, und die vielen neuen Ställe sind noch längst nicht abgeschrieben.

Ähnlich ist die Lage auf der anderen Seite des Atlantiks. Europas Sojahunger beflügelt dort eine milliardenschwere Agroindustrie. Jedes Jahr dehnt sich in Brasilien das endlose Sojameer weiter aus,

----

Soja ist das Multitalent der Nutzpflanzen. Sie liefert Kohlehydrate, Eiweiß, Fett und Mineralstoffe in einer für Tier wie Mensch einmalig günstigen Kombination

----

gentechnisch verändert und angesichts wachsender Resistenzen mit immer höheren Herbiziddosen behandelt. Hauptabnehmer ist inzwischen China.

Blairo Maggi heißt der Sojakönig aus Mato Grosso, er ist der weltweit größte Produzent. Seit mehr als zwei Jahren verteidigt er als Brasiliens Landwirtschaftsminister die Interessen der Sojawirtschaft. Zwar darf sie keine frisch gerodeten Waldflächen mehr nutzen, das gilt aber nicht für andere Agrarprodukte, die durch den wachsenden Flächenbedarf des Soja verdrängt werden. Fachleute sprechen von »indirekten Landnutzungsänderungen«, der Schaden, den Soja am Regenwald anrichtet, ist groß.

Aber die Versuchung ist noch größer. Denn Soja ist das Multitalent der Nutzpflanzen. Kartoffeln, Weizen oder Reis liefern vor allem Stärke. Zuckerrohr und Zuckerrübe enthalten, wie der Name schon sagt, Zucker. In Linsen, Erbsen und Erdnüssen steckt vor allem Eiweiß, in Raps und Sonnenblumen Öl. Soja dagegen bietet alles gleichzeitig, und das in einer für Tier wie Mensch einmalig günstigen Kombination: 40 Prozent Eiweiß, 25 Prozent Kohlehydrate, 20 Prozent Fett und 5 Prozent Mineralstoffe. Außerdem sind die Samen reich an Vitaminen und Lecithin, und Sojaöl hat einen besonders hohen Gehalt mehrfach ungesättigter Fettsäuren.

Für die Aufspaltung der wertvollen Inhaltsstoffe sorgt eine – im wahrsten Sinne des Wortes – gut geölte Industrie. Ihre Deutschland-Zentrale liegt mitten im Hamburger Hafen. Dort belegt das Firmengelände von ADM eine ganze Halbinsel. 1910 als Oelmühle Hamburg gegründet, gehört das Unternehmen seit 1994 zur US-amerikanischen Archer-Daniels-Midland-Gruppe. ADM steht für das A im Abcd der vier weltgrößten Sojaunternehmen: ADM, Bunge, Cargill, Dreyfus. Zusammen erwirtschaften sie über 300 Milliarden Euro im Jahr mit Agrarrohstoffen, vor allem Getreide und Soja. Es ist eine verschwiegene Branche, eine Betriebsbesichtigung ist unerwünscht.

Rund 3,7 Millionen Tonnen Sojabohnen im Jahr verarbeitet ADM an drei Standorten, Hamburg ist der größte. Die Samen werden gereinigt, zerkleinert und erhitzt. Dann wird der 20-prozentige Ölanteil in aufwändigen Verfahren gewonnen. Ergebnis: 760 Millionen Liter Sojaöl, ein begehrter Rohstoff für die Oleochemie. Sojaöl hat

sich weitgehend unerkannt in unserem Alltag ausgebreitet. Seine langen Molekülketten eignen sich gut zur Herstellung von Tensiden für Waschmittel. Oder für Weichmacher. Sie finden sich in Vinyltapeten, Klarsichtfolien, Lacken und in der Dichtung von Kronkorken. Aus den Schalen, einem Abfallprodukt der Ölherstellung, wird sogenannte Sojaseide gewonnen, eine vegane Alternative zu Wolle, Kaschmir oder Seide. Und auch in bunten Druckfarben findet sich oft ein kleiner Sojaanteil. Trotz dieser Anwendungsvielfalt ist Sojaöl nur ein Nebenprodukt der globalen Futtermittelindustrie.

Das war nicht immer so. Begonnen hatte der Siegeszug des Soja zunächst als Dünger. Im Unterschied zu anderen Pflanzen sind Leguminosen wie die Sojabohne nicht auf Stickstoff im Boden angewiesen. An ihren Wurzeln siedeln Bakterien, die den Stickstoff direkt aus der Luft an die Pflanze weitergeben. Im Fruchtwechsel verbessern Leguminosen die Bodenqualität, sparen Kunstdünger und senken den Ausstoß an Treibhausgas. Reinhard Bauer konnte den Effekt genau beobachten. Ein Weizenfeld, auf dem er im Vorjahr Soja angebaut hatte, lieferte bei gleicher Bewirtschaftung fast 15 Prozent mehr Ertrag als das benachbarte Feld, auf dem zuvor Mais stand. »Das hat mich selber überrascht«, sagt er, »aber die Körner vom Weizen waren wirklich schöner.«

Auch als die Sojabohne im 19. Jahrhundert erstmals aus Ostasien in die USA gelangte, nutzten Farmer sie zunächst als Zwischenfrucht zur Bodenverbesserung. Das änderte sich erst zu Beginn des 20. Jahrhunderts, dann aber schlagartig. Seit 1900 stieg die weltweite Erntemenge um sagenhafte 5000 Prozent, von 6 auf mehr als 300 Millionen Tonnen im Jahr. »Kein Agrarprodukt hat jemals ähnlich dramatische Wachstumsraten erreicht«, schreiben William Shurtleff und Akiko Aoyagi in ihrer gut 2500 Seiten langen Geschichte des Sojas.

Für den globalen Siegeszug von Fließband und Automobil erwies sich die Wunderbohne als ideale Begleiterin. Die junge Industrie verlangte nach gut und günstig ernährten Arbeitskräften, die Landwirtschaft nach Dünger, die Viehzucht nach Futter, für Chemiefabriken und Verbrennungsmotoren wurde immer mehr billiges Öl gebraucht. All das hatte die Sojabohne zu bieten. Besonders wichtig wurde sie im Krieg.

Nach dem Eintritt in den Ersten Weltkrieg waren die USA von den asiatischen Sojalieferungen abgeschnitten. Weil das aus Sojaöl gewonnene Nitroglyzerin für den Bombenbau gebraucht wurde, förderte die US-Regierung den heimischen Sojaanbau massiv. Als Abfallprodukt entstand billiges Futtermittel. Für eine sinnvolle Verwertung setzte die Regierung auf Nutztiere, Fleischverzehr wurde zur patriotischen Pflicht. »Es gab damals Anzeigenkampagnen, in denen die Bevölkerung aufgefordert wurde, mehr Fleisch zu essen«, sagt der Bremer Historiker Joachim Drews.

Es war die Geburtsstunde der modernen Sojawirtschaft. Der Krieg ging zu Ende, die Lust aufs Fleisch blieb. Billiges Erdöl ersetzte in der Industrie zunehmend teures Pflanzenöl, und auch als Dünger wurde Soja nicht mehr gebraucht, seit sich Kunstdünger synthetisch herstellen ließ. Mitte der 1930er Jahre hatte Archer Daniels Midland dann noch das sogenannte Toasting entwickelt, ein industrielles Verfahren zur Entfernung der Bitterstoffe aus dem Sojaschrot. Jetzt stand der massenhaften Verwendung als Tierfutter nichts mehr im Wege.

Fleisch wurde zum Grundnahrungsmittel der US-Amerikaner – erzeugt mit dem Eiweiß der Wunderbohne. Die deutsche Wehrmacht ließ den militärischen Nutzen von Soja erforschen – nicht in der Tierproduktion, sondern für den soldatischen Verzehr. Backwaren, Kakaogetränke und Wurstkonserven wurden mit Sojamehl gestreckt, sogenannte Pemmikan-Landjäger auf Sojabasis sollten den vorrückenden Truppen die nötigen Nährstoffe in hochkonzentrierter Form liefern. »Soja für den Blitzkrieg«, hieß es in den Medien, in den USA war bald von der »Nazi-Bohne« die Rede. Als nach dem Überfall auf die Sowjetunion die Sojalieferungen aus der Mandschurei ausblieben, versuchte Deutschland, den Anbau in den alliierten Ländern Südosteuropas massiv zu steigern. Die zuvor aus Asien importierten Mengen konnte es aber nie ersetzen, und geeignete Sorten für das europäische Klima fehlten.

Anders in den USA. Schon kurz nach dem Ende des Ersten Weltkriegs hatten sie Japan und Korea beim Sojaanbau überflügelt, etwas später auch die Mandschurei und China. 1948 waren die USA bereits der weltgrößte Produzent, 1956 erzeugten sie sogar mehr Soja als alle asiatischen Länder zusammen.

Inzwischen hat Brasilien zu den USA aufgeschlossen, beim Export liegt es sogar deutlich vorn. In den vergangenen 15 Jahren hat Brasilien seine Anbaufläche glatt verdoppelt und erzeugt heute über 100 Millionen Tonnen Soja im Jahr, zwei Drittel davon für den Export. China, die Wiege des Soja, ist sein größter Importeur geworden, fast 100 Millionen Tonnen führte das Land 2017 ein, um damit via Futtertrog den Fleischhunger seiner neuen kaufkräftigen Mittelschicht zu befriedigen.

Zu diesem Höhenflug hat die Gentechnik entscheidend beigetragen. 1997 brachte Monsanto in den USA, Kanada und Argentinien das erste gentechnisch veränderte Saatgut in den Handel. Es ist gegen das ebenfalls von Monsanto gelieferte Breitbandherbizid Roundup resistent, was deutliche Einsparungen bei der Unkrautbekämpfung ermöglicht hat. Hauptbestandteil von Roundup ist das umstrittene Glyphosat, das die Weltgesundheitsorganisation als »wahrscheinlich krebserregend« einstuft; die EU hat ein Verbot vorerst vertagt. In den Hauptanbaugebieten liegt der Anteil gentechnisch veränderter Sojabohnen inzwischen bei mehr als 90 Prozent.

Nur in Europa darf Gensoja nicht angebaut und auch nicht als Lebensmittel verwendet werden. Erlaubt ist dagegen der Einsatz im Tierfutter – über Milch, Eier und Fleisch gelangt es auch zum Menschen. Eine Ausnahme sind Bioprodukte: Für ihre Erzeugung darf kein Futtermittel aus gentechnisch veränderten Pflanzen verwendet werden. Bei dem von der Bundesregierung 2009 eingeführten Label »Ohne Gentechnik« bezieht sich das Verbot gentechnisch veränderter Futterpflanzen – anders als im Biobereich – nur auf einen bestimmten Zeitraum vor der Verwertung. Bei Schweinen sind das die letzten vier Monate vor der Schlachtung, bei Milch die letzten drei Monate vor dem Melken.

Nachdem das Label »Ohne Gentechnik« zunächst wenig Aufmerksamkeit erregte, nimmt der Lebensmittel-Einzelhandel seit 2014 immer mehr Produkte ins Sortiment. Weit über 5000 sind inzwischen zertifiziert, und täglich werden es mehr. Mit Verbraucherschutz hat das wenig zu tun. Dahinter steckt der großflächige Rapsanbau in Deutschland mit mehr als 1 Million Hektar. Das ausgepresste Öl landet im Diesel, übrig bleibt der sogenannte Rapskuchen, ein eiweißhaltiges Futtermittel. Es ist so billig, dass Rinder und Milchkühe fast kein Sojaschrot mehr zu fressen bekommen.

Anders als die Wiederkäuer sind Schweine und Hühner in der Mast auf hochwertiges Sojaeiweiß angewiesen. Doch gentechnikfreies Soja ist auf dem Weltmarkt extrem knapp. Zwar wird sie in Brasilien wieder etwas häufiger angebaut, doch die Trennung über die gesamte Transportkette ist schwierig und teuer. »Und es gibt keine Versicherung, die das Risiko einer Verunreinigung übernimmt«, klagt Hermann-Josef Baaken, Geschäftsführer des Verbands Tiernahrung.

Einzige Alternative ist Soja aus Europa, dem letzten gentechnikfreien Kontinent. Tatsächlich wächst die Anbaufläche, vor allem in Südosteuropa. Rund 10 Millionen Tonnen werden inzwischen im Jahr geerntet, fast ein Viertel des europäischen Bedarfs. Eingerechnet ist allerdings Soja aus der Ukraine, die mehr als die Hälfte der in Europa verbrauchten Menge liefert. Auch in der Ukraine ist der Anbau gentechnisch veränderter Pflanzen verboten, trotzdem ist er weit verbreitet. Die – gut geschmierten? – Aufsichtsbehörden unternehmen nichts.

Hier kommen Reinhard Bauer und die deutschen Pioniere ins Spiel. Sie haben gezeigt, dass Soja auch hierzulande wächst – obwohl es seit vielen Jahren praktisch keine Zucht mehr gibt. Die findet woanders statt. Merlin, Sultana, Viola oder Obelix – in schmalen Streifen stehen die aus Österreich, der Schweiz, Frankreich oder Kanada importierten Sojasorten auf den Versuchsfeldern der süd- und ostdeutschen Landwirtschaftsanstalten, zum Beispiel im thüringischen Großenstein.

Zuständig ist dort Sabine Wölfel, sie hat schon zu DDR-Zeiten Sojazuchtversuche betreut. Damals kam das Saatgut aus China, in Ostdeutschland fühlte es sich nie wirklich wohl. Noch heute ist der stark schwankende Ertrag eines der Hauptprobleme beim Anbau in Deutschland. »In guten Jahren sind es vier Tonnen pro Hektar, in schlechten aber nur eine«, sagt Wölfel. Ein weiteres Problem ist die Verarbeitung. Bevor Soja verfüttert werden kann, muss es zumindest getrocknet, erhitzt und geschrotet werden. Solange die Anbauflächen klein und verstreut sind, führt das zu hohen Kosten für die Technik oder weiten Transportwegen.

Doch auch hier tut sich etwas. Vor zwei Jahren hat ADM im bayrischen Straubing eine großindustrielle Ölmühle eröffnet, in der ausschließlich gentechnisch saubere Bohnen aus der EU und Serbien verarbeitet wird. Über Mengen schweigt Geschäftsführer René van der Poel, doch angesichts wachsender Nachfrage des Lebensmittelhandels sieht er Wachstumspotenzial. Eine Vervierfachung der bayrischen Erntemenge sei möglich.

Reinhard Bauer blickt über sein fast erntereifes Sojafeld in den rosaroten Abendhimmel. Der Farbton trifft seine Stimmung nicht so richtig. Es gibt Probleme mit der Genehmigung seines erweiterten Stalls. Nachbarn haben sich über den Gestank beschwert, sie können sich auf die Emissionsschutzauflagen berufen. »Die Zuchtsauen werden wohl auslaufen«, sagt Bauer. Und wenn seine Sauen als Direktabnehmer fehlen, dann macht wohl auch der Sojaanbau keinen Sinn mehr.

Es ist wie mit jeder Droge: Am Anfang schmeckt sie süß und macht high. Dann wird man abhängig. Diese Phase liegt bereits hinter dem globalen Sojaboom. Als nächstes kommt das böse Erwachen und die Suche nach Ersatzdrogen. Die gibt es zwar, aber längst nicht in ausreichender Menge. Bleibt der bittere Entzug? Am Ende könnten Gesundheit, Klima und Umwelt profitieren: weniger Soja, weniger Fleisch, weniger Treibhausgase, weniger Pfunde auf der Waage und mehr Vielfalt auf Teller und Acker. ●

Erstmals erschienen in *Le Monde diplomatique* vom August 2018.
© 2018 *Le Monde diplomatique*, Berlin

Soja? Nein danke

Im Norden Mosambiks war das größte Agrobusinessprojekt Afrikas geplant. Dann begannen sich die Bauern zu wehren

Protestzug gegen das größte Agrobusinessprojekt Afrikas »ProSavana«, Mosambik 2013. ■ UNAC

Von Stefano Liberti

Nakarari liegt irgendwo im Buschland, 2000 Kilometer von Maputo entfernt. Unter einem Mangobaum sitzen vierzig Männer und Frauen. Als Erster ergreift Dorfsekretär Agostinho Mocernea das Wort. »Wir dürfen nicht glauben, was die Regierung sagt. Wir müssen bei unserem Nein bleiben.« Die Bauernvertreter aus benachbarten Dörfern nicken. »Die Regierung hat sich in eine Sackgasse manövriert«, ergänzt Dionísio Mepoteia vom Bauernverband Unac. »Unser Kampf war erfolgreich. Wir haben einen historischen Sieg errungen. Wir haben den Raubzug gestoppt und klargemacht: Das Land, das wir seit Generationen bewirtschaften, gehört uns und niemandem sonst.«

Der Widerstand in Nakarari hat »ProSavana«, dem größten Agrobusinessprojekt Afrikas, einen schweren Schlag versetzt – vielleicht sogar den Todesstoß. Das Treffen unter dem Mangobaum ist nur eines von vielen. Dionísio Mepoteia ist ständig auf Achse, um die Landbevölkerung über die neuesten Entwicklungen zu informieren. ProSavana ist eine Dreieckskooperation zwischen der Regierung Mosambiks, der Japanischen Agentur für internationale Zusammenarbeit und der Brasilianischen Agentur für Zusammenarbeit. Entlang des Nacala-Korridors, der 19 Distrikte in drei Provinzen im Norden Mosambiks verbindet, sollen auf 14 Millionen Hektar Land »Cash Crops« – Soja, Baumwolle und Mais – für den Weltmarkt angebaut werden.

Das Projekt ist Teil des großen Wettrennens um Ackerflächen in der Subsahara. Seit sich die Preise für Grundnahrungsmittel im Zuge der Finanzkrise verdoppelten, verspricht der Erwerb riesiger Anbauflächen schnellen Profit. Nicht nur die großen Lebensmittelkonzerne, auch Brokerfirmen, Hedgefonds und Pensionsfonds sind mit von der Partie.

Von Äthiopien bis zur Republik Kongo und vom Senegal bis zum Sudan wurden schon hunderte Millionen Hektar verkauft. Was dort angebaut wird, ist für den gewinnträchtigeren Auslandsmarkt bestimmt. Aufgrund seiner Größe und der dünnen Besiedelung ist Mosambik besonders begehrt. Erste Pläne für das ProSavana-Projekt wurden 2009 beim G8-Gipfel im italienischen Aquila geschmiedet, als der japanische Premier Taro Aso und der brasilianische Präsident Luiz Inácio Lula da Silva ins Gespräch kamen und sich an ein legendäres Agrarprojekt aus den 1970er Jahren erinnerten. Mit Hilfe japanischer Ingenieure und Fördergelder wurde damals in der brasilianischen Savanne im Bundesstaat Mato Grosso das weltweit größte Anbaugebiet für Sojabohnen aus dem Boden gestampft. Nach diesem Vorbild wollte man nun auch in Mosambik vorgehen, mit brasilianischem Know-how und japanischen Unternehmen, die den asiatischen Markt bedienen.

Die Unternehmensberatung GV Agro erarbeitete für ProSavana den Masterplan und das Finanzierungsmodell. Chef der GV Agro ist der frühere brasilianische Landwirtschaftsminister Roberto Rodrigues. Der Exminister ist die graue Eminenz von ProSavana: Er zog als Erster die Parallele zum Mato Grosso, strickte die Legende vom »ungenutzten Land« und lud brasilianische Investoren zu Besichtigungen ein. Nach einer Anschubfinanzierung von 38 Millionen Dollar, die größtenteils von der japanischen Regierung bereitgestellt wurde, setzte das Projekt auf einen neuen Fonds namens Nacala, der 2 Milliarden Dollar von Privatinvestoren auftreiben sollte.

»Von dem Programm haben wir zum ersten Mal im August 2011 gehört, als in einer brasilianischen Tageszeitung ein Interview mit unserem Landwirtschaftsminister erschien«, erzählt Jeremiah Vunjane von der Bürgerinitiative Adecru, die Familienbetriebe unterstützt. »Wir waren schockiert. Unsere Regierung verkauft Grund und Boden ans Ausland und sagt der eigenen Bevölkerung kein Wort!«, empört sich Vunjane. In dem Zeitungsartikel wurde auch der Präsident der Baumwollproduzenten von Mato Grosso, Carlos Ernesto Augustin, zitiert: »Mosambik ist ein Mato Grosso mitten in Afrika: Anbauflächen fast zum Nulltarif, kaum Umweltauflagen und weit geringere Transportkosten für den Export nach China.«

Doch das Entwicklungsgebiet von ProSavana ist weitaus fruchtbarer als das brasilianische Pendant und für die Bauern überlebenswichtig. Vor allem wohnen dort im Unterschied zu Mato Grosso, das in den 1970er Jahren nur dünn besiedelt war, 5 Millionen Menschen – die meisten von ihnen Kleinbauern, deren Anbau einen Großteil des Lebensmittelbedarfs Mosambiks deckt.

Als das Land 1975 unabhängig wurde, erklärte die neue Verfassung Grund und Boden zum unveräußerlichen Staatseigentum. Auf dieser Basis kann die Regierung ein »Bodennutzungs- und Bewirtschaftsrecht« an Kommunen oder Einzelpersonen vergeben. Auf dem Land hat aber nicht jeder ein Nutzungsrecht, und manche Bauern messen den Dokumenten keine große Bedeutung zu. Eine fatale Fehleinschätzung, wie die Bauern in Wuacua, einem Nachbarort von Nakarari, feststellen mussten. Vor sechs Jahren kamen Beamte ins Dorf und legten den Bewohnern einige Schriftstücke vor, die sie unterschreiben sollten. »Sie haben ausgenutzt, dass die meisten Analphabeten sind«, erklärt Dionísio Mepoteia. »Man hat ihnen gesagt, sie würden an einem Programm zur ländlichen Entwicklung teilnehmen, und ließ sie Dokumente unterschreiben, die sie nicht verstanden. Sie wurden mit 4500 bis 6000 Meticais (60 bis 80 Euro) abgespeist und mussten ihr Land verlassen.« Wenig später bekam das Unternehmen Agromoz in Wuacua eine Konzession für 9000 Hektar Land. Heute ist Wuacua ein Geisterdorf inmitten streng bewachter Sojaplantagen. Der Kontrast zu Nakarari könnte nicht größer sein, dort werden auf Kleinparzellen Bohnen und Maniok angebaut.

Die Enteignung Wuacuas verbreitete sich wie ein Lauffeuer. Alle waren alarmiert, und eine neue Protestbewegung war geboren. Sie hat ganz Mosambik erfasst und ist sogar über die Landesgrenzen hinaus gewachsen. »Es begann mit einer Reise nach Brasilien«, erzählt Jeremiah Vunjane. Weil Mato Grosso das Vorbild für ProSavana war, beschlossen die Bauernvertreter, sich selbst ein Bild zu machen. So flog eine fünfköpfige Delegation nach Zentralbrasilien.

Sie waren schockiert: »Wir fuhren hunderte Kilometer und sahen nichts als Sojafelder. Kein einziger Bauer, kein einziges Dorf«, erinnert sich Abel Saída vom Kleinbauernverband Oram. »Die ganze Region ist abgeholzt. Wegen des intensiven Pestizid- und Düngemitteleinsatzes ist alles Wüste. Eine albtraumhafte Vorstellung, dass aus unserem Land auch so eine Ödnis werden könnte.« Der Reisebericht der Delegation wurde in die Lokalsprachen übersetzt und in ganz Mosambik verbreitet.

Was als lokale Protestbewegung begann, zog immer weitere Kreise. In Brasilien, Japan und Mosambik koordinierten die Bauernver-

bände ihr Vorgehen. 23 mosambikanische Organisationen wandten sich in einem offenen Brief an ihre eigene Regierung und an Japan und Brasilien. Darin beklagten sie, »dass es in einer Frage von so großer sozialer, ökonomischer und ökologischer Tragweite nicht einmal ansatzweise eine breite, transparente und demokratische öffentliche Debatte gab«. 40 internationale Organisationen unterzeichneten und verbreiteten das Dokument. Kurz darauf stand Costa Estêvão in den prunkvollen Fluren des japanischen Unterhauses. »Japanische Parlamentsabgeordnete luden mich zu einem Treffen ein. Ich legte ihnen unsere Kritikpunkte an ProSavana vor und machte deutlich, dass das Projekt unsere Lebensweise bedroht.«

Die vielen Kundgebungen, Auslandsreisen, der offene Brief und eine Aufklärungskampagne, an der sich die Landwirte Mosambiks, brasilianische Bauernverbände, Hochschulen und Bürgerinitiativen aus Japan und Europa beteiligten, brachten das Projekt tatsächlich ins Wanken. »Die Protestwelle schwappte in alle Provinzen über. Wir sind herumgezogen, um die Bevölkerung zu informieren und ihnen Mut zu machen, damit sie nicht den leeren Versprechen auf den Leim gehen«, erzählt Jeremiah Vunjane. »Wir hatten Erfolg, zum ersten Mal musste sich die mosambikanische Regierung anhören, was die Bevölkerung zu sagen hat, dass sie ein von oben verordnetes Entwicklungsmodell nicht akzeptieren wird.«

Die Fürsprecher von ProSavana bekamen allmählich kalte Füße. Die Japaner wollten nicht als Handlanger eines neuen Agrarkolonialismus dastehen und bekundeten Bedenken. Die brasilianischen Unternehmer waren plötzlich nicht mehr interessiert. Und der Nacala-Fonds, der 2 Milliarden Dollar einwerben sollte, wurde unauffällig geschlossen. ProSavana liegt auf Eis. Während die Japaner viel zu viel Geld und Prestige in das Projekt investiert haben, um nach zehn Jahren einen kompletten Rückzieher zu machen, haben die Brasilianer bereits die Koffer gepackt. Und die Regierung in Maputo, die Mosambik so gern zur Drehscheibe der afrikanischen Agrarindustrie gemacht hätte, muss ebenfalls zurückrudern.

Ein Besuch im Landwirtschaftsministerium offenbart den Bedeutungsverlust des Projekts. Die Stabsstelle für ProSavana wurde in den Seitenflügel des Hauses verbannt. Hinter einem Schreibtisch mit Miniaturflaggen Mosambiks und Japans sitzt in einem leeren Zimmer der ProSavana-Koordinator. Antonio Limbau hat die undankbare Aufgabe, das Offensichtliche zu leugnen: »Wir hatten nie vor, das brasilianische Modell zu kopieren. Wir wollten immer eine ländliche Entwicklung fördern, die auf unser Land abgestimmt ist und kleinen, mittleren wie großen Unternehmen zugutekommt. Die Ernährungssouveränität steht an erster Stelle«, beteuert er und kündigt an, das Projekt ungeachtet aller Verzögerungen weiterzuverfolgen.

Unter dem Mangobaum in Nakarari braucht man das Wort »ProSavana« nur zu erwähnen, und schon verfinstern sich die Mienen. »Sie können tausendmal hier auftauchen, sie werden uns nie überzeugen«, erklärt Agostinho Mocernea lautstark. Jeremiah Vunjane bekundet seine Zufriedenheit über den Sieg, ist aber vorsichtig: »Die Regierung schlägt inzwischen andere Töne an. Aber wir bleiben auf der Hut.« •

Erstmals erschienen in *Le Monde diplomatique* vom Juli 2018.
Diese Reportage schrieb Stefano Liberti mit einem Stipendium des Pulitzer Center on Crisis Reporting.

Brisante Felder

China streitet über die grüne Gentechnik

Von Zhang Zhulin

Einen ganzen Vormittag lang habe ich auf den kurvenreichen Straßen von Shoushan verbracht, um ein Versuchsfeld für gentechnisch manipulierten Reis zu finden. Das 16 000-Einwohner-Städtchen liegt im Südosten Chinas in einem Gebirgszug mit üppiger subtropischer Vegetation etwa 20 Kilometer von Fuzhou entfernt, der Provinzhauptstadt von Fujian. Niemand, den ich frage, kennt den Ausdruck »gentechnisch veränderter Organismus« (GVO).

Schließlich entdecke ich am Ende einer Sackgasse an einem offenstehenden, unbewachten Metalltor ein Schild mit einer komplizierten Aufschrift: »Nationale Basis für Zwischen- und Industrialisierungstests von transgenem Reis«. Seit 2009 bewirtschaftet hier die Agrarwissenschaftliche Akademie in Zusammenarbeit mit dem bekannten Gentechnikforscher Zhu Zhen und seinem Pekinger Team eine rund 11 Hektar große Fläche. Mitten in einem gewöhnlichen Reisfeld stehen acht große Treibhäuser, in denen tausende genmanipulierter Jungpflanzen in Zementkästen heranwachsen. In der Erde stecken Schilder, auf denen das Datum der Pflanzung und der Name des zuständigen Teams dokumentiert sind. Die chinesische Regierung hat 6 Millionen Yuan (769 000 Euro) in das Projekt investiert, die Provinzbehörde weitere 4 Millionen Yuan (512 000 Euro).

Die Existenz der transgenen Reispflanzen kam schon in einer Mitteilung der Provinzregierung vom 26. November 2010 ans Tageslicht. Aber eher nebenbei und aus Versehen. Unter der Überschrift »Informationen zur Verstärkung der Kontrolle und des Managements von transgenem Reis« wurde der Verkauf von Genreis auf den Märkten von Fujian untersagt. Wie kann man etwas verbieten, was es offiziell gar nicht gibt? Unterzeichnet hatten die Lebensmittelbehörde, das Amt für Lebensmittelsicherheit sowie die Abteilungen für Landwirtschaft, Handel und Industrie. Die Mitteilung stand nur wenige Tage auf der Website der Provinzregierung. Doch das reichte aus, um jeden Zweifel an der Existenz eines brisanten Versuchsfelds auszuräumen.

China zählt zu den Pionieren und Hardlinern der Gentechnik. Schon 1988 wurden dort virenresistente Tabakpflanzen gezüchtet. Trotz der unbestrittenen Vorreiterrolle dürfen heute in China aber nur zwei transgene Produkte vermarktet, also frei verkauft werden: Baumwolle und Papayas. Nach dem Bekanntwerden des illegalen Genreis-Anbaus in Fujian erklärte das Landwirtschaftsministerium unzählige Male, es gebe keine weiteren Anbauprojekte. Doch dann wurde ein weiterer Skandal in Wuhan publik, der Hauptstadt der zentralchinesischen Provinz Hubei.

Im Juli 2014 fanden Reporter der beliebten investigativen Fernsehsendung »Xinwen Diaocha« (»Ergänzende Untersuchung«) heraus, dass drei von fünf Packungen Reis, die sie in einem Supermarkt in Wuhan gekauft hatten, Bt63-Reis enthielten. Dieser Reis ist genetisch so verändert, dass er gegen Reismotten besser geschützt ist. Bt63-Reis ist eine Züchtung des Teams von Professor Zhang Qifa, Mitglied der Chinesischen Akademie der Wissenschaften, Professor an der Wuhaner Agraruniversität Huazhong und Leiter des nationalen Forschungsprogramms zu genverändertem Reis.

Die Sendung schlug ein wie eine Bombe und sorgte für eine landesweite Diskussion über die Gentechnik. Dabei war die Information, wie so oft, eigentlich schon vor mehr als zehn Jahren im Ausland publik geworden und auch in China bekannt. Im Dezember 2004 hatte Zhang Qifa dem US-Wochenmagazin *Newsweek* bestätigt, dass eine Saatgutfirma aus Wuhan genmanipuliertes Saatgut vertreibt und dass dieser Reis bereits auf über 100 Hektar angebaut wurde.[1]

Nach dieser Meldung gab Greenpeace China sogleich eine Untersuchung in Auftrag, die zwei Monate in Anspruch nahm. Im April 2005 erschien der Bericht: Zwischen 950 und 1200 Tonnen Genreis, der auf einer Fläche zwischen 1300 und 1700 Hektar kultiviert worden sein muss, waren offensichtlich illegal auf den Märkten der Provinz Hubei gelandet. Greenpeace China warnte vor einer Ausbreitung der transgenen Pflanzen.

In einem Land, in dem NGOs von der Regierung streng überwacht werden, ist Greenpeace nahezu der einzige Akteur, der über die nötigen Mittel für Vorort-Recherchen verfügt. Die chinesische Presse berichtet stets ausführlich über sämtliche Greenpeace-Studien, was die Schlussfolgerung nahelegt, dass auch die politische Führung in der grünen Gentechnik gespalten ist.

Fünf Jahre später nahm das Pekinger Magazin *China News Weekly* die Recherchen wieder auf und wies nach, dass in der Provinz Hubei auf großen Flächen Genreis angebaut wurde. Auch wenn dafür keine offizielle Genehmigung vorliege – der Anbau von Genreis für die künftige Vermarktung sei bereits greifbare Realität, hieß es in der Reportage.

Nach Greenpeace-Informationen wurden Genreis sowie Genreisprodukte bereits in drei weiteren Provinzen Zentral- und Südchinas verkauft: in Guangdong, Fujian und Hunan. 2012 schrieb Jiang Gaoming, Forschungsdirektor am Botanischen Institut der CAS, in seinem Blog, dass nach eigener Einschätzung in der südöstlichen Provinz Zhejiang bereits 8,5 Millionen Bürger unwissentlich transgenen Reis gegessen hätten.

Das Landwirtschaftsministerium wollte auf Anfragen nicht antworten, dort beschränkt man sich auf die stets wiederholte Erklärung: »Es gibt keinen wilden Anbau von GVO.« Doch dessen Spuren lassen sich auch außerhalb der Landesgrenzen finden. Die EU-Kommission veröffentlichte nach Angaben ihrer Generaldirektion »Ge-

Reisfeld bei Shaxi, Provinz Guangdong, China, März 2015. ■ REUTERS

sundheit und Lebensmittelsicherheit« allein zwischen 2006 und 2013 insgesamt 197 Warnungen vor Produkten mit nicht deklarierten GVO aus China und Hongkong heraus, davon 194 für Reisprodukte. Zwischen 2014 und 2016 ging die Zahl der Warnungen jedoch zurück: 19 für Reis, eine für Papayas.

Anfang 2016 enthüllte Greenpeace nach langen Recherchen in der nordöstlichen Provinz Liaoning, einer der wichtigsten Getreideregionen des Landes, den nächsten Aufreger: Von sieben Saatmais-

Von Greenpeace gesammelte Maiskörner auf einem Acker bei Xinmin, Liaoning, China, Oktober 2015. Viele gesammelten Proben erwiesen sich als genetisch verändert. ■ MA LONGLONG | GREENPEACE

Stichproben waren sechs gentechnisch manipuliert. In fünf Distrikten der Provinz hatte die Organisation Stichproben entnommen, 93 Prozent davon waren Treffer.

Das Saatgut stammte von den US-Multis Monsanto, Pioneer Hi-Breed und Dow Chemical sowie vom Schweizer Hersteller Syngenta, der 2017 vom chinesischen Konzern ChemChina aufgekauft wurde. »Für keine dieser transgenen Maissorten liegt eine Genehmigung zum kommerziellen Anbau in China vor«, stellte Greenpeace klar. Die Zentralregierung in Peking begnügte sich damit, zu versichern, es handele sich um bedauerliche Einzelfälle.

Auch Liaonings Nachbarprovinz Heilongjiang, die für ihre ausgezeichnete Getreidequalität bekannt ist, blieb nicht verschont. Die Pekinger Wirtschaftszeitung Zhongguo Jingying Bao berichtete: »Bauern aus Heilongjiang bauen transgenes Soja an, gefunden in den Ernten von 2013 und 2014, (…) es ist ein Rätsel, woher das Saatgut stammt.« Dasselbe Mysterium trat 3000 Kilometer weiter östlich in der Autonomen Region Xinjiang auf. Im Mai 2016 ließ die Landwirtschaftsbehörde des Xinjianger Distrikts Fuhai ein 133 Hektar großes illegales GVO-Maisfeld zerstören. Dessen Besitzer Liu Yongjun beteuerte vor Reportern des Magazins Caixin seine Unschuld: »Die Saatgutfirma ist schuld, ich wusste von nichts.«

Offiziell erfolgt die Genehmigung für den Anbau von GVO in fünf Schritten: Zuerst die Forschung im Labor; dann Zwischentests über zwei Jahre in einem halbgeschlossenen Raum, wobei die Anbaufläche nicht mehr als 0,2 Hektar betragen darf; anschließend der Umwelttest nach ein bis zwei Jahren Freilandkultur auf einer maximal 2 Hektar großen Fläche; dann noch mal eine ein bis zwei Jahre lange Testphase vor der Vermarktung; schließlich die Zulassung durch

ein Biosicherheitszertifikat. Peking hat bislang sieben solcher Zertifikate vergeben: für Tomaten, Petunien, Pfeffer, Reis, Mais, Papayas und Baumwolle, wobei aber nur die beiden Letztgenannten tatsächlich kommerziell angebaut und vermarktet werden dürfen.

Li Yifang, Leiterin des Programms für Landwirtschaft und Ernährung bei Greenpeace China, scheint jedes Wort abzuwägen: »Die chinesische Regierung ist auf dem Papier sehr anspruchsvoll.« Tatsächlich gebe es aber Probleme. Deutlicher wird Biodiversitätsforscher Xue Dayuan, Professor am Institut für Lebens- und Umweltwissenschaften der Zentralen Nationalitäten-Universität in Peking: »Das genetisch veränderte Saatgut stammt von chinesischen Forschern.« Laut Dayuan würden sie es importieren oder selbst züchten. Schon 2005, erinnert er sich, wurde ein Reisfeld mit illegalen Kulturen beschlagnahmt: Offiziell hieß es, dass mehr als 600 Hektar auf Anweisung der Landwirtschaftsbehörde vernichtet worden seien. »Tatsächlich können es höchstens 6 Hektar gewesen sein«, schätzt er, denn »wer würde in China 600 Hektar Reis zerstören?«

Nach Meinung eines Journalisten aus Kanton, der eine Reihe von Reportagen zu dem Thema veröffentlicht hat, sei das Ziel einiger Forscher, vollendete Tatsachen zu schaffen. Im Augenblick will niemand die Verantwortung für die illegale Verbreitung von GVO-Saatgut übernehmen: weder die Hersteller noch die Händler, die Forscherteams oder die Bauern.

Um die Vorbehalte unter der Bevölkerung beiseitezuräumen, gehen manche Wissenschaftler in die Offensive. Im Mai und Juni 2013 fanden in etwa 20 Städten Chinas öffentliche Verkostungen von transgenem Reis statt, tausende Bürger nahmen daran teil. Manche dieser Veranstaltungen wurden vom Institut Professor Zhang Qifas organisiert, dem chinesischen Gentechvorreiter, was einige Beobachter misstrauisch gemacht hat. Warum hat Zhang Qifa diese Verkostung inszeniert? Abgesehen von der wissenschaftlichen Bildung der Bevölkerung – was führt er im Schilde? Die Antwort findet sich in einem offenen Brief, der auf Initiative des Professors verfasst und von 61 Akademikerinnen unterzeichnet wurde. Darin wird gefordert, »die Industrialisierung der transgenen Reiskultur nicht länger aufzuhalten, dies würde dem Land schaden«.[2]

In Frankreich konnte ein Team des Nationalen Instituts für Agrarforschung nachweisen, dass die Nähe zwischen Wissenschaftlern und Saatgutindustrie verhängnisvoll ist: Wenn Interessenkonflikte vorliegen, fallen die Schlussfolgerungen in Publikationen mit hoher Wahrscheinlichkeit zugunsten der Saatgutindustrie aus.[3]

In China sind Forscher und Saatguthersteller besonders eng verbandelt. So schoss der Aktienkurs des Saatgutproduzenten LeFeng plötzlich in die Höhe, nachdem das Unternehmen verkündet hatte, »gemeinsam mit dem Institut für Genetik und Entwicklungsbiologie der Chinesischen Akademie der Wissenschaften und der Akademie für Agrarwissenschaft der Provinz Fujian die Biotechfirma Zhongke LeFeng zu gründen, um neue transgene Hybridreissorten zu entwickeln, die resistent gegen Insekten sind«.

Die beiden Institute waren mit jeweils 18 beziehungsweise 17 Prozent an der neuen Firma beteiligt, und sie brachten zudem ihre Kenntnisse und ihr Renommee mit ein. Die Genforscherin Su Jun, die an der Akademie für Agrarwissenschaft der Provinz Fujian arbeitet, versichert jedoch, ihr Institut besitze seit mindestens drei Jahren keine Anteile mehr an der Biotechfirma Zhongke LeFeng.

Auch der Gentechprofessor Zhang Qifa blieb nicht vom Verdacht eines Interessenkonflikts verschont. Er sitzt nämlich nicht nur in der Jury des Stipendienprogramms von Monsanto, sondern war auch Geschäftsführer der im Februar 2001 in Wuhan gegründeten Firma Keni, die sich auf transgenen Reis spezialisiert hatte und vier Jahre später aufgelöst wurde.

Der Ausschuss, der die Biosicherheitszertifikate für den GVO-Anbau erteilt, umfasst je nach Sitzungsperiode zwischen 58 und 75 Mitglieder; zwei Drittel davon sind Gentechnikspezialisten. Mehrere Mitglieder besitzen bereits selbst solche Zertifikate oder haben Anträge gestellt, auch wenn sie das nicht öffentlich bekanntgeben. Nur wenige kennen sich in Ökologie oder Lebensmittelsicherheit aus. So vergibt der Ausschuss Zertifikate an sich selbst.

Jiang Shirong ist zum Beispiel Forscher am Institut für Biotechnologie der Chinesischen Akademie für Agrarwissenschaft und wissenschaftlicher Leiter und Chef eines Saatgutunternehmens in Shenzen. Als Mitglied nahm er an den ersten drei Sitzungsperioden des Zulassungsausschusses bis 2013 teil. »Lässt sich hier noch von einer gerechten und ausgewogenen Einschätzung des Ausschusses sprechen?«, fragt Biodiversitätsforscher Xue Dayuan.

Neben den undurchsichtigen Verbindungen zwischen Forschern und Konzernen fehlt es manchen Wissenschaftlern an Berufsethos. 2012 wurde in Hunan eine Gruppe von 25 Kindern zwischen sechs und acht Jahren als Versuchskaninchen für eine Studie zum sogenannten Goldenen Reis benutzt, der Vorstufen von Beta-Carotin zur Bekämpfung von Vitamin-A-Mangel enthält. Zwei Monate lang mussten die Kinder jeden Tag 60 Gramm Goldenen Reis essen – doch weder die Kinder noch ihre Eltern wussten, dass es sich dabei um Genreis handelte. Die Verantwortung dafür trug die Biologieprofessorin Tang Guangwen von der in Boston ansässigen Tufts University, Unterstützung erhielt sie vom US-Landwirtschaftsministerium. Als die Umstände der Studie vier Jahre später publik wurden, sorgte das in China für landesweite Proteste.[4]

Die Verantwortlichen betonen häufig, in welch schwieriger Lage sich ihr Land befinde, das nur 7 Prozent der globalen Anbauflächen besitze, aber 22 Prozent der Weltbevölkerung ernähren müsse. Im bis 2020 gültigen Nationalplan zur mittel- und langfristigen Entwicklung von Wissenschaft und Technologie wurde der Erforschung transgener Sorten dieselbe Priorität eingeräumt wie der Erschließung von Öl- und Gasfeldern oder dem Bau von Großraumflugzeugen. Bis 2020 wollte die Regierung insgesamt 20 Milliarden Yuan (2,56 Milliarden Euro) in die GVO-Forschung investieren.

Aus Sicht des Landwirtschaftsministeriums erscheint es nur logisch, dass die Agrarnation China sich ihren Platz auf dem Gebiet der Gentechnik sichert. Landwirtschaftsminister Han Changfu erklärte bei einer Pressekonferenz in Peking am 6. März 2014, er selbst scheue sich nicht, »Lebensmittel auf Basis gentechnisch veränderter Rohstoffe, wie etwa Sojaöl« zu essen. Doch in dem von Lebensmittelskandalen immer wieder gebeutelten Land misstraut man den Behörden. Deshalb mahnt auch die Regierung zur Vorsicht. 2014 gab Präsident Xi Jinping unumwunden zu, dass GVO, die »eine neue Technologie« darstellten, »in der Gesellschaft Diskussionen und Zweifel hervorgerufen haben. Das ist normal. Wir müssen in der Forschung mutig, aber in der Vermarktung zurückhaltend sein.« Doch man könne den Markt auch nicht den ausländischen Firmen überlassen.[5]

Tatsächlich hat China 2016 bereits 83,91 Millionen Tonnen Gensoja importiert. Für Länder wie Argentinien ist Peking ein wichtiger Abnehmer. Bei einem Forum des Internationalen Verbands der Sojaproduzenten (Isga) am 28. März 2017 erklärte der Vertreter des argentinischen Bauernverbands Pedro Manuel Vignau: »Wenn eine Gensojasorte in China nicht zum richtigen Zeitpunkt zugelassen wird, können wir den Anbau in Argentinien vergessen.«

Trotz der eindeutigen Umfrageergebnisse haben es die Gentechnikgegner in China nicht leicht, wie der ehemalige Fernseh-Starmoderator Cui Yongyuan berichtet. Der ist inzwischen ein militanter Anti-GVO-Aktivist. Selbst als Mitglied der Politischen Konsultativkonferenz des Chinesischen Volks, die einmal im Jahr zusammentritt, um die Regierung zu »beraten«, kann er nicht viel ausrichten. »Beim ersten Mal haben die Politiker noch so getan, als würden sie meinen Antrag zu GVOs tatsächlich prüfen. Danach haben sie ihn vollständig ignoriert«, klagt er. Auf Weibo, Chinas einflussreichstem sozialen Netzwerk, hatte er vorgeschlagen, die Kontrollen zu verschärfen und ein System der Nahrungsmitteletikettierung und unabhängigen Bewertung der Lebensmittelsicherheit einzuführen. Kurz darauf wurde sein Post gelöscht.

In dem Weißbuch »Analyse und Perspektiven der chinesischen Gesellschaft 2017« wurde eine Umfrage der Chinesischen Akademie für Wissenschaften und Technologie und der *Zeitschrift für Wissenschaft* und Technologie veröffentlicht, in der sich mehr als 70 Prozent der befragten Chinesen eindeutig gegen die Gentechnik aussprechen. Ende 2016 verabschiedete der Provinzvolkskongress von Heilonjiang ein Gesetz, das den Anbau von GVO in der gesamten Provinz verbietet – eine deutliche Reaktion auf eine Umfrage der Lokalregierung in 13 Städten, bei der sich sogar mehr als 90 Prozent der Befragten gegen GVO-Produkte ausgesprochen hatten.

Wenn man dem Internationalen Dienst für biotechnologische landwirtschaftliche Anwendungen Glauben schenken darf, dann befindet sich Chinas Anbaufläche für transgene Kulturen in einem Schrumpfungsprozess: Demnach gibt es heute 900 000 Hektar weniger als noch 2015. Es bleiben aber immerhin noch 2,8 Millionen Hektar übrig – mit ihnen belegt China in der weltweiten Statistik den achten Platz.

Für Su Jun, Forscherin an der Agrarwissenschaftlichen Akademie von Fujian, ist der endgültige Durchbruch der grünen Gentechnik ohnehin nur eine Frage der Zeit. Wenn eine große Naturkatastrophe wie etwa eine Dürre das Land heimsuche, spätestens zu diesem Zeitpunkt werde der transgene Reis aus China auch in China verkauft. Die USA haben damit offenbar sowieso kein Problem. Am 11. Januar 2018 hat die US-Behörde für Lebens- und Arzneimittel, die Food and Drug Administration, erstmals die Einfuhr von genmanipuliertem Reissaatgut aus Wuhan zugelassen. ●

Aus dem Französischen von Sabine Jainski

1 Craig Simons, »Of Rice and Men«, in: *Newsweek*, New York, 20. Dezember 2004.
2 *Nanfang Dushi Bao*, Kanton, 20. Oktober 2013.
3 Thomas Guillemaud, Éric Lombaert und Denis Bourguet, »Conflicts of interest in GM Bt crop efficacy and durability studies«, in: *Plos One*, 15. Dezember 2016.
4 *Beijing News*, Peking, 7. Dezember 2012.
5 Chuin-Wei Yap, »Xi's remark on GMO signal caution«, *China Real Time Report*, 9. Oktober 2014.

Erstmals erschienen in *Le Monde diplomatique* vom Februar 2018, aktualisiert und ergänzt.

Kuhten Tag

Hofläden boomen, urige bäuerliche Verkaufsräume werden zu Sehnsuchtsorten

Qualität aus der Heimat!

Von Bernd Müllender

Es ist lichthell, es ist angenehm kühl, es duftet erdig. Holz dominiert die Auslagen. Hier ist man gern. Am nördlichen Stadtrand von Aachen liegt Bonnies Hofladen und lockt seit mehr als 20 Jahren mit Gemüsen, Salaten, Obst, einer gut gefüllten Käse- und Fleischtheke und Regalen mit Marmelade, Wein, fertigen Sülzen, Setzlingen, Blumen. Es gibt »faire Weidemilch« und eine Tiefkühltruhe mit nostalgisch verpacktem Bauerneis. Blickfang sind die dicken weißen Gänseeier.

»Noch ein Papier drum?«, fragt Marion Haarseim an der Kasse, »Erdbeeren gibt's leider erst morgen früh wieder.« Unaufdringlich freundlich ist die 62-Jährige, immer zugewandt und für ein kurzes Schwätzchen zu haben. Ihr halbes Leben habe sie selbst hier eingekauft, erzählt sie. Jetzt hat sie an zwei Nachmittagen die Woche die Seite gewechselt. Mit Leidenschaft: »Einkaufen soll Spaß machen. Hier haben wir Zeit. Und die Leute wissen, dass man auch mal einen Moment warten muss, wenn es voll ist.«

Auch die Kunden suchen das Gespräch, manchmal mit Rezepten und Verzehrtipps: »Ich würde die Mairübchen in Butter kurz an-dünsten« – »ich mag sie lieber knackig roh …« Eine Kundin meint: »Es ist ein bisschen heile Welt hier, so mehr mit Muße.« Keine Massenware, keine Plastikverpackungen, keine Centpreise mit der albernen 9 hinten dran. Stattdessen kann man sich mit der Region verbunden fühlen. Haarseim berichtet von alten Leuten, die nur wegen des im Einmachglas angebotenen Hühnereintopfs mit Eierstich kommen. Eine andere Kundin sagt: »Ich mag die ruhige Art im Hofladen, die Auswahl ist viel größer als auf dem Wochenmarkt. Und frischer geht's ja nicht.« Das stimmt – für die Ware, die tatsächlich vom Hof kommt. Jetzt im Frühsommer ist es aber nur ein Bruchteil. Immerhin ist die Herkunft genau angegeben, anders als auf den Wochenmärkten.

Hof – das klingt authentisch, ursprünglich und gesund. Hof als Gegenteil von Fabrik. In Hofläden gibt es, ob bio oder konventionell: Hofeier, Hofbutter, Hofsahne, Hofmilch. Hofkäse hat sogar eine eigene Webseite: hofkaese.de. Dabei bedeutet das Präfix Hof so viel wie Bäcker in Bäckerbrötchen oder Metzger in Metzgerwurst, also nichts. Nichts über Qualität, Geschmack, Chemieeinsatz, Tierhaltung. Die Hof-Zuschreibungen wollen vor allem eines demonstrieren: Dieses Produkt ist von hier, Hausmacher-Feinkost statt Lebensmittelindustrie. Im Selfkant, dem westlichsten Zipfel des Landes bei Mönchengladbach, heißt die regionale Milch vom Bauern konsequenterweise Zipfelmilch.

Hofläden boomen. Bis zu 50 000 Bauernhöfe setzen ihre Produkte zum Teil ohne Zwischenhändler ab, auf Wochenmärkten und/oder bei Hofe. Einige tausend dieser Direktvermarkter haben einen eigenen Laden. Etwa 15 Millionen Deutsche kaufen Lebensmittel direkt beim Erzeuger. Tendenz: leicht steigend. Längst darf man von einer Hofladenkultur sprechen. Dabei ist das Image landwirtschaftlicher Betriebe an sich mies. Agrarfabriken werden sie gern genannt. Aber, so die Analyse des Departments für Agrarökonomie der Universität Göttingen schon 2006, es gebe ein »Bedürfnis nach mehr Nähe zum Ursprung der Lebensmittelerzeugung«. Landwirte als Person würden als »sympathisch, vertrauenswürdig, aber auch etwas altmodisch« wahrgenommen. Schon »die physische Präsenz des Landwirts« wirke »als Qualitätsversprechen«.

Der Biohof von Johanna Böhse-Hartje in Thedinghausen bei Bremen ist ein Idyllversprechen. Ein großes Gebäudeensemble, teils aus dem 17. Jahrhundert, mächtige Eichen davor, darunter überdachte Biertische und -bänke, ein matschiger, naturbelassener Vorplatz. Dahinter die offenen Ställe der Rinder, die für Backgroundsound sorgen und echt höfischen Duft. Mal läuft ein aufgeregtes Huhn diagonal, dann biodieselt ein Trecker um die Ecke. »Kuhten Tag«, grüßt ein Schild.

Johanna Böse-Hartje, 64, die Eigentümerin des Bioland-Anwesens, führt herum. Die 600 Hühner, untergebracht in schicken Hühnermobilen, »sind unsere Antwort auf die Massentierhaltung«. Für 40 Cent reißen sich die Leute um die Eier. Im Laden: Kühlschrank, Gemüseauslagen, mittig die Theke für die eigenen Rinderprodukte. Alles bio. Das Plakat »Yoga für Kühe« mit Rindviehkarikaturen beglückt die Seele: eine lächelnde Kuh und »Die Milchstraße suchen!« Neben dem Hofladen steht ein Edelstahltank zum Selberzapfen der Milch. 80 Cent der Liter. Daneben steht ein mechanischer Regiomat-Hofladen mit 24-Stunden-Service für Käse, Eier, Wurst, Rouladen.

Einmal im Monat findet hier zusammen mit anderen Biobauern der Öko-Regio-Markt statt. Hunderte Kunden kommen jedes Mal. Sonntags öffnet zudem das Hofcafé mit selbstgebackenem Kuchen. »Da hat man Muße, miteinander zu reden und nicht nur einzukaufen«, sagt die Hofchefin. Was die Leute an Orten wie ihrem so lieben? »Man kann das schon einen Sehnsuchtsort nennen, ein Stück heile Welt. Viele Stammkunden kennen sich wie eine Großfamilie.« Wahrscheinlich sei der Einkauf auch eine Genugtuung fürs Gewissen. Es gibt auch Hofläden, die sich selbst als Sehnsuchtsort beschreiben, obwohl man dort nur online bestellen kann. Hauptsache Hofläden. Landlust für Kopf und Magen.

Thomas Ellrott ist Leiter des Instituts für Ernährungspsychologie der Uni Göttingen. Er sagt, Ernährung sei auch Distinktionsmerkmal. »Immer häufiger geht es um Selbstinszenierung und Zugehörigkeit. So kann ich mich selbst definieren, mich in einer bestimmten Haltung sehen und zeigen. Ich kann mich zugehörig fühlen, zugleich von anderen absetzen und damit Individualität generieren.« Die richtige Nahrung als sozialer Kitt.

Johanna Böse-Hartje ist Vorstandsmitglied der Arbeitsgemeinschaft bäuerliche Landwirtschaft. Direktvermarktung macht immerhin 15 Prozent des Hofumsatzes aus. »Irgendwo nur meine Sachen abzuliefern, das wäre mir zu wenig.« Stattdessen setzt sie auf »Resonanz und Kontakte, das ist unbezahlbar«. Bei ihr gibt es auch eine kleine Portion Weltanschauung obendrauf: »Zur Demo nächsten Monat nach Berlin, da kommt ihr doch mit?!« Solche Sachen sage sie oft, erklärt Böse-Hartje. Sie mache allen bei jeder Gelegenheit klar, dass sie Mitverantwortung tragen. Die Kunden seien sehr unterschiedlich. Manche müssten genau gucken, wie sie mit ihrem Geld klarkommen. Bei anderen sei der Einkauf auf dem Biohof auch Statussymbol. Die kämen »mit ihren ganz schön lauten Geschossen« vorgefahren.

Umwelt- und Bauernverbände befeuern die segensreiche PR-Wirkung von Hofläden. Die Landwirtschaftskammer Niedersachsen lobt das »markante Profil, mit dem sich Direktvermarkter von allen übrigen Einkaufsstätten eindeutig unterscheiden«. Empfehlung für Kunden: »Entfliehen Sie der Globalisierung.« Die Bioland-Fachfrau für Direktvermarktung, Irene Leifert, glaubt, die Kunden in Hofläden suchten »Transparenz von der Weide bis zum Teller«. Beim Lieferservice, hat mal ein Bioland-Berater empfohlen, solle man besser keine Dritten beauftragen: Vielen Kunden und Kundinnen sei wichtig, dass der Lieferant selbst Landwirt ist.

Im Netz buhlen Plattformen wie landservice.de, mein-bauernhof.de und dein-bauernladen.de um Kundschaft. Teils mit den üblichen Marketingworthülsen: »Hofläden bieten eine andere Qualität an Fleisch- und Wursterzeugnissen. Gönne Dir den Luxus! Kaufe frisches Obst und Gemüse beim Erzeuger Deiner Wahl.« In gleich zwei wissenschaftlichen Arbeiten findet sich wortgleich der Ratschlag: »Bauernhofimage kann zu Preiserhöhungen genutzt werden.« Neben der Direktvermarktung bieten Hofläden manchmal auch eine eigene Erlebniswelt: Feldtage, Kräuterwanderungen und Strohballenkino, Schnittblumenfelder, Erlebnisbauernhof, einmal sogar eine Bio-Schweinothek mit der Bioblutwurst »Dubbewutz«. Manchmal kommt noch Fortbildung dazu. Die Infonachmittage über Ökolandbau für Kinder und Jugendliche seien sehr begehrt, sagt Johanna Böse-Hartje. Immer öfter würde ihr Anwesen auch für Geburtstage oder Konfirmationsfeiern gebucht.

Gut akzeptiert sind auch Selbsterntegärten, wie bei Bonnies in Aachen. Eine große Fläche von ein paar tausend Quadratmetern ist auf Stadtmenschen ohne eigenen Garten zugeschnitten. Projektname: »meine Ernte«. Sportlehrerin Isabelle (29) ist mit ihrem Sohn Theo (2) gerade hier. Im Hofladen kauft sie etwas Gemüse, »und die Erdbeeren essen wir jetzt beim Unkrautjäten«. 45 Quadratmeter hat sie saisongepachtet, Kosten: 190 Euro. Das Feld ist vorgesät mit Erbsen, Hokkaidokürbis, Mangold, Feldsalat und Kartoffeln. Im Winterhalbjahr gebe es wöchentlich die Biokiste vom Ökohof, im Sommer dominiere Selbstversorgung: »Das ist toll mit Kind, so sieht er, wo alles herkommt«, sagt die Mutter. Dann jätet sie. Theo nässt die Beete mit seiner Minigießkanne tropfenweise.

Im Hofladen erklärt derweil eine gut gelaunte Mittsechzigerin: Nein, mit Sehnsucht nach der Scholle oder Tante-Emma-Romantik habe ihr Einkauf wenig zu tun. In ihrer Straße gebe es nur einen Supermarkt, zudem ein Stück entfernt: »Da müsste ich zu Fuß hingehen, hier kriege ich immer frisches Obst und einen Parkplatz.« Sie kauft drei Äpfel und zwei Bananen für 1,22 Euro. Und tuckert mit ihrem Diesel die drei Kilometer nach Hause.

Agrarwende selber machen

Die Bewegung für eine andere Landwirtschaft hat unzählige Projekte auf den Weg gebracht. Vor allem die neuen Modelle zur Solidarischen Landwirtschaft haben ein kleines Beben ausgelöst. VerbraucherInnen schließen sich zusammen und finanzieren Höfe oder Gärtnereien. Als Gegenleistung bekommen sie ihren Anteil an den dort erzeugten Lebensmitteln. Ganz ohne Supermarkt, Handel und Industrie. Das gemeinschaftsorientierte Wirtschaften in der Ernährungsbranche zieht immer weitere Kreise. Wir stellen einige Projekte vor. Dazu zählen auch die in vielen Städten gegründeten Ernährungshäuser und Ernährungsräte.

Illustration aus: L. H. Bailey, *Garden-Making,* New York (The Macmillan Company) 1898.

BASTA – SOLIDARISCH AUCH BEI HOCHWASSER

Fast wäre das Projekt gleich im ersten Jahr untergegangen: 2013 war alles frisch gepflanzt auf dem Basta-Hof im brandenburgischen Oderbruch. Dann kam das Hochwasser und ließ kaum etwas übrig. Anna Covelli und ihr Freund ließen einen Hilferuf los: 50 Abnehmer hatten sie geworben als Kunden fürs Gemüse, das nun wohl nicht wachsen würde, Wohngemeinschaften und Familien aus dem anderthalb Stunden entfernten Berlin. Die reisten nun in den Oderbruch. »Jeden Tag waren Leute da, haben neu gepflanzt und uns getröstet«, erzählt Covelli. Und auch die mangelnde Vielfalt beim Gemüse hätten sie ausgehalten. »Die haben dann brav jede Woche Rote Bete, Karotten, Lauch und Kartoffeln gegessen.« Gleich zu Beginn funktionierte also das, was Covelli vorschwebte: eine nicht nur ökologische, sondern auch solidarische Landwirtschaft.

So richtig entspannt war die Lage aber nicht. »Die ersten zwei Jahre waren der Horror«, fasst Covelli zusammen. Sie hatte zwar schon viel auf Höfen mitgearbeitet, ein Profi war sie allerdings nicht. »Es war viel Handarbeit, viel hartes Lernen.« Sie lernten, dass Kohl besser unter einem Netz wächst, weil dann die Kohlfliegen nicht knuspern können. Dass es zu anstrengend ist, sich nachts den Wecker zu stellen, um das anfangs sehr einfache Bewässerungssystem umzustellen. Wie der schwere Lehmboden zu bearbeiten ist. Wie Gemüse gelagert werden kann, wenn es wegen des hohen Grundwasserspiegels keine Keller gibt. Dass es nicht reicht, Büroarbeit abends nebenher zu machen.

Das Paar hatte auch Glück: Die Eltern steckten Geld ins Projekt. So ließen sich ohne Bankkredit Gewächshäuser, ein besseres Bewässerungssystem, eine Sämaschine und das Kohlfliegennetz finanzieren. Seitdem ist der Basta-Hof gewachsen: 148 Abnehmer zahlen unterschiedliche Monatsbeiträge. Sechs weitere Mitarbeiter sind auf den Hof gezogen, darunter eine Auszubildende. Der Künstler und Yogalehrer Bernhard Bauch zum Beispiel, der im Hochwasserfrühjahr beim Pflanzen half, ist wenig später »auf die andere Seite der Biokiste gewechselt«, wie er sagt. Vor zwei Jahren haben die Basta-Leute die bislang von einem Landwirt gepachtete Ackerfläche von 9 Hektar gekauft. Der Kauf lief über die Kulturlandgenossenschaft, einen Teil der Anteilskäufer mussten die Basta-Leute einwerben. »So ist der Betrieb nicht von uns als Personen abhängig«, sagt Covelli, »wenn wir nicht mehr wollen oder können, kriegt jemand anderes die Chance.«

Einiges ist bis heute schwierig: Die brandenburgische Landwirtschaft ist wie überall in Ostdeutschland von Großflächen geprägt, Betriebe bewirtschaften im Schnitt weit über 200 Hektar. Förderprogramme seien darauf ausgerichtet, sagt Covelli. Landmaschinen wie Traktoren seien riesig und für kleine Felder nicht zu gebrauchen, die Mähdrescher-Lohnfirma fahre für ein paar Hektar Weizen gar nicht erst los. Covelli und ihre Mitstreiter machen trotzdem weiter. »Wenn wir Profis gewesen wären, hätten wir uns vielleicht nicht getraut«, sagt Covelli. »Wir waren idealistisch und haben es einfach probiert. Jetzt können wir sagen: Es geht.«

Hinter dem Backsteinhaus wachsen Weizen, Paprika, Auberginen, Kartoffeln, Amaranth und Polentamais. Der heiße Sommer 2018 hat den über 15 Tomatensorten gut getan und auch den Melonen. 11 weitere Hektar Acker sollen dazukommen. Dafür suchen sie neue Unterstützer.●

Daniela Vates

hof-basta.de, hallo@hof-basta.de

PuroVerde – Solidarität mit einer anderen Welt

Die 2015 gegründete PuroVerde eG hat ein neues Solidarmodell entwickelt. Produzenten aus Costa Rica werden mit Konsumenten aus Europa zusammengebracht. Die können sich an einem zukunftsweisenden Projekt beteiligen und Ideen der Solidarischen Landwirtschaft über den Ozean hinweg verwirklichen.

»Produkte mit Rendite und Wirkung« heißt der Slogan, mit dem PuroVerde um Mitglieder wirbt. Die Genossenschaft will eine Alternative zur industriellen tropischen Landwirtschaft mit Monokulturen aufbauen, indem sie zwei naturnahe Konzepte kombiniert: Permakultur und Waldfeldbau. Gestartet ist das Projekt schon 2007. Damals hat die Freiburger »Querdenker GmbH« den ersten BaumInvest-Fonds aufgelegt, um im Norden Costa Ricas brachliegende Flächen mit heimischen Hölzern aufzuforsten. Seither sind rund 3000 Hektar Land mit dem Geld deutscher Investoren gekauft und zu großen Teilen in Mischwälder verwandelt worden. Schnell wachsende Pionierbäume wie der Cebo stehen deshalb neben langsam wachsenden Harthölzern wie Mahagoni oder Roble Coral.

Ackerfrüchte zwischen den Bäumen anzupflanzen und Waldfeldbau zu betreiben, war von Anfang an Teil des Konzepts. Die Kombination mit Permakultur verbessert Böden und Wasserqualität und schützt gleichzeitig Biodiversität und Klima. »Um diese Form der Produktion aufzubauen, bringt unsere Genossenschaft Konsumenten in Deutschland mit Produzenten in Costa Rica zusammen«, umschreibt eG-Gründer Leo Pröstler den Grundgedanken. »Dadurch übernimmt jeder, der bei uns mitmacht, Verantwortung dafür, die Region ökologisch und sozial voranzubringen.« Kleinbauern und Produzenten in Costa Rica werden in die Wertschöpfungskette integriert und bekommen – unabhängig von Marktzwängen – Planungssicherheit und ein festes Einkommen. Und die Konsumenten hierzulande erhalten das gute Gefühl, ein außergewöhnliches Produktionssystem zu unterstützen, dazu beste Lebensmittel und eine Rendite von 2 bis 3 Prozent.

Das entspricht den Prinzipien der Solidarischen Landwirtschaft: Bauern und Betriebe schließen sich zu Produktionsgenossenschaften zusammen. Auf der Konsumentenseite finden sich Privatleute, die bereit sind, mit einem Fixbetrag die lokalen Strukturen zu stärken. Im Gegenzug erhalten sie Lebensmittel für den persönlichen Verbrauch. Das Problem: Für die Tropen gibt es noch kein vergleichbares Modell, da leistet PuroVerde Pionierarbeit.

Wie notwendig solche Solidarmodelle sind, macht eine Oxfam-Studie deutlich. Die Arbeiter auf benachbarten Ananasplantagen in Costa Ria bekommen vom Endpreis, den die Käufer in Deutschland bezahlen, knapp 10 Prozent – bei 1,50 Euro im Discounter sind das 15 Cent pro Ananas. Der Großteil des Geldes geht an internationale Konzerne und den Einzelhandel.

Die Genossenschaft PuroVerde will zeigen, dass es anders geht. GingerVerde, ein Ingwer-Saftkonzentrat, das mit Äpfeln, Orangen und Limetten verfeinert wird, ist ihr Botschaftergetränk. Pfeffer und Maracuja sind in der Produktentwicklung, aber auch Ananas, Mangos, Papayas und Bananen kommen für den Anbau in Betracht, ebenso Süßkartoffeln, Maniok oder Zitronengras. »Diese Produkte wachsen nicht in Deutschland«, sagt Leo Pröstler, »wir setzen mit unserer Genossenschaft nicht nur auf Bioanbau, wir achten auch darauf, dass die sozialen Bedingungen für die Kleinbauern stimmen.«●

Horst Hamm

puroverde.de, info@puroverde.de, Tel. (0761) 15 06 36 21

Ochsenherz – der österreichische Pionier

Der »Gärtnerhof Ochsenherz« in Gänserndorf in Niederösterreich ist Initiator und Pionier der »Community Supported Agriculture« (CSA) – der Solidarischen Landwirtschaft – im Nachbarland Österreich. 2011 hat der florierende Demeter-Betrieb, der auf 4 Hektar Fläche 60 Gemüsesorten, Obst und Kräuter anbaut, sein Konzept geändert. Man wollte nicht vor den kommerziellen Zwängen kapitulieren und nur noch die profitableren Kulturen anbauen. Und man wollte nach der Devise »Geschmack vor Ertrag« aromatisch-wohlschmeckende Lebensmittel aus möglichst nachhaltiger Produktion anbieten. Also wurde umgestellt auf CSA und feste Abnehmer. 300 Ernteanteile für 113 Euro im Monat sind bis heute verkauft worden, mehr sollen es auch nicht werden. Die wöchentliche Ernte wird unter den Mitgliedern verteilt, die vor allem zur alten Stammkundschaft gehören.

Das besondere Wagnis dieses Projekts: Es werden nicht nur fertig gepackte »Gemüsekistln« an die Mitglieder verteilt. Es gibt auch zwei freie Entnahmestellen. Eine befindet sich am berühmten Naschmarkt in Wien. Hier können die Mitglieder am Stand so viel Gemüse mitnehmen, wie sie wollen. Siegt die Gier oder die Bescheidenheit? Nach bisherigen Erfahrungen hat die Vernunft gesiegt. »Es geht sich aus«, sagen die Ochsenherz-Mitarbeiter, es sei stets genug für alle da, die an den Stand kommen und zugreifen. In der Regel würden die Leute nur so viel mitnehmen, wie sie tatsächlich brauchen.

Zwölf Mitarbeiter arbeiten am Gärtnerhof. Für die Mitglieder gibt es Mithilfetage und Praktika. Zuletzt hat das Ochsenherz-Team das Obstangebot ausgebaut und 150 Obstbäume gesetzt. Alle angebauten Gemüsesorten sind samenfest, das heißt, sie können weiter vermehrt und gezüchtet werden und unterscheiden sich damit von den sterilen kommerziellen Hybridsorten, deren Saatgut immer neu zugekauft werden muss.●

Manfred Kriener

ochsenherz.at

Hunger, Übergewicht, Erdüberhitzung, Artensterben, Bevölkerungswachstum, Wasserkrise, Bodenerosion, Tierschutz, Biosprit, Welthandel, Bio und Gentechnik, Landflucht und Landgrabbing, EU-Agrarpolitik, Spekulation und Wegwerfkultur – alles hängt mit allem zusammen, und die meisten fühlen sich von den enormen Dimensionen des Problems erschlagen: Wie ernährt sich die Menschheit von morgen, und welchen Unterschied können Einzelne machen?

Davon erzählt der 2000 Quadratmeter große Weltacker der Zukunftsstiftung Landwirtschaft auf dem Botanischen Volkspark in Berlin: 7 Milliarden Menschen teilen sich weltweit 1,5 Milliarden Hektar Ackerland. Das macht 2000 Quadratmeter pro Person. Auf dieser Fläche muss alles wachsen, was ein Mensch braucht: Weizen, Reis, Kartoffeln, Gemüse, Obst, Ölfrüchte, Tee, Kaffee, Zucker, all das Tierfutter, das nicht von Weiden stammt.

Auf dem Berliner Weltacker wachsen maßstabsgetreu die 45 wichtigsten Ackerfrüchte der Welt vom Weizen über Soja bis hin zu Süßkartoffel und Hirse. Die Besucher finden auf ihre Fragen nicht immer einfache Antworten. Sind es im Jahr 2050 vielleicht nur noch 1500 Quadratmeter pro Nase? Die Zahl der Menschen steigt, doch die Ackerfläche bleibt konstant, sie produziert aber heute genug, um 12 Milliarden Menschen zu ernähren. Es wäre eigentlich genug für alle da.

Die zweite zentrale Botschaft: Jeder Bissen hat seinen Ort. Jedes Lebensmittel ist an mindestens einem Ort gewachsen, den wir beim Essen mit gestalten. Viele Irrwege der modernen Ernährung sind nur möglich, weil diese einfache Wahrheit verdrängt wird.

Der Weltacker als realer Ort vermittelt in virtuellen Zeiten eine sinnliche und räumliche Dimension von Ernährung: vom ersten Aha-Erlebnis – »so sieht Baumwolle aus, so wachsen Erdnüsse, das ist ein Reisfeld« – über die Erkenntnis, dass ein Schnitzel so viel Fläche braucht und ein Bier so wenig. Dazu gibt es Begegnungen mit Regenwürmern und Wurzelgeflechten. Der Austausch mit internationalen Acker-Partnerschaften von China über Kenia und Frankreich bis in die Schweiz und nach Vorpommern zeigt wie unterschiedlich 2000 Quadratmeter bewirtschaftet werden.

Gut 150 000 junge und alte, gebildete und weniger gebildete Besucher sind letztes Jahr über diesen Acker gestreift und fast alle haben davon etwas mit nach Hause genommen.●

Benny Härlin

2000m2.de

Schon die Namen sind hinreißend: Da ist die Ägyptische Platt-runde (Rote Bete), der Würzburger Riesenradi (Radieschen), die Perle von Marbach und die Schwarzwälder Ausmachbohne (beides Buschbohnen) oder Hofmanns Schwarzer Pfahl (Schwarzwurzel). Dies alles sind alte Gemüsesorten – kulinarische Schätze, die kaum noch angebaut werden und deshalb bald ganz verschwinden könnten. Besonders lang ist die Liste alter Kartoffelsorten von Alma und August über Bodenkraft und Bona bis hin zu Tasso und Woltmann.

Sie stehen im Verzeichnis der bedrohten Sorten, die der selbst-ironisch »Genbänkle« genannte Verein zum Schutz alter Gemüsesorten zusammengestellt hat. Das Genbänkle wurde 2016 im baden-württembergischen Nürtingen an der Hochschule für Wirtschaft und Umwelt als Netzwerkinitiative gegründet. Motto: »Nicht auf die lange Bank schieben – wir sind ein Netzwerk für Sortenretter und Nutzpflanzenvielfalt.« Im Frühjahr 2018 wurde aus der Initiative ein eingetragener Verein mit professioneller Struktur. Ziel des Projekts ist der Schutz genetischer Ressourcen, vor allem seltener Gemüsesorten, und die Entwicklung der biologischen Vielfalt auf den Feldern und in den Gärten. Dazu wird eine Datenbank mit Onlinekarte aufgebaut. Bisher sind 200 seltene Gemüsesorten gelistet.

Auf der Webseite ist auch eine Anbieterliste zu finden mit 80 Betrieben, die seltene Sorten vermehren und Saatgut verkaufen. »Damit wird interessierten Menschen der Zugang zu regionalem, samenfestem Saatgut alter Gemüsesorten erleichtert.«

»Viele alte Sorten«, sagt Roman Lenz, einer der Gründer und Antreiber des Genbänkles, »haben nicht einmal einen Namen und sind auch nirgendwo registriert.« Wenn sie auf dem Bauernhof Pfleiderer kultiviert werden, dann heißen sie halt »Pfleiderer«. Das Genbänkle steht im engen Austausch mit den Bauern und fahndet ständig nach neuen alten Sorten. Inzwischen hat die Unesco das Genbänkle als wertvolles Projekt zur Erhaltung der Biodiversität anerkannt.

Eine Erfolgsgeschichte mit Vorbildcharakter gibt es auch schon: Die Alblinse, die auf der Schwäbischen Alb verschwunden war, wird heute wieder in beachtlichen Mengen angebaut. Zwei der auf der Alb verschwundenen Linsen waren in der Genbank Sankt Petersburg entdeckt worden. »Alb-Leisa« heißen die Linsen, das Geschäft boomt.●

Manfred Kriener

genbaenkle.de

Sie sind mehrfach umgezogen, jetzt haben sie endlich eine eigene Gärtnerei: das »Kartoffelkombinat« in Spielberg bei München. 2012 gegründet, sind sie den klassisch-genossenschaftlichen Weg gegangen. 1500 Genossinnen und Genossen haben Anteile gezeichnet, 1200 Haushalte werden aktuell mit Gemüsekisten beliefert, größtenteils in München mit mehr als 100 Abholstellen.

1600 versorgte Haushalte sind die Zielmarke, dann, so sagt Organisationschefin Anna Maier, sei die Gärtnerei mit ihren 30 MitarbeiterInnen wirtschaftlich abgesichert.

Ziel ist »der Aufbau einer selbstverwalteten und nachhaltigen Versorgungsstruktur sowie ein gemeinwohlorientiertes statt profitmaximierendes Wirtschaften, damit machen wir uns unabhängig von den industriellen Agrarstrukturen und können selbst bestimmen, was und wie angebaut wird«. Die Genossen zahlen einmalig 150 Euro Einlage und beteiligen sich dann an den Unterhaltskosten der Gärtnerei. Aktuell mit 408 Euro im Halbjahr. Der Saharasommer 2018 hat auch im Kartoffelkombinat Spuren hinterlassen: kleinere Kartoffelernte, weniger Salat, Hitzekoller bei Blumenkohl und Brokkoli. »Da bewährt sich die Genossenschaftsstruktur«, sagt Anna Maier. Die Einbußen können auf viele Schultern verteilt werden.

Besonders spannend ist die nach hitzigen Diskussionen beschlossene Kooperation mit dem Münchner Tierpark Hellabrunn.

Dort gibt es künftig neben Affen, Zebras und Löwen auch Sellerie und Möhrchen: Ein Bauerngarten wird eingerichtet im neuen Parkgelände, in dessen Mittelpunkt die Biodiversität stehen soll. Vom Aussterben bedrohte Haustierrassen werden neben heimischen Pflanzen und Gemüsesorten ausgestellt. Der Tierpark soll zu einem Vorzeigeprojekt für die biologische Vielfalt umgestaltet werden, zum »Geozoo für Biodiversität«. Das Kartoffelkombinat macht mit bei der Gestaltung des großen Schaugartens.●
Manfred Kriener

kartoffelkombinat.de

Kopenhagens Madhus – der europäische Leuchtturm

Die Stadt Kopenhagen fasste im Jahr 2000 den Beschluss, sich zur Ökometropole zu entwickeln. Da gehört ein nachhaltiges Ernährungskonzept dazu. 2007 bezog das neu gegründete Kopenhagener Ernährungshaus (Madhus) Quartier. Seitdem hat es als Steuerungszentrale in wenigen Jahren eine kulinarische Revolution vollzogen, die in ganz Europa zum Vorzeigemodell geworden ist. Das Ziel: Die mehr als 1100 kommunalen Küchen, die Kindergärten, Schulen, Verwaltungen, Altenheime, Kliniken und andere öffentliche Einrichtungen versorgen, sollten bis 2015 zu 90 Prozent auf Bio umgestellt werden. Es geht dabei um 80 000 Mahlzeiten täglich. Das Essen sollte gleichzeitig besser, gesünder und nachhaltiger werden – es sollte ohne Fertig- und Halbfertigprodukte gekocht werden, dafür mit frischen Saisonprodukten, die überwiegend von heimischen Ökolandwirten kommen. Das Ganze auch noch kostenneutral. Ein naiver Wunschtraum?

Elf Jahre später ist die Mission weitgehend erfüllt. Viele Einrichtungen kochen tatsächlich mit 90 Prozent Bioprodukten, die 75-Prozent-Quote wird durchgehend erreicht. Die beeindruckenden Zahlen aus der dänischen Hauptstadt beflügeln inzwischen die Ernährungsräte in anderen europäischen Städten.

Auch in Berlin ist ein Ernährungshaus nach Kopenhagener Vorbild geplant. Der Biolandwirtschaft brachte das Madhus einen kräftigen Schub, die Bauern haben seitdem einen konstant nachfragenden Großabnehmer. Jetzt sollen bis 2020 mindestens 60 Prozent der dänischen Landwirtschaft auf biologische Bewirtschaftung umgestellt werden. Kein anderes Land hat eine vergleichbare Quote.

Auch die Köche mussten sich umstellen. Statt Beutel aufreißen und Tiefkühlkost auftauen, hieß es nun: frisches Gemüse hacken, ganze Tiere verarbeiten – von der Schnauze bis zum Ringelschwanz. Rohstoffbeschaffung, Planung und Arbeitsweise haben sich komplett verändert –, eine neue Esskultur hat sich etabliert. Und wie sieht ein typischer Speiseplan jetzt aus? Einmal die Woche Fleisch, einmal die Woche Fisch, einmal Suppe, einmal vegetarisch, einmal nach Gusto. Zum Kulturwandel gehört auch das Bildungsangebot mit Seminaren und Kochkursen für Kinder. Im Madhus-Team arbeiten neben den Projektmanagern auch Designer, Ernährungs- und Kommunikationswissenschaftler.●
Manfred Kriener

en.kbhmadhus.dk

Londons Food Board – 2012 Gärten für die Hauptstadt

Kann sich eine Stadt wie London mit mehr als 8 Millionen Einwohnern weitgehend selbst versorgen? Mit Lebensmitteln, die auf Flächen des Umlands, aber auch in der Stadt selbst gewachsen sind? Wohl kaum. Aber der eigene Anbau könnte zumindest einen großen Teil der Versorgung mit Gemüse, Obst und Kräutern sichern. Die Megacity London ist stark von Lebensmittelimporten abhängig. Um die Metropole zu ernähren, ist nach einer Studie von 2008 (»Why London needs to grow more food«) eine Fläche nötig, die zweimal so groß ist wie ganz Großbritannien.

Im Vorfeld der Olympischen Spiele 2012 hat der heute 19-köpfige Londoner Ernährungsrat (Food Board) Kurs auf eine nachhaltigere urbanere Versorgung der Einwohner genommen. Von 2008 bis 2012 sollten genau 2012 Anbauflächen in der Stadt die Versorgungslage verbessern helfen. Neue Gemeinschaftsgärten auf Dächern, in Hinterhöfen, auf Brachen, in Schulhöfen und Parks wurden angelegt. »Capital Growth« hieß die Kampagne – ein Slogan, der mit der Doppelbedeutung von »Capital« spielt.

Die Hauptstadt, aber auch ihr Kapital sollte mit den neuen Anbauflächen wachsen.

1 Million Mahlzeiten im Jahr aus urbanem Anbau in privaten Gärten sichern – das war das Ziel. Nach zwei Jahren war die Hälfte geschafft. Rechnet man die städtischen Agrarflächen dazu, können heute rund 800 Tonnen Gemüse und Obst pro Saison eingefahren werden, das reicht für 5 Millionen Mahlzeiten. Das Zukunftspotenzial für die Londoner Eigenversorgung ist noch deutlich größer. Gegenwärtig wird versucht, die Erträge in den Stadtgärten durch professionelleres Handling zu verbessern. In Kooperation mit Immobilienmaklern wird weiter nach neuen Anbauflächen gesucht. Nach einer in der Zeitschrift *Earth's Future* veröffentlichten Berechnung könnten weltweit bis zu 180 Millionen Tonnen Lebensmittel durch *urban agriculture* geerntet werden. London hat schon mal einen kleinen Teil dazu beigetragen.●
Dieter Fahrian

Grün hinter den Ohren

Kopfsalat. ■ MARKUS HUBER

Kürbis, Kohl und Kopfsalat kennen Kinder nur aus dem Supermarkt.
Einige Schulen wollen das ändern und führen den Schulgarten wieder ein

Von Christiane Grefe

Man erkennt es am Umgang mit dem Regenwurm. Noch vor ein paar Monaten hätte Jenny beim Anblick so eines sich windenden, nackten Geschöpfs laut geschrien: »Iiiiih!« Die Siebenjährige aus Berlin-Hellersdorf kniet mit rosa Leggings und pinkfarbenen Ballerinas auf dem Acker, um Pflanzlöcher zu graben, als ein besonders fetter Wurm direkt neben ihren Händen kreucht. Jenny jubelt: »Der ist gut für den Boden!«

Wenn das kein Indiz für die pädagogische Wirkung der Schulgärten ist. In diesem Fall haben vier Sä- und Erntehelfer daran mitgewirkt. Gemeinsam mit den Kindern aus der Pusteblume-Grundschule buddelt sich das Team im Nieselregen durch lange Reihen voller Zucchini und Möhren, Tomaten und Bohnen, Kohlrabi und Lauch. Die vier sind Mitarbeiter der »GemüseAckerdemie«, eines ungewöhnlichen Bildungs-Start-ups. Das gemeinnützige Unternehmen aus Potsdam unterstützt Kitas und Schulen, wenn sie Nutzgärten kultivieren wollen. Der Beitrag, den die Schule dafür zahlen muss, richtet sich nach ihren finanziellen Möglichkeiten. Ebenso individuell läuft die Betreuung der Gartenarbeit ab – solange die Fachleute gebraucht werden, beraten sie auch. Nur drei Jahre nachdem der junge Bauernsohn und Agrarökonom Christoph Schmitz die Idee hatte, haben bereits 50 »Ackerdemiker« in 12 Bundesländern 5400 Kindern an 134 weiteren Schulen das Gärtnern beigebracht. Der Erfolg steht für die positive Seite des deutschen Schul-

gartenparadoxes. Einerseits beobachten die Experten: Solche Lernbiotope haben Konjunktur. Das überrascht auch kaum angesichts der weitverbreiteten Debatten über pestizidfrei, frisch und regional erzeugte Lebensmittel, urbane Gärten oder »Bildung für Nachhaltigkeit«; jene Floskel, die beim Kompostieren, Pflücken und Schmecken an Anschaulichkeit gewinnt. Doch auf der anderen Seite zeigt der Aufstieg eines privaten Dienstleisters, dass viele Kollegien beim Ackern offenbar Nachhilfe brauchen. Aus der Bildungspolitik jedenfalls kriegen sie für schulische Agrikultur wenig Rückenwind.

So wird die Schulgartenpädagogik in der staatlichen Lehrerausbildung nur selten angeboten oder gewählt, weil es – außer im Bundesland Thüringen – später in der Praxis kein eigenes Fach dafür gibt. Ministerien verweisen auf den Sach- oder Naturwissenschaften-Unterricht, explizit kommt das Buddeln und Jäten in den Bildungsplänen meist nicht vor. Ob sich eine Schule aber freiwillig auf den Aufwand an Zeit und Kosten einlasse, das hänge meist vom Engagement eines einzelnen, passionierten Lehrers ab, kritisiert Birgitta Goldschmidt, die sich in Rheinland-Pfalz für die noch junge Bundesarbeitsgemeinschaft Schulgarten engagiert. »Und wenn der oder die Zuständige mal krank, schwanger oder pensioniert ist, dann wächst schnell Gras über den Garten.« So ein richtiger eigener Acker blieb also lange eine – oft belächelte – Sache für Waldorfschulen oder Nachmittag-AGs.

Auch die kleine Pusteblumen-Grünanlage läge wohl noch immer brach, hätte nicht Katja Wallis die Initiative ergriffen. Jennys Lehrerin überzeugte ihre Kollegen von der Idee, das verlassene Gelände neu zu beleben. Verwunschen liegt es hinter Bäumen zwischen den spröden Hellersdorfer Siedlungsblocks. Neben einem neuen Geräteschuppen haben Lehrer und Schüler gemeinsam eine große Hütte aus Ästen und Zweigen gebaut. Am Zaun stehen Hochbeete, rund um den großen Acker gibt es einen Apfelbaum, Beerensträucher und eine steinerne Spirale, zwischen deren Windungen duftende Kräuter wie Thymian, Salbei oder Zitronenmelisse wachsen. Doch nicht immer reichen die Planstunden aus, um Anbau- und Unterrichtspläne zu erstellen und alles so vorzubereiten, dass die Schüler selbst Hand anlegen können, sagt Wallis: »Ich verbringe hier auch immer wieder Freizeit.«

Umso hilfreicher ist es deshalb, dass die GemüseAckerdemie solchen Schulen organisatorische Mühen abnimmt und mit konzeptionellen Anstößen zur Seite steht. Das »Sozialunternehmen« rückt mit Agrarstudenten oder landlosen jungen Landwirten als zusätzlichen Helfern im Unterricht an, wenn Erntezeit ist oder neu gepflanzt werden kann. Es besorgt das Saatgut, bringt Harken und Schaufeln mit, liefert Broschüren mit didaktischen Ideen und bunte Unterrichtsmaterialien mit Videos und Quizspielen. Aktuelle »Acker-Infos« gibt es außerdem in wöchentlichen Mails: Jetzt Tomaten ausgeizen oder Kartoffeln häufeln!

Seit dem Frühjahr rennen die Hellersdorfer Erst- und Zweitklässler jede Woche für mindestens zwei Stunden hinüber ins grüne Paradies. An diesem Sommertag zieht eine Schülergruppe mit dem langen Stock ganz langsam möglichst gerade Rillen, um darin Stoppelrübchen zu säen. Eine andere gräbt vorsichtig Kartoffeln aus, schneidet Eichblatt- und Bataviasalat. Eine dritte mäht Brennnesseln, um daraus einen Dünge- und Pflanzenschutzsud zuzubereiten.

Und man ahnt: Wer das alles schon früh und mit der notwendigen Verlässlichkeit gemacht und dann noch auf dem Feld in den frischen Kohlrabi gebissen hat – »Darf man die Blätter mitessen?« –, bei dem wächst die Wertschätzung für Landwirtschaft und Lebensmittel gleich mit. Der schmeißt nicht mehr so schnell was weg. Und der wird auch mal neugierig auf Staudensellerie und Feuermangold, Pastinake und Schwarzkohl; die ganze gesunde Welt jenseits des Alibiblatts Eisbergsalat auf dem Burger, das zu Hause neben Tomate und Möhre oft schon das gesamte Gemüsespektrum abdeckt.

Zugleich stärkt das Gärtnern Selbstwertgefühl und Forschertrieb. Patrik hat detektivisch das Gemüse von gefräßigen Nacktschnecken befreit. Nun studiert er die verschiedenen Arten in seinem Eimer: »Die Weinbergschnecke darf aber bleiben!« Neben ihm kratzt sich sein Kumpel am Kopf: »Kann ich den Mangold einsetzen, wo ganz viele Ameisen krabbeln?«

Was die Kinder beim Ackern so alles lernen: vorausschauend denken, die Arbeit aufteilen, Verantwortung übernehmen, Geduld ausprägen. Oder: mit dem Scheitern umgehen, wenn eine lange gehegte Pflanze eingeht. Und selbst das befördert den Forschungsdrang: Habe ich zu wenig gegossen? Lag es am Regen? Das sei eine wichtige Erfahrung für Kinder, die von der Natur entfremdet seien, sagt Christiana Henn, die Koordinatorin der Ackerdemie-Teams, dass selbst Menschen mit durchdigitalisiertem Alltag von der Natur abhängig bleiben.

Immer wieder gab es Versuche, den Schulgarten neu zu beleben. Umweltbildungsstätten oder schulbiologische Zentren, die altehrwürdige Lenné-Akademie oder die BayWa-Stiftung, die Berliner Beratungsstelle »Grün macht Schule« oder die traditionsreichen »Gartenarbeitsschulen« – sie alle bieten Lehrern Beratung oder Schülern Zugang zu Grünanlagen. In Halle schicken die Franckeschen Stiftungen ansässige Schulklassen und Besucher in ihre »Pflanzgärten«. Dort hatte der Pädagoge August Hermann Francke 1698 zur »Unterrichtung der Jugend in Botanicis« einen »besonderen Hortus Medicus angeleget« und »mit Fleiß cultiviert«. Den ersten Schulgarten.

Eine historische Broschüre dieser Stiftung zeigt, wie vielen Zielen das Säen und Jäten seither gedient hat. Der Nationalsozialismus etwa instrumentalisierte auch diesen Teil der Erziehung für sein biologistisches Weltbild und einen rigorosen »Gemeinschaftsgedanken«. In der DDR ging es um die Vorbereitung auf Ernteeinsätze, auch das Interesse für Naturwissenschaften sollte geweckt werden. Wie so vieles wurden in den neuen Bundesländern die zwei Regelstunden im Garten gleich nach der Wende entsorgt.

Nur in Thüringen fanden streitbare Bürger mit dem Rückhalt der damaligen CDU-Kultusministerin Christine Lieberknecht, dass das Fach Schulgarten in die Kategorie »war doch nicht alles schlecht« gehöre. Dort blieb es als »fester Bestandteil der Rahmenstundentafel« für die ersten vier Klassenstufen bis heute erhalten. Und sogar in den höheren Jahrgängen hört das Lernen im Schulgarten nicht auf. Ganz im Sinne von Pestalozzis Idee vom Lernen »mit Kopf, Herz und Hand«.

Die Verteidiger des Schulfachs in Thüringen wussten: An festen Strukturen hängen nun mal Vorbereitungsstunden, finanzierte Fortbildungsmöglichkeiten, Anerkennung, Kontinuität. Sonst konkurriert der Garten mit all den anderen gesellschaftlichen Themen, die in die Schule drängen. Weil es den Pflichtunterricht in Thüringen noch gibt, blieb an der Universität Erfurt außerdem ein eigenes Studienfach erhalten. Dort boomt die Nachfrage – und die Thüringer Bilanz kann sich blicken lassen: Im Schuljahr 2015/16 wurden 449 Lehrer im Fach Schulgarten eingesetzt, sie waren 4934 Stunden im Einsatz.

In der alten Bundesrepublik pflegt die Pädagogische Hochschule Karlsruhe einen großen Lerngarten, einer von wenigen. Es fehle nicht zuletzt an Geld für Forschung, sagt dort Dorothee Benkowitz vom Institut für Biologie und Schulgartenentwicklung. Man wisse nicht einmal, wie viele Schulen bundesweit überhaupt einen Garten haben. Die Erhebungen in Baden-Württemberg fanden heraus: rund 40 Prozent. »Aber die sagen noch nichts über die Qualität des Gartens und wie intensiv er in den Unterricht einbezogen wird«, sagt Benkowitz. Dennoch sieht sie das Thema »im Aufwind«. An einigen Pädagogischen Hochschulen und Universitäten wie in Rostock mache man sich Gedanken über Aus- und Fortbildungsangebote für Lehrer.

An der Pusteblumenschule hat die Gartenlust von Katja Wallis dazu geführt, dass sich nun ein Förderverein für die Nachhaltigkeit der Nachhaltigkeitsbildung einsetzt. Ein Kollege von der Koch-AG der Schule testet Rezepte mit dem frisch geernteten Gemüse, im nächsten Schuljahr soll es eine Kinderküche geben. Dann wollen sich auch andere Lehrer die Gummistiefel überziehen und ihren Unterricht ins Freie verlegen. ●

Erstmals erschienen in der *Zeit*, Nr. 35/2017.
Wir danken dem Zeitverlag Gerd Bucerius GmbH & Co. KG für die Genehmigung zum Nachdruck.

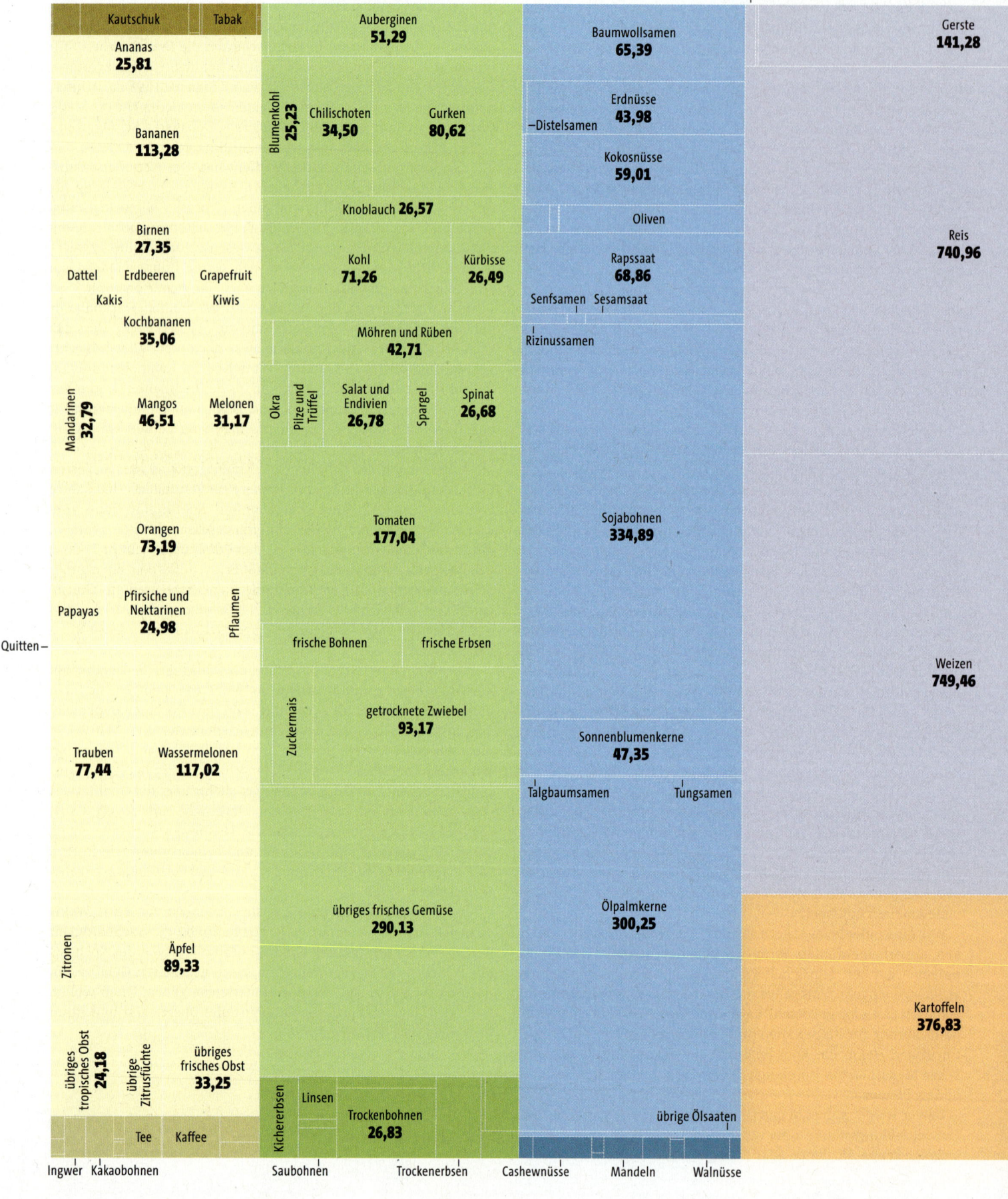

Buchweizen

Kautschuk   Tabak

Ananas
25,81

Auberginen
51,29

Baumwollsamen
65,39

Gerste
141,28

Blumenkohl 25,23   Chilischoten
34,50

Gurken
80,62

Erdnüsse
43,98

—Distelsamen

Bananen
113,28

Kokosnüsse
59,01

Reis
740,96

Knoblauch 26,57

Oliven

Birnen
27,35

Kohl
71,26

Kürbisse
26,49

Rapssaat
68,86

Dattel   Erdbeeren   Grapefruit

Kakis   Kiwis

Senfsamen Sesamsaat

Kochbananen
35,06

Möhren und Rüben
42,71

Rizinussamen

Mandarinen
32,79

Okra

Pilze und Trüffel

Salat und
Endivien
26,78

Spargel

Spinat
26,68

Mangos
46,51

Melonen
31,17

Orangen
73,19

Tomaten
177,04

Sojabohnen
334,89

Weizen
749,46

Papayas

Pfirsiche und
Nektarinen
24,98

Pflaumen

Quitten—

frische Bohnen   frische Erbsen

Zuckermais

getrocknete Zwiebel
93,17

Sonnenblumenkerne
47,35

Trauben
77,44

Wassermelonen
117,02

Talgbaumsamen   Tungsamen

Zitronen

Äpfel
89,33

übriges frisches Gemüse
290,13

Ölpalmkerne
300,25

Kartoffeln
376,83

übriges
tropisches Obst
24,18

übrige
Zitrusfrüchte

übriges
frisches Obst
33,25

Kichererbsen

Linsen

Trockenbohnen
26,83

übrige Ölsaaten

Tee   Kaffee

Ingwer Kakaobohnen   Saubohnen   Trockenerbsen   Cashewnüsse   Mandeln   Walnüsse

Hafer
22,99

Hirse
28,36

Zuckerrohr
1890,66

Mais
1060,11

Roggen

Sorghum
63,93

Triticale

Die Ernte von 2016

Die Welternährungsorganisation (FAO) erfasst die weltweite Produktion von 173 Gewächsen: von Abacá (0,11 Mio. Tonnen in 2016) bis Zuckerrüben (277,23 Mio. Tonnen).[1]

1. Alle Gewächse sind mit einem proportionalen Rechteck in der Grafik angegeben. Eine Auswahl ist beschriftet.

Produktion
2016, in Mio. Tonnen

- Gemüse
- Getreide
- Hülsenfrüchte
- Nüsse
- Obst
- Ölsaate
- Pflanzenfaser
- Pflanzen zur Herstellung von Getränken/Gewürze
- Pflanzen zur Herstellung von Zucker
- Wurzeln und Knollen

Quelle: faostat. ■ *Le Monde diplomatique*, Berlin

Süßkartoffeln
105,19

Maniok
277,10

Taro

Yamswurzel
65,94

Zuckerrüben
277,23

übrige Wurzeln und Knollen

übrige Zuckerpflanzen

Völker in Not

Biene sucht Blüte und findet Ackergifte und EU-Einheitswiesen

Von Raúl Guillén

Die Imkerei ist die Poesie der Landwirtschaft«, sagen die Imker. Weniger poetisch klingt die Tatsache, dass die Biene eines der für den Menschen wichtigsten Nutztiere ist. 80 Prozent aller Pflanzen sind auf die Bestäubung von Bienen und anderen Insekten angewiesen, jeder dritte Löffel Nahrung, den wir essen, ist bienenabhängig. Der Wert ihrer Bestäubungsleistung wird für Europa auf 22 Milliarden Euro im Jahr geschätzt. Eine einzige emsige Biene kann an einem Tag bis zu 3000 Blüten ansteuern. Mit kleinen Peilsendern am Kopf kann der Flug der Bienen heute exakt aufgezeichnet werden. Eine 90 Milligramm schwere Biene sammelt im Tank ihres Hinterleibs bis zu 40 Milligramm Nektar. Der Mensch braucht die Biene. Und die Biene braucht derzeit dringend die Hilfe des Menschen, um zu überleben.

Noch vor Frühlingsbeginn fliegt an den ersten sonnigen Tagen des Jahres die Westliche Honigbiene (Apis mellifera) aus. Im Gegensatz zu anderen staatenbildenden oder solitär lebenden Bienen wird diese Art, die ursprünglich in Europa, im Nahen Osten und in Afrika beheimatet ist, weltweit als Nutztier gezüchtet. Wenn die Bienen wegen der Kälte noch dicht zusammengedrängt in einer Wintertraube im Inneren des Stocks hängen und sich von ihren Vorräten ernähren, stattet ihnen der Imker seinen ersten Besuch ab. Oft findet er dann aber nur noch ein Massengrab. »Als ich angefangen habe, gab es im Winter fünf Prozent Verluste. Heute sind es 30 Prozent!«, sagt Bernard Tiron, der seit mehr als 35 Jahren im Tal von Valgaudemar im französischen Département Hautes-Alpes eine Imkerei hat.

Seit den 1980er Jahren hat das Bienensterben in den meisten gemäßigten Klimazonen von Europa über Japan bis Süd- und Nordamerika rasant zugenommen. In Kanada war die Sterberate zuletzt besonders hoch, wie der Umweltjournalist Jean-Pierre Rogal in seinem neuesten Buch zur Krise der Bienenvölker schreibt. Wenn es bei einer Verlustrate von 25 oder 30 Prozent bliebe, wäre das eine wirtschaftliche Katastrophe.[1]

Aus heutiger Sicht würde er sich nicht mehr für die Imkerei entscheiden, meint Bernard Tiron und schon zählt er all die Schwierigkeiten auf, die ihn seit seinen Anfängen begleiten: »Es gibt kaum noch Blumen auf den Wiesen, weil vor der Blüte gemäht wird, um zwei Heuernten einfahren zu können. So werden die Kühe mit mehr Grünzeug versorgt, damit sie möglichst viel Milch geben. Auch die Hecken verschwinden.« Etwas stimme nicht mehr auf den Feldern, auf denen die Bienen Nahrung sammeln. »Die Raps- und Sonnenblumenarten, die heute angebaut werden, geben weniger Nektar«, hat der erfahrene Imker festgestellt. Und die Monokulturen bringen den Bienen nicht die nötige Nahrungsvielfalt. Tatsächlich benötigt die Biene für eine ausgewogene Ernährung sieben verschiedene Pollen von sieben verschiedenen Pflanzen. Umzingelt von Rapsfeldern, findet sie, wenn überhaupt, aber immer nur dasselbe Futter. »Wenn ich mit meinen Bienen in den Raps wandere, das ist, als würde ich einen Menschen vier Wochen bei McDonald's einsperren«, sagte ein Bienenhalter auf dem Weltbienenkongress, der 2017 in Berlin stattfand.[2]

Bernhard Tiron hat in Südfrankreich noch eine ganz andere Beobachtung gemacht: »Früher hat der Lavendel drei bis vier Wochen lang geblüht, heute blüht er nur noch acht Tage. Die Blütenernte begann früher und die Felder wurden nicht alle in solch kurzer Zeit abgeerntet. Der Lavendel wurde mit Sicheln von Hand geschnitten, so blieb den Bienen genug Zeit, Pollen und Nektar zu sammeln und sich aus dem Staub zu machen, bevor die Landarbeiter kamen. Jetzt saugen die Erntemaschinen die Blüten ein und die Sammelbienen gleich mit.«

Kurioserweise flüchten Imker und Bienen immer öfter in die Stadt. Verkehrte Welt: Mitten in den Zentren, im lärmenden Häuser- und Straßenmeer, fernab von den Segnungen der Landluft, finden die Bienen in Gärten, Parks und Friedhöfen oder im schlichten Straßenbegleitgrün mehr Nahrung und mehr biologische Vielfalt als in den Monokulturwüsten der Agrarindustrie.

Aber auch die Bienen selbst haben sich gravierend verändert. Tiron: »Die Bienenstaaten sind heute bevölkerungsärmer und die Königinnen gehen schneller ein. Früher hatte ich Bienenstöcke, die drei oder vier Jahre lang mit derselben Königin produziert haben. Wenn die Königin heute zwei Jahre überlebt, ist das schon ein Wunder.« Bienenköniginnen sind hochpromiske Wesen, sie wollen sich mit vielen Männchen paaren, um unterschiedliches Erbgut einzusammeln. Sie können sich im Fluge von bis zu 25 Drohnen nacheinander begatten lassen. Diese Multikulti-Strategie wird mit der heute dominierenden Reinzucht unterlaufen. Zudem sind die Bienen lange Zeit einseitig auf »Sanftmut« gezüchtet worden. Auch die Honigleistung wurde züchterisch bearbeitet. Vor 30 Jahren erzeugte ein Volk etwa 25 Kilogramm Honig, heute sind es häufig schon 35.

Die Ursachen des Bienensterbens sind vielfältig, sie hängen aber alle mit dem gestiegenen kommerziellen Druck zusammen, der die Ökosysteme immer mehr belastet. Ein auch außerhalb der Imkerszene bekanntes Phänomen ist die globale Ausbreitung der Varroamilbe, die inzwischen die meisten Bienenvölker befallen hat. Varroamilben vermehren sich in den Brutwaben und saugen die Körperflüssigkeit von Larven und erwachsenen Bienen ein. Ursprünglich kam dieser Parasit nur in einer asiatischen Bienenart vor, doch in den 1950er Jahren hat er auch die europäischen Honigbienen befallen. Seitdem hat sich die Milbe dank der weltweiten Warenströme rasant verbreitet.

Kärntner Honigbiene (*Apis mellifera carnica*).

In den letzten Jahren ist ein weiterer Bienenfeind dazugekommen: Die Asiatische Hornisse kam auf dem gleichen Weg, und sie bereitet den Imkern schon jetzt große Probleme. Und dazu noch die chemische Keule der Schädlingsbekämpfungsmittel. Und die schnell zunehmende Erderwärmung durch den Klimawandel obendrauf.

Unter den Pestiziden ist die Klasse der Neonikotinoide ein besonders aggressiver Bienenfeind. Dass Nikotinkonsum das Krebsrisiko beim Menschen erhöht, musste in jahrzehntelangen wissenschaftlichen Studien bewiesen werden. Schließlich ging es um die Interessen mächtiger Tabakkonzerne. Die Neonikotinoide sind hochwirksame, synthetisch hergestellte, nikotinartige Substanzen, die in der Landwirtschaft zur Insektenvernichtung eingesetzt werden. Inzwischen gibt es mehrere Untersuchungen zur Schädlichkeit dieser weit verbreiteten Gifte. Eine jüngere Studie zeigt, dass sie die Sterblichkeitsrate bei Wildbienen verdreifachen.[3] Eine andere Studie konnte einen Zusammenhang nachweisen zur verkürzten Lebensdauer der Drohnenspermien.[4] Intelligenztests mit Bienen können selbst geringste Pestizidbelastungen aufdecken, die Orientierungsfähigkeit nimmt ab.

In Slowenien, der absoluten Bienenhochburg in Europa mit der höchsten Imkerdichte, hat man als Reaktion auf den Niedergang der Bienen die besonders bienenschädlichen Neonikotinoide in der Landwirtschaft schon im Jahr 2011 verboten. Die Hersteller würden behaupten, die Toxizität sei niedrig, doch es gebe unbekannte Kombinationswirkungen mit anderen Mitteln, begründete der slowenische Landwirtschaftsminister Dejan Židan die Entscheidung auf dem Weltbienenkongress. Und: »Sie sagen auch, die Mittel würden schnell zerfallen, aber die Zerfallsprodukte sind genauso gefährlich.«

Endlich haben auch die europäischen Agrarminister ernst gemacht. Im April 2018 wurden von der EU drei Ackergifte aus der Klasse der Neonikotinoide für den Freilandeinsatz endgültig verboten. Sie dürfen nur noch in Gewächshäusern eingesetzt werden. Die Hersteller Syngenta – inzwischen in chinesischem Besitz – und Bayer scheiterten vor Gericht mit ihrer Klage gegen das Verbot. Ein wichtiger Sieg für die Bienen und für die Umwelt- und Naturschutzbewegung, die die Biene als eine Art Leittier des Niedergangs zuletzt immer auffälliger in den Fokus gerückt hat. So hat es die Bienen sogar in den im März 2018 verabschiedeten Koalitionsvertrag der Bundesregierung geschafft. Dort steht im Landwirtschaftskapitel der eine lapidare Satz: »Der Schutz der Bienen liegt uns besonders am Herzen.« Gleich im nächsten Absatz der Koalitionsvereinbarung geht es um die Weiterentwicklung der Pestizide.

Bleibt die Frage, auf welche Gifte die Landwirte nach dem Verbot der drei Bienenkiller zurückgreifen werden. Syngenta und Bayer argumentierten vor Gericht, dass die Alternativen zu den verbotenen Giften womöglich noch schlimmer seien. In einigen Ländern wird auf Versuchsflächen getestet, die Pestizide nicht mehr von oben, sondern mit Spezialdüsen nur im unteren Bereich der Pflanzen zu versprühen, damit die Blüten, auf denen sich die Bienen niederlassen, nicht mit dem Gift benetzt werden. Gleichzeitig wird versucht durch das Anlegen von bienenfreundlichen Blühstreifen – zum Beispiel in den Apfelplantagen Südtirols – den Bienen zu helfen. Mit teilweise katastrophalen Folgen: Erst lockt man die Bienen an, dann spritzt man ihnen, wenn es der Pflanzenschutzplan gerade erfordert, die Pestizide aufs Haupt. So können die gut gemeinten Blühstreifen zur Todesfalle werden.

In vielen Ländern geht der Niedergang der Honigbienen ungebremst weiter, in anderen Ländern sieht es aber besser aus. Seit den 1960er Jahren ist die Zahl der Bienenstöcke in den USA um die Hälfte und in Europa um ein Drittel zurückgegangen. In den vergangenen zehn Jahren blieben die Bestände zwar relativ stabil – 1,6 Millionen in Europa und 2,5 Millionen in den USA –, aber es gibt immer weniger Imker und sie werden immer älter. Die verbliebenen Imkereien haben wiederum mehr Bienenstöcke und entsprechend höhere Ausgaben.

Heute sind die Imker stärker mit der Erneuerung ihrer Bestände beschäftigt als mit der eigentlichen Honigproduktion. Sie müssen häufiger neue Schwärme bei spezialisierten Züchtern kaufen. In Europa ist Italien mittlerweile ein wichtiger Bienenschwarmproduzent, während sich die kanadischen Imker den Nachschub aus Neuseeland einfliegen lassen. Außerdem müssen die Imker auch selbst neue Königinnen züchten oder, wenn ihre eigenen Bienenstöcke schwächeln, bei professionellen Züchtern einkaufen.

Außer in sehr entlegenen Regionen ist die Bienenzucht ein Teil der Ausbeutung und Umgestaltung der natürlichen Umwelt. Der österreichische Verhaltensforscher Karl von Frisch, der in den 1920er Jahren die Tanzsprache der Bienen untersucht hat, stellte schon damals fest, dass die Imker so viel Honig aus den Waben kratzen, dass der Rest als Nahrungsvorrat für den Winter nicht mehr ausreicht: »Sie füttern dafür jedes Volk im Herbst mit drei bis fünf Kilogramm Zucker in Form von Zuckerwasser, das in den Stock kommt. Das ist für den Imker vorteilhaft, weil Honig wertvoller ist als Zucker.«

Während Frisch die Zuckerzufuhr noch für einen geschickten Schachzug hielt, ist die Methode heute umstritten. Manche wollen sie auf ein Minimum reduzieren, doch die meisten Imker suchen vor allem nach der bestmöglichen, wenn nicht der billigsten Siruprezeptur. Um die Varroamilbe zu bekämpfen, müssen sie außerdem die Bienenstöcke bis zu zweimal im Jahr mit Chemikalien wie Amitraz, Oxalsäure oder Ameisensäure behandeln. Eine aufwendige Prozedur, die mit viel Sachverstand durchgeführt werden muss und nicht immer zum Erfolg führt.

In Europa und Nordamerika ist die Bienenzucht nur noch selten ein Nebenjob. Sie entwickelt sich immer häufiger zum Vollzeitberuf. Die Imker sind dabei mit den gleichen betriebswirtschaftlichen Herausforderungen konfrontiert wie alle anderen Landwirte: Es geht um die Kalkulation von Betriebsmitteln und Einnahmen, um Installationskosten, Sanitärpflege und so weiter.

Als Hüter der Bienen merken die Imker zwar schnell, wenn ihre bäuerlichen Kollegen Schindluder mit der Umwelt treiben. Doch auch sie unterliegen den Zwängen und greifen auf die gleichen globalen Warenflüsse zurück: Importholz wird durch lebensmittelechten Kunststoff ersetzt, der Zucker kommt meistens aus Brasilien und sowohl das Amitraz zur Bekämpfung der Varroamilbe als auch das neonikotinoide Insektengift, dessen Verbot auch in Deutschland immer lautstärker gefordert wird, stammt aus denselben Chemiefabriken.

In den gemäßigten Klimazonen kämpfen die meisten Imker mit den mehr oder weniger gleichen Schwierigkeiten. Eine große Ausnahme ist aber Australien. Dank strenger Einfuhrkontrollen von Tier- und Pflanzenimporten konnte die Varroamilbe die australischen Bienenstöcke bisher nicht befallen. Außerdem verfügen die Bienen dort weiterhin über große Naturräume. Mit dem Ergebnis, dass die Imker keine nennenswerten Verluste zu verzeichnen haben. Manche Schwärme besiedeln bestimmte Regionen wieder wild, und so gilt die Biene inzwischen sogar als invasive Tierart. In einigen Naturparks wird sie gezielt bekämpft, weil sie mit ihrem Nestbau einheimische Insektenarten verdrängt.

Im »Rest der Welt«, außerhalb der gemäßigten Klimazonen, hat sich die Zahl der Bienenstöcke in den letzten 50 Jahren dagegen deutlich erhöht. Heute sind es weltweit 83 Millionen, gegenüber 49 Millionen im Jahr 1961. Obwohl die Geschwindigkeit zunimmt, mit der unberührte Naturräume zerstört werden, hat die intensive industrielle Landwirtschaft in Subsahara-Afrika und in Südamerika natürliche Lebensräume noch nicht so massiv verdrängt wie in Europa oder den USA. Außerdem sind die Honigbienenarten in den afrikanischen Tropen resistenter gegen die Varroamilbe. Und sie sind migrationsfähig, sobald sich ihr Milieu zu ihren Ungunsten verändert. Die Ostafrikanische Hochlandbiene (Apis mellifera scutellata) gelangte weitgehend unkontrolliert nach Süd- und Mittelamerika und entwickelte sich dort ebenso gut wie in ihrer Herkunftsregion, sodass sie inzwischen sogar die während des Kolonialismus eingeführten europäischen Arten ersetzt hat.

In diesen Regionen existieren auch zahlreiche Wildbienenvölker. In Südafrika, dessen Vegetation den Bedürfnissen der Honigbienen eigentlich viel weniger entspricht als die europäischen Wälder und wo es traditionell auch keine Bienenzucht gibt, wurde in einer Studie eine Dichte von 12,4 bis 17,6 Wildbienenvölker pro Quadratkilometer festgestellt.

Dieselbe Studie ergab für Deutschland, wo die Bienenzucht noch stark verbreitet ist, eine Dichte von 2,4 bis 3,2 Bienenvölkern pro Quadratkilometer. In manchen Regionen der USA dagegen, vor allem in Kalifornien, gibt es kaum noch Wildbienenvölker. Es gilt als gesichert, dass die dort lebenden Honigbienen einen Domestizierungsprozess durchgemacht haben und deshalb heute komplett von menschlicher Pflege abhängig sind.

Das in den gemäßigten Klimazonen festgestellte Aussterben der wilden Arten und die Umwandlung der Bienen in Nutztiere, die ohne Menschen nicht mehr überlebensfähig sind, sagt viel über den Verlust der biologischen Vielfalt aus, den die industrielle Intensivlandwirtschaft verursacht. Man ahnt, wie es bald in den tropischen Zonen aussehen könnte, in denen die Zerstörung der natürlichen Lebensräume rasant voranschreitet.

Dass die Gefährdung der Bienen zunehmend stärker thematisiert wird als etwa das Aussterben der Amphibien, hat seinen Grund: Amphibien bestäuben keine Kulturpflanzen. Beim Überlebenskampf der Bienen geht es vor allem darum, den Anbau von Nah-

rungspflanzen zu schützen. Auch wenn die Zukunft der menschlichen Ernährung nicht allein von Blütenstaub transportierenden Insekten abhängt, würde unsere Lebensqualität unter ihrem Verschwinden erheblich leiden. So sind etwa die meisten Obstbäume auf Bienen angewiesen. Ohne ihre Bestäubung kommt es zwar auch zu Fruchtansätzen, aber die Früchte bleiben oft klein und sind manchmal deformiert. Nicht nur Form und Größe, auch die Inhaltsstoffe profitieren von der Bienenbestäubung bis hin zum Vitamingehalt und Geschmack. Bienen sind schwer zu ersetzen.

Die Bestäubung gehört zu den bekanntesten Ökosystemdienstleistungen, mit denen ein relativ neues Umweltforschungskonzept den Artenschutz forcieren will. Leider zeigt das noch nicht die erhoffte Wirkung, wie man beispielsweise in Kalifornien sieht. Der US-Bundesstaat liefert rund 80 Prozent der weltweiten Mandelproduktion. Sie sind, wie kaum eine anderer Zweig der Lebensmittelerzeugung, auf die Bestäubungsleistung der Bienen angewiesen. Die kalifornischen Landwirte mieten aber lieber durch Parasiten und Pestizide geschwächte Bienenvölker, als sich für die Umwelt und Artenvielfalt starkzumachen. Pünktlich zum Frühlingsanfang werden jedes Jahr knapp zwei Drittel des gesamten US-amerikanischen Bienenbestands in Lastwagen an die Westküste transportiert, um dort die Mandelbäume zu bestäuben. Da gerade in den gemäßigten Klimazonen die Bienenbestände stark zurückgehen, werden mittlerweile auch Hummeln eingesetzt. Deren kleine, im Paket versendete Schwärme, eignen sich besonders gut für die Bestäubung von Gewächshaustomaten.

Aus dem Französischen von Inga Frohn

1 Jean-Pierre Rogel, *La Crise des abeilles. Une agriculture sous influence*, Montréal (Éditions MultiMondes) 2017.
2 Einen ausführlichen Bericht zum Weltbienenkongress 2017 in Berlin finden Sie auf der Website von Slow Food Deutschland, slowfood.de/aktuelles/2017/weltbienenkongress_voelker_hoert_die_signale/.
3 Ben A. Woodcock u. a., »Impact of neonicotinoid use on long-term population change in wild bees in England«, *Nature Communications*, 16. August 2016, nature.com.
4 Jeffery S. Pettis u. a., »Colony failure linked to low sperm viability in honey bee (Apis mellifera) queens and an exploration of potential causative factors«, *Plos One*, 10. Februar 2016, journals.plos.org.

Erstmals erschienen in *Le Monde diplomatique* vom Dezember 2017, ergänzt und aktualisiert.
© 2017 Le Monde diplomatique, Berlin

Präventive Unkrautbekämpung auf einem Rapsacker, Newark, Großbritannien, August 2013. ■ JOE ALLEN [CC BY 2.0]

Die heilige Kuh ist ein politisches Tier

Indiens Hindunationalisten missbrauchen das Schlachtverbot für ihre antimuslimische Propaganda

Radikale Hinduaktivisten auf dem Weg zu einer Straßensperre, wo sie Viehtransporte kontrollieren wollen. Chandigarh, Indien, Juli 2017. ■ CATHAL MCNAUGHTON | REUTERS

Von Naïké Desquesnes

Um zu begreifen, was die Kuh für Indien bedeutet, reicht es nicht, sich die gehörnten Wiederkäuer in Erinnerung zu rufen, die seelenruhig auf der Straße liegen. Um zu verstehen, warum die Brahmanen die Kühe für heilig erklärt haben, muss man auf die Ursprünge des indischen Nationalismus zurückkommen.

Die Kuh war bereits unter der Mogulherrschaft vom 12. bis zum 18. Jahrhundert ein politisches Tier, ebenso während der britischen Kolonialzeit im 19. Jahrhundert. Ihr Schutz spielte bei der Entwicklung einer einheitlichen Hindu-Theologie eine wichtige Rolle. Diese sogenannte Hindutva setzt die indische Nation mit der hinduistischen Bevölkerungsmehrheit gleich und schließt alle Rindfleisch essenden Minderheiten aus, zu denen vor allem 177 Millionen Muslime zählen, deren Anteil 14 Prozent der indischen Bevölkerung ausmacht. Diese Ideologie vertritt heute ausgesprochen wirkungsvoll der Sangh Parivar,[1] ein mächtiger Verband nationalistischer Organisationen, dem die Regierungspartei BJP von Premierminister Narendra Modi, aber auch andere militantere Hinduorganisationen angehören.

Nach dem Wahlsieg Modis 2014 wurden im Namen des Schutzes der Kuh mehrere Muslime ermordet. Am 28. September 2015 lynchten 200 Menschen in einem Dorf im Bundesstaat Uttar Pra-

desh einen 50-jährigen Mann und verletzten seinen Sohn schwer, weil die Familie Rindfleisch gegessen haben soll. Am 9. Oktober 2015 wurde in Kaschmir ein mit Kühen beladener Lkw mit einer Bombe angegriffen. Der junge muslimische Fahrer erlag seinen Brandwunden. Fünf Tage später wurde im Nachbarstaat Himachal Pradesh ein 20-jähriger Muslim, der angeblich mit Rindern handelte, zu Tode geprügelt. Am 2. November wurde ein Mann von einer hinduistischen Menge getötet, die ihn beschuldigte, eine Kuh gestohlen zu haben.

Die Verfassung von 1949 empfiehlt den einzelnen Bundesstaaten, per Gesetz die Schlachtung von Kühen zu verbieten. Acht der 29 indischen Bundesstaaten haben diese Empfehlung noch nicht umgesetzt, dort können Kühe zu Fleisch verarbeitet, verkauft und gegessen werden. In drei weiteren Staaten unterliegt die Schlachtung strengen Vorschriften. In den übrigen 18 Staaten ist sie strikt verboten, Zuwiderhandlungen werden mit Haftstrafen bis zu zehn Jahren geahndet. In fünf Staaten ist sogar das Essen von Rindfleisch ausdrücklich verboten.

In Indien lebt aber auch eine Rinderrasse, die keinen Schutz genießt: der schwarzen Wasserbüffel, der in der Mythologie für den Dämon steht. Da er in allen Bundesstaaten außer Chhattisgarh für den Export geschlachtet werden darf, konnte Indien zum weltweit größten Exporteur von Rindfleisch aufsteigen und Brasilien auf Platz zwei verweisen.

Viele Muslime, Christen und Ureinwohner haben ebenso wie die unteren sozialen Klassen, die Angehörigen niedriger Kasten, kein Problem damit, Rindfleisch zu essen – es ist zwar tabu, aber billig. Wer das Fleisch beim Metzger kauft, nennt das heilige Tier freilich nicht beim Namen, sondern spricht von »der Dicken«. Die Unberührbaren sind es gewohnt, Rindfleisch zu essen, weil sie sich traditionell um Tierkadaver zu kümmern hatten. Heute sind die meisten Metzger und Verkäufer in den kommunalen Schlachthöfen Muslime, während in den großen industriellen Schlachthöfen auch Hindus arbeiten, in einigen Fällen sogar als Chef.

Was immer die Ultranationalisten behaupten, Rindfleisch war lange vor der Ankunft der Muslime ein wichtiger Bestandteil der kulinarischen Tradition Indiens.[2] In den ältesten heiligen Texten der Hindus ist die Kuh eine Göttin, die es zwar »nicht verdient, getötet zu werden«, aber sie wird gelegentlich geopfert oder gegessen, etwa um einen hohen Gast zu ehren. Die Dinge änderten sich, als zwischen dem 1. und 2. Jahrhundert v. Chr. die Popularität der teils streng asketisch lebenden hinduistischen Wandermönche (Sadhus) zunahm und zugleich ein Konkurrenzkampf zwischen Jainisten und Buddhisten ausbrach, die beide die Tötung von Tieren strikt ablehnen. Die Brahmanen, die bis dahin Kühe und Zebus geopfert hatten, fühlten sich dadurch bedroht – und erklärten sich fortan zu Beschützern der Rinder. Nach und nach folgten auch die anderen Kasten. Wer Rindfleisch aß, galt nun als unrein.

Der Historiker Bhagwan Josh führt die Kuh-Konflikte zwischen den Glaubensgemeinschaften auf die Invasion der Mogule zurück. »Damals mussten sich die Hindus unterordnen, obwohl sie in der Mehrzahl waren.«[3] Den Angehörigen höherer Kasten räumten die muslimischen Herrscher allerdings bestimmte Rechte ein. Und mehrere Mogulkaiser untersagten sogar offiziell, Rinder zu schlachten. Zur ersten Politisierung des Themas kam es Ende des 19. Jahrhunderts, als der Brahmane Dayananda Saraswati, Gründer der fundamentalistischen Reformbewegung der »Gemeinde der Arier« den Schutz der Kuh für seine hindunationalistischen und restaurativen Ideen nutzte. Saraswati schuf den Mythos vom Goldenen Zeitalter zwischen dem 6. und 2. Jahrhundert v. Chr., das nur deshalb zu Ende gegangen sei, weil es den Hindus nicht gelang, sich gegen die arroganten rassistischen Kolonisatoren und Muslime zu wehren. Letztere, so Saraswati, hätten nicht nur die heiligen Kühe, sondern auch die Hindufrauen attackiert. 1882 gründete Saraswati die Gesellschaften zum Schutz der Kuh (Gorakshini Sabha).

Bald ging es weniger um den Schutz der Tiere als um antimuslimische Propaganda. Man verteilte Kettenbriefe in Dörfern – der Empfänger musste die Nachricht abschreiben und an mehrere Leute weitergeben. »Wenn du einen Muslim mit einer Kuh siehst, dann ist es deine Pflicht, sie ihm wegzunehmen«, heißt es in einem der Briefe. Im Zuge von Aktionen zur »Kuhrettung« kam es in den Jahren 1893 und 1917 zu schweren Unruhen. Jeder Haushalt musste sich mit einer Zwangsabgabe an den Kosten für die Unterbringung beschlagnahmter Tiere beteiligen. Mit dem Geld wurden auch Reiseprediger finanziert, deren flammende Reden die Menschen aufwühlten.

1924 erfand Mahatma Gandhi, der Anführer der Unabhängigkeitsbewegung, eine gemäßigte Version der Organisationen zum Schutz der Kuh. Gandhi sagte, er sei bereit, »sein Leben zu opfern, um die Kuh zu retten«, die er tief verehrte. Aber er erhob keine Vorwürfe gegen die Muslime. Er unterstützte die muslimischen Forderungen gegenüber den britischen Kolonialherren, versuchte aber zugleich, einen Schutz der Tiere auszuhandeln: »Es wäre eine feine Geste, die ihnen zu beträchtlicher Ehre gereichen könnte, wenn die Muslime den Massentötungen von Kühen ein Ende bereiten würden, und zwar aus freien Stücken, aus Rücksicht auf die religiösen Gefühle der Hindus.« Gandhis Sorge um das heilige Tier bestärkte die Fundamentalisten und verlieh dem Thema mehr politische Bedeutung.

Heute werden Symbole und Aktionsformen der aus der Kolonialzeit stammenden Schutzbewegung für die Kuh neu belebt. Das zeigt auch der Lynchmord vom 28. September 2015 im Dorf Bisara, in dem die hohe Kaste der Rajputen regiert.[4] Die Männer, die die Menschenmenge zum Haus des Opfers führten, gehörten der BJP oder – wie der Sohn des Dorfchefs – den Milizen des Sangh Parivar an. Ein paar Wochen zuvor war ein Priester ins Dorf gekommen, wie einst die Wanderprediger. Er hatte im Tempel die Familie Akhlak beschuldigt, eine Kuh getötet zu haben. In Wahrheit handelte es sich um eine Ziege! Als Kettenbrief fungierte das Foto eines Rinderskeletts, das per Mobiltelefon verbreitet wurde.

Die Übergriffe halten an. Im Norden Indiens stoppen häufig Milizionäre mit dem orangefarbenen Stirnband des Sangh Parivar verdächtige Tiertransporte. Wenn der Fahrer ein Muslim ist, wird er attackiert. Die geretteten Kühe werden an »Zufluchtsorten« untergebracht. Oft werden sie aber von ihren Rettern auf dem Schwarzmarkt an Metzger oder deren Strohmänner verkauft.

Premierminister Modi hat es nicht gewagt, den Lynchmord vom 28. September 2015 zu verurteilen. Erst acht Tage später bezeichnete er ihn als »traurig und bedauerlich«. Seine Kollegen hielten sich weniger zurück. Der Landwirtschaftsminister erklärte die Schlachtung von Kühen zur »Todsünde«. Der BJP-Ministerpräsident des Bundesstaats Haryana erklärte: »Muslime können weiter in diesem Lande leben, wenn sie aufhören, Rindfleisch zu essen.«

Damit setzen die Hindunationalisten ihre Ideologie durch: Kühe werden geschützt, aber nicht die Menschen, die an ihrem Schicksal selbst schuld sind. »Diese politischen Kräfte wollen eine langfristige kulturelle Hegemonie etablieren«, meint der Historiker Josh. »Die Regierung Modi sagt diesen Bürgern ganz deutlich: Ihr habt keinen Platz mehr im indischen Machtgefüge.« So festigen die oberen Kasten, die weniger als 15 Prozent der Hindubevölkerung stellen, im Namen der Kuh ihre politische, wirtschaftliche und kulturelle Herrschaft.

Aber es gibt auch Inder, die sich wehren. An der Osmania-Universität Hyderabad findet jedes Jahr ein nichtkonfessionelles »Rinderfestival« statt, bei dem die säkulare Gesellschaft verteidigt wird. Beim letzten Festival im Dezember 2015 wurden dreißig Studenten verhaftet. Ihr Vergehen: Rindfleischverzehr in der Öffentlichkeit. ●

Aus dem Französischen von Sabine Jainski

1 Vgl. bpb.de/apuz/31 206/hindu-nationalismus-gefahr-fuer-die-groesste-demokratie?
2 Siehe Dwijendra Narayan Jha, *The Myth of The Holy Cow*, London (Verso) 2002.
  Das Buch wurde von einem Gericht in Hyderabad verboten.
3 Siehe Shashi Joshi und Bhagwan Josh, *Struggle for Hegemony in India: Culture, Community and Power*, Neu-Delhi 2012.
4 »Mob lynching in Dadri. A report«, in: *Economic and Political Weekly*, Bd. 50, Nr. 42, Kalkutta, 17. Oktober 2015.

Erstmals erschienen in *Le Monde diplomatique* vom März 2016, leicht gekürzt.

Das vegetarische Diktat

Indiens Ernährungspolitik steckt voller Widersprüche

Von Jitendra Choubey

Essen und Ernährung betreffen jeden einzelnen Menschen. Jeden Tag. Lassen Sie mich deshalb mit einer persönlichen Erfahrung beginnen. Ich selbst bin, bis auf seltene Ausnahmen, Vegetarier. Ich esse kein Fleisch, aber gelegentlich etwas Fisch. Auch meine Frau isst gern Fisch und möchte auf diesen Genuss auch nicht ganz verzichten. Aber wenn wir meine Eltern besuchen, können wir auf keinen Fall Fisch oder gar Fleisch essen. Wir müssten diese Mahlzeit außerhalb des Wohngebiets der Eltern zubereiten und zu uns nehmen, denn schon allein die Geruchsbelästigung durch gebratenen Fisch oder gebratenes Fleisch ist für viele Inderinnen und Inder vollkommen unakzeptabel. Auch für meine Eltern ist es undenkbar, dass in ihrem Haus eine Speise zubereitet wird, die nicht ihren strikt vegetarischen Grundsätzen entspricht. In den benachbarten Häusern darf ebenfalls weder mit Fisch, noch mit Fleisch gekocht werden.

Die Ablehnung reicht bis in die Mietverträge hinein. Es ist durchaus nicht unüblich, dass sich ein neuer Mieter mit der Unterschrift dazu verpflichtet, dass er in seiner neuen Wohnung nur vegetarische Speisen zubereitet. Ein Verstoß gegen diese Regel könnte ihm erhebliche Schwierigkeiten einbringen, die schlimmstenfalls sogar zu einer Kündigung führen. So zeigt sich die indische Gesellschaft in ihren Ernährungsgewohnheiten gespalten: Während ein wachsender Teil der Menschen Fisch, Eier und Fleisch isst, bewahrt ein anderer mit strengen Regeln die vegetarische Tradition.

Ähnlich widersprüchlich ist die gesamte Ernährungssituation in Indien. Auf der einen Seite sind die Getreidespeicher gut gefüllt oder quellen sogar über: 2017/18 erreichte die indische Lebensmittelerzeugung mit 275 Millionen Tonnen Getreide und Ölsaaten eine neue Rekordmarke. Doch weil dadurch auch die Erzeugerpreise fielen, sind die Leidtragenden die Kleinbauern, die in ihrer Not oft nur einen Ausweg sehen: Statistisch gesehen nimmt sich in Indien jede Stunde mindestens ein Landwirt das Leben.[1]

Bei einem großen Teil der indischen Bevölkerung kam von der jüngsten Erfolgsernte nichts an: 2017/18 meldeten die Behörden aus verschiedenen Landesteilen Dutzende von Todesfällen durch Verhungern. Und noch ein Widerspruch: Während immer mehr Inderinnen und Inder Fleisch essen und sich nicht mehr rein vegetarisch ernähren, klopft sich die Regierung auf die Schultern, weil sie die vegetarische Kost staatlich verordnet. Und bei alldem leben in Indien so viele unterernährte Menschen wie in keinem anderen Land der Erde.

Etwa die Hälfte aller unterernährten Kinder auf dieser Welt sind in Indien zuhause. 40 Prozent der unter Fünfjährigen gelten als unterernährt, sie haben Wachstumsstörungen, ihre Körpergröße ist nicht altersgemäß, und sie sind stark untergewichtig. Besonders alarmierend ist die Lage auf dem Land. Nur jedes zehnte Kind unter zwei Jahren wird dort ausreichend ernährt. Nach der Volkszählung von 2011 leben 68 Prozent der indischen Bevölkerung im ländlichen Raum, 55 Prozent davon arbeiten in der Landwirtschaft. Am weitesten verbreitet sind Hunger und Mangelernährung bei der in den Wäldern lebenden indigenen Bevölkerung und den zumeist landlosen Inderinnen und Indern, die in der Hierarchie des hinduistischen Kastensystems ganz unten stehen.[2]

Gleichzeitig macht sich auch in Indien noch eine andere Folge der globalisierten Lebensmittelindustrie zunehmend bemerkbar: Nach der jüngsten landesweiten Erhebung zur Familiengesundheit hat sich die Zahl der stark Übergewichtigen zwischen den Jahren 2005/06 und 2015/16 glatt verdoppelt. Ein Fünftel aller Frauen und Männer zwischen 15 und 49 Jahren sind heute adipös. Besonders viele stark übergewichtige Menschen gibt es erstaunlicherweise ausgerechnet in den ärmsten Bundesstaaten, in denen Unterernährung ein großes Problem ist und sogar Hungertote zu beklagen sind. Fett und spindeldürr Seite an Seite.

Diese Gegensätze prägen auch die indische Landwirtschafts- und Ernährungspolitik. Solange die politisch Verantwortlichen vor dem Hungerproblem weitgehend die Augen verschließen, ändert sich nichts an der mangelhaften Lebensmittelverteilung und der monokulturellen Landwirtschaft. Das Angebot besteht zu über 70 Prozent aus Reis und Weizen und ist damit wenig nahrhaft und viel zu einseitig.

Indien beansprucht mittlerweile einen Platz in der Riege der Supermächte und hat in den vergangenen Jahren einen beeindruckenden Anstieg des Bruttoinlandsprodukts verzeichnen können. Doch das jüngste Wirtschaftswachstum kommt bei den meisten Armen nicht an. Bei allen Sozialindikatoren hinkt Indien hinterher. Die Zivilgesellschaft musste zehn Jahre dafür kämpfen, bis der Gesetzgeber 2013 den ambitionierten National Food Security Act (NFSA) verabschiedet hat. In dem Ernährungsplan wird festgeschrieben, dass 800 Millionen Bedürftige, das entspricht rund zwei Dritteln der Bevölkerung, fünf Kilogramm Weizen und Reis pro Person und Monat zu stark verbilligten Preisen erhalten.

Schon 2001 hatte die Bürgerrechtsorganisation People's Union for Civil Liberties (PUCL) das Recht auf Ernährungssicherheit gerichtlich eingeklagt, um den Hungertod zu stoppen. Erst unter dem Druck des Obersten Gerichts war die Regierung bereit, das Problem anzuerkennen. Zwölf Jahre später wurde endlich der Ernährungsplan NFSA auf den Weg gebracht.

Das Gesetz hatte unterschiedlichste Auswirkungen. Zunächst musste die Regierung im Interesse der Ernährungssicherheit staatli-

Getreidemarkt in Ahmedabad, Gujarat, Indien, Mai 2013.

che Getreidevorräte aufbauen. Prompt wurde Indien in der Welthandelsorganisation von den Industrieländern – USA, EU, Kanada und anderen – bedrängt, die staatliche Getreidebevorratung einzustellen, weil sie die Marktpreise verzerre. Indien blieb jedoch hart und erkämpfte sich in der WTO das Recht, seine Bevölkerung zu ernähren.

Vor diesem wegweisenden Gesetz hatte Indien bereits einige Reformen im Kampf gegen die Armut eingeleitet. 2005 bekamen gering qualifizierte Landbewohner eine gesetzliche Beschäftigungsgarantie und 2006 hat das Forstgesetz (Forest Rights Act) die Landrechte der in Wäldern lebenden Bevölkerungsgruppen gesetzlich verankert. Erste Erfolge wurden sichtbar: In den vergangenen zwanzig Jahren konnten 133 Millionen Menschen mit Unterstützung des Staats die Armut überwinden. 2004 lag in Indien die Armutsquote bei 37,2 Prozent der Bevölkerung, 2011 war sie auf 22 Prozent gesunken.

Eine weitere Maßnahme war das Programm »Aadhaar«. Dahinter verbirgt sich eine biometrische Datenbank, die dem Missbrauch von Sozialleistungen einen Riegel vorschieben soll. Unter einer zwölfstelligen Identifikationsnummer werden der digitale Fingerabdruck und Augenscans von jedem Bürger Indiens gespeichert. Wer Rentenleistungen, Lebensmittelrationen oder Kraftstoffzuschüsse in Anspruch nehmen oder seine Einkommensteuererklärung einreichen will, braucht dafür die Aadhaar-Nummer, die künftig auch bei der Einrichtung von Bankkonten, in der Steuererklärung und selbst bei Abschlüssen von Handyverträgen angegeben werden soll. Für die Ärmsten und Bedürftigsten wie Witwen, Indigene und Hindus der untersten Kasten war das Aadhaar-Programm eine Katastrophe. Menschen verhungerten, weil ihre biometrischen Daten nicht übereinstimmten und sie deshalb kein Getreide beziehen konnten. Oder weil Kriminelle Geld von ihrem Bankkonto abgezweigt hatten.

Die Lebensmittelsubventionen schlagen für Indien inzwischen mit rund 18 Milliarden Euro pro Jahr zu Buche. Aktivisten vermuten hinter dem Aadhaar-System den Versuch, diese Kosten zu drü-

cken. Die Behauptung der Regierung, sie habe mit diesem System den Betrügern das Handwerk gelegt, ist umstritten. Die Regierung, so heißt es, arbeite mit übertriebenen Fallzahlen, um Aadhaar als Erfolg zu feiern. Belastbare Zahlen liegen nicht vor.

Auch für die in Neu-Delhi lebende Aktivistin Kavita Srivastava, die sich für das Recht auf Ernährung stark macht, ist Aadhaar nur eine Strategie, um Sozialleistungen zu verweigern. Menschen seien verhungert, weil sie vom Aadhaar-System als Betrüger eingestuft wurden, die sich angeblich Leistungen erschleichen wollten. Auf dieser Grundlage seien ihnen Nahrungsmittel verweigert worden, die ihnen eigentlich zugestanden hätten, beklagt Srivastava. Sie setzt sich weiter dafür ein, das Recht auf Nahrung gesetzlich zu verankern.

Die indische Regierung ignoriert noch immer, dass es dringlich geboten wäre, nahrhafte Lebensmittel verstärkt zur Verfügung zu stellen. Weizen und Reis sind weiterhin die wichtigsten Nahrungsquellen. Um die Mangelernährung bei Kindern zu bekämpfen, müsste eine protein- und nährstoffreichere Kost mit Eiern und Milch, Bohnen und Ölen bereitgestellt werden. Immerhin: In allen südindischen Bundesstaaten wie Karnataka, Tamil Nadu, Kerala, Telangana und Andhra Pradesh werden die Schulkinder inzwischen mit Eiern versorgt; in Karnataka bekommen sie neuerdings auch Milch. Prompt schneiden alle genannten Bundesstaaten bei der Bekämpfung der Mangelernährung von Kindern besser ab.

Gegen die ernährungspolitische Initiative, Kinder mit Eiern zu versorgen, regte sich allerdings Widerspruch seitens religiöser Hindugruppen vor allem der oberen Kasten. Sie werfen der Regierung vor, sie verordne dem Nachwuchs eine nichtvegetarische Ernährung. Auch der zentralindische Bundesstaat Madhya Pradesh, in dem die hindu-nationalistische Partei BJP regiert, sprach sich gegen die Eierversorgung aus. Auf dem Mangelernährungsindex belegt ausgerechnet dieser Staat den letzten Rang. Rund die Hälfte aller Kinder in Madhya Pradesh sind extrem unterernährt. Die meisten BJP-regierten Bundesstaaten in Nord-, West- und Zentralindien weigern sich dennoch, ihre Kinder mit Eiern zu versorgen. Nur in den süd- und ostindischen Bundesstaaten, in denen die Hindu-Nationalisten nicht die Regierung stellen, bekommen – mit einer Ausnahme – Schülerinnen und Schüler im Rahmen der mittäglichen Schulspeisung Eier angeboten.

Stellt die Eierspeisung die vegetarische Kultur infrage? Seit langem hält sich der Mythos, Indien sei ein rein vegetarisches Land und nur nicht-hinduistische Gruppen wie Muslime, Christen, Sikhs, Juden und andere würden regelmäßig nicht-vegetarische Speisen zu sich nehmen. Sogar einige Sozialreformer stärken die landläufige Auffassung, die Hindu-Gemeinschaft sei von Natur aus vegetarisch orientiert. Schließlich ernährte sich auch Mahatma Gandhi, die führende Figur der indischen Unabhängigkeitsbewegung, konsequent vegetarisch und betrachtete dies als hohe Tugend. All das trägt dazu bei, dass die vegetarische Lebensweise in der Gesellschaft grundsätzlich positiv bewertet wird.

Die vermeintliche »hohe Tugend« ist allerdings die pure Heuchelei. Die Legende, weite Teile der indischen Bevölkerung ernährten sich von alters her streng vegetarisch, wurde von Forschern und Historikerinnen längst widerlegt. Auch in den Bundesstaaten mit überwiegend hinduistischer Bevölkerung kommt regelmäßig Fisch als Hauptnahrungsmittel auf den Tisch. Für die Bevölkerung, die in der Nähe von Seen, Flüssen oder Teichen lebt, ist Fisch traditionell ein zentraler Bestandteil der Ernährung. Die Regierung hat diese Tatsache allerdings bis heute nicht akzeptiert.

Jammu und Kaschmir 32
Himachal Pradesh 34
Punjab 31
Uttarakhand
Rajasthan
Haryana 37
Uttar Pradesh
Sikkim
Bihar 28
Assam 41
Nagaland 29
50
49
Gujarat 36
Meghalaya 43
Manipur 33
Jharkhand
42
Chhattisgarh 42 43
47 35
Tripura 31
Mizoram 27
Madhya Pradesh
Maharashtra 38
Westbengalen
35
Odisha
Andhra Pradesh
35
Goa 21
Karnataka 34
Kerala 19
23
Tamil Nadu

Kinder mit zu geringem Wachstum[1]
2014, in Prozent aller Kinder unter 5 Jahre

19–29	keine Angaben
30–33	
34–35	
36–42	1. Wachstum ist ein wichtiger Indikator für Unterernährung bei Kleinkindern.
43–50	

Siehe auch Seiten 110–112

Quelle: Ministry of Women and Child Development, Government of India, Rapid Survey on Children.
Le Monde diplomatique, Berlin

Im Gegenteil. Seit ein Hindu-Nationalist 2014 an die Spitze der Regierung kam, hat sich die Diskussion sogar noch verschärft. Der aus dem Bundesstaat Gujarat stammende Premierminister Narendra Modi ist für seine vegetarische und alkoholfreie Lebensweise bekannt. Die Kombination von vegetarischer Ernährung und Alkoholverzicht genießt in Indien einen hohen Stellenwert. Nach Modis Wahl zum Regierungschef gerieten die Fleischesser ins Visier und es kam zu teilweise brutalen Übergriffen. Mehr als 30 Menschen wurden gelyncht und mehr als 100 Personen verletzt, weil sie Rindfleisch verzehrt, aufbewahrt oder damit gehandelt hatten. Rinder töten und ihr Fleisch essen ist verboten – aber deswegen Menschen umbringen? Jeder zweite Fleischhändler sieht sich inzwischen Schikanen ausgesetzt. Gleichzeitig ist Indien aber nicht nur der größte Milchproduzent, sondern auch der weltgrößte Rindfleischexporteur. Ein weiterer gravierender Widerspruch im Ernährungssystem des Landes.

Für viele strenge indische Hinduisten und Jainisten ist Ernährung immer noch gleichbedeutend mit vegetarischer Ernährung. Immerhin 80 Prozent der 1,3 Milliarden Inderinnen und Inder sind Hindus. Bemerkenswert ist aber, dass nur etwas mehr als ein Drittel aller Haushalte (37 Prozent) in Indien tatsächlich streng vegetarisch leben. Das heißt, die Mehrheit isst – wenn auch nicht regelmäßig – Fleisch oder Fisch. Nach der letzten Erhebung des National Sample Survey Office (NSSO) über den privaten Waren- und Dienstleistungskonsum essen mehr als 63 Prozent der Bevölkerung gelegentlich oder regelmäßig Eier, Fisch und Fleisch. Wie viel Rindfleisch dabei konsumiert wird, geht aus dieser Erhebung leider nicht hervor.

Laut Statistik verzehrt jeder Einwohner Indiens jährlich im Schnitt rund vier Kilogramm Eier, Fisch und Fleisch. Zum Vergleich: In Deutschland beträgt der jährliche Fleischkonsum rund 60 Kilogramm, der Fischkonsum 14 Kilogramm pro Kopf. In den meisten hinduistischen Haushalten ist es übrigens bis heute gängige Praxis, dass Fleisch- und Fischgerichte, wenn sie denn gekocht werden, in einer gesonderten Küche und mit eigenen Kochgefäßen zubereitet werden.

Im Unterschied zu der verhältnismäßig kleinen Gruppe der Jainisten mit etwa 4,2 Millionen Gläubigen verhängt die Hindugemeinschaft kein generelles Verbot über nichtvegetarische Nahrungsmittel. Dennoch beharren Politiker, die zumeist der Oberkaste der Brahmanen angehören, stur auf ihrer Meinung, Indien sei ein strikt vegetarisches Land. Tatsächlich bevorzugt die Mehrheit der Bevölkerung zwar vegetarisches Essen, aber kulturell betrachtet, beschränken sich Hindus nur auf ein Rindfleischverbot und die Muslime nur auf ein Schweinefleischverbot. Mit Geflügel-, Lamm- und Ziegenfleisch, mit Fisch und Eiern gibt es kein grundsätzliches Problem. Man denke nur an die hundertundeine Variante des auch hierzulande beliebten Hühnchengerichts »Chicken Curry«.

In den Städten bieten die meisten Restaurants in der Regel trotzdem ein rein vegetarisches Essen an. Für eine attraktive vegetarische Speisekarte spricht der enorme Vegetationsreichtum des Landes. Indien zeichnet sich durch eine große klimatische Vielfalt aus. Hier gibt es extrem heiße Wüstengebiete ebenso wie Hochgebirgsregionen, in denen es ähnlich kalt werden kann wie in Nordeuropa. Dank dieser Vielfalt bietet der indische Subkontinent beste Voraussetzungen für eine abwechslungsreiche Vegetation, die für die Ernährung und auch für die Medizin von großer Bedeutung ist. Außerdem entwickelten sich in den verschiedenen Klimazonen unterschiedliche Anbau- und Zubereitungsformen, die die Kochkultur bereichern. So bauen zum Beispiel die Bauern in den dürregefährdeten Gebieten wie dem zentralindischen Distrikt Bundelkhand allein sechs verschiedene Hülsenfruchtvarianten und fünf verschiedene Ölsaaten an.

Der Bauer Prem Singh, der in dieser Region ökologischen Landbau betreibt, erklärt uns: »Vegetarische Essgewohnheiten bedeuten nur, dass verschiedene Pflanzen auf unterschiedlichste Arten zubereitet werden und die Menschen diese Gerichte mit großem Genuss verspeisen. Aus einer Gemüse-, Obst- oder Getreidesorte lassen sich Dutzende verschiedener Gerichte zubereiten. Wer Vegetarier wurde, verschaffte sich damit den Luxus einer vielfältigeren Küche.«

Die reiche Vegetation führte auch zur Entstehung des Ayurveda. Die traditionelle Heilkunst beweist seit langer Zeit und in großem Stil, welch immense Bedeutung die Pflanzenwelt für die Behandlung nicht nur kleiner Malaisen, sondern auch schwerer chronischer Erkrankungen hat. Durch Ayurveda wurde die Vormachtstellung der vegetarischen Ernährungsweise gefestigt. Erstaunlicherweise hindert aber auch Ayurveda niemanden daran, gelegentlich Fleisch zu essen. Nur während der ayurvedischen Behandlung ist eine rein pflanzliche Kost vorgeschrieben, danach nicht mehr.

Die Brahmanenkaste nutzte ihr ayurvedisches Wissen, um den Vegetarismus als überlegene Ernährungsform zu etablieren, und verbreitete die böse Mär von der für den menschlichen Organismus schädlichen nichtvegetarischen Kost. So wurde die Absage an Fleisch und Fisch zum Bestandteil der hinduistischen Tradition und Kultur. Von Menschen, die Fleisch essen, sollte man sich demnach am besten fernhalten.

Die NSSO-Erhebung hat indes deutlich gemacht, dass sich das Essverhalten in Indien grundlegend wandelt. Die durch die gesellschaftlichen Strukturen und insbesondere durch die hierarchische Kastenordnung bedingte ungleiche Verteilung der Einkommen spiegelt sich auch im Konsumverhalten wider. Der Löwenanteil der Ressourcen befindet sich in den Händen der Oberkaste. Die einkommensstärkeren Bevölkerungsgruppen bevorzugen, wie in den reichen Industriestaaten, eine deutlich eiweiß- und vitaminreichere Kost. Die Regierung sträubt sich, diesen Wandel des Ernährungsverhaltens zur Kenntnis zu nehmen. Sie hält nach wie vor an der Überzeugung fest, Indien sei ein homogenes Land und vegetarische Kost die Lebensgrundlage für alle.

Die große Herausforderung bleibt in jedem Fall bestehen: Es gilt die 1,3 Milliarden Menschen Indiens zu ernähren. Ein vielfältiges Nahrungsmittelangebot, das die Ressourcen optimal nutzt und sich jenseits von Ideologien flexibel zeigt, wäre im ureigensten Interesse des Landes. ●

Aus dem Englischen von Andreas Bredenfeld

1 Schon seit 25 Jahren registrieren die Behörden eine hohe Selbstmordrate auf dem Land. Zuletzt gab die Regierung im Mai 2017 bekannt, dass sich seit 2013 jedes Jahr 12 000 Bauern das Leben nahmen. Siehe auch Jack Fereday, »Shailas Ernte«, Seite 48, in diesem Heft.

2 Siehe dazu Dalel Benbabaali, »Indiens stahlhartes Gehäuse. Offiziell darf es keine Diskriminierung nach Kasten und Ethnien geben – doch Dalit und Adivasi haben immer noch kaum Chancen«, Le Monde diplomatique, März 2018.

Shailas Ernte

Indiens Bäuerinnen kämpfen für mehr Selbstbestimmung und eine nachhaltige Landwirtschaft

Die Unternehmerin Kamal Kumbhar war Gewinnerin des Wettbewerbs »Women Transforming India 2017«, Neu-Delhi, Indien, 29. August 2017. ▪ DEEPAK MALIK | UNDP

Von Jack Fereday

Während sich ihre Nachbarinnen im Schatten des Lehmziegelhauses niederlassen, füllt Shaila Shikrant Getreide und Hülsenfrüchte in Schüsseln: Reis, Weizen, Mais, Erbsen, Erdnüsse, Sesamkörner, Kichererbsen, Linsen, Bockshornklee und anderes. Es sind die Früchte ihrer Arbeit, aber auch die einer kleinen Revolution.

Wir befinden uns in Masla, einem von 800 Familien bewohnten Dorf im Herzen von Marathwada im Bundesstaat Maharashtra. Diese Region, die regelmäßig von extremen Hitzewellen heimgesucht wird, ist das Epizentrum der indischen Agrarkrise: 6000 Bauern haben sich in den letzten zwei Jahren aus Verzweiflung über die Dürre und die erdrückenden Schulden das Leben genommen. In Indien ein altbekanntes Drama. Seit 25 Jahren registrieren die Behörden eine hohe Selbstmordrate auf dem Land. Zuletzt gab die Regierung im Mai 2017 bekannt, dass sich seit 2013 jedes Jahr 12 000 Bauern das Leben nahmen. Ein Faktor, der seit etwa zehn Jahren zur Krise beiträgt, ist die Ausweitung von Monokulturen für den Export, wie dem wasserintensiven Zuckerrohr,. Nach Angaben der Regierung ist der Anteil der für Zuckerrohr genutzten Fläche zwischen 2004 und 2014 von 300 000 Hektar auf 1 Million Hektar gestiegen. In Maharashtra fließen 70 Prozent der Bewässerung in Zuckerrohrplantagen.

»Auf unseren fünf Hektar Land wurde kaum noch etwas anderes angebaut. Und wenn Wassermangel herrschte, war alles verloren – für Essen fehlte das Geld«, erzählt Shaila Shikrant. Die Bäuerin greift in die Schüssel mit Hülsenfrüchten. Während sie beim Erbsenschälen weiterredet, hören ihr die Frauen um sie herum aufmerksam zu. Seit der letzten Selbstmordwelle von 2014 sind alle Shikrants Beispiel gefolgt.

»Ich habe meinen Ehemann gebeten, mir einen Hektar zu überlassen, um darauf 20 andere Pflanzen anzubauen, die nicht so viel Wasser brauchen«, erzählt sie. »Ich wollte etwas haben, um meine Familie zu ernähren, falls es mit dem Zuckerrohr nicht klappt, und ich wollte traditionelle Methoden anwenden und natürlichen Dünger. Zuerst hat er gezögert, aber dann war er doch einverstanden. Als er ein Jahr später die Ergebnisse sah, hat er mir die Hälfte vom Acker überlassen.«

Die Ernte übertraf ihre Erwartungen. Die 38-jährige Bäuerin hatte nicht nur genug Lebensmittel für ihre Familie, sie konnte mit dem Verkauf der Überschüsse das jährliche Haushaltseinkommen auf 6000 Euro verdoppeln, fast das Vierfache des bäuerlichen Durchschnittseinkommens in Maharashtra, das bei rund 1600 Euro liegt. Shikrant hat sich Tiere zugelegt, die Dünger liefern, und sie verkauft Saatgut in Mumbai. Der letzte Schritt war die Anmeldung eines eigenen Betriebs: »Alles auf meinen Namen!«, sagt sie unter den bewundernden Blicken ihrer Nachbarinnen, die dank Shikrants Pionierarbeit Selbstbewusstsein gewonnen haben. Eine kann es noch immer nicht fassen: »Als wir unseren Männern gesagt haben, dass wir ein kleines Stück Land selbst bebauen wollten, haben sie uns ausgelacht. Inzwischen verdienen wir mehr als sie, und sie betrachten uns mit anderen Augen!«

In Maharashtra leisten Frauen mehr als die Hälfte der landwirtschaftlichen Arbeit, aber die Entscheidungen treffen überwiegend Männer, die fast 80 Prozent der Ackerflächen besitzen. Shaila Shikrant und ihre Freundinnen sind im Kampf gegen die patriarchalische Tradition nicht allein. Nach Angaben der NGO Swayam Shikshan Prayog (SSP, »Eigene Erfahrungen sammeln«) haben in den 2,3 Millionen bäuerlichen Haushalten der Region Marathwada 40 000 Frauen mindestens einen Hektar Land übernommen, auf dem sie die von ihren Männern oft vernachlässigten Nahrungspflanzen anbauen.

Einige Frauen haben außerdem eine Ausbildung bei der staatlichen Agricultural Technology Management Agency absolviert, die mit NGOs zusammenarbeitet. Daneben gibt es Tausende sogenannter Women's farmer groups, das sind Selbsthilfegruppen, in denen die Bäuerinnen ihr Wissen und einen Teil ihrer Ersparnisse miteinander teilen.

So hat innerhalb von nicht einmal zwei Jahren im 40 Kilometer von Masla entfernten Dorf Chivuri die Delta Sakhi Farmer Group über 1300 Euro auf ihrem Gemeinschaftskonto gesammelt. Das Geld ist ein Glücksfall für die Gruppe von 25 Frauen. Früher verschuldeten sich ihre Ehemänner bei skrupellosen Pfandleihern, die bis zu 12 Prozent Zinsen verlangten. Wenn die Frauen heute Geld für ein Projekt brauchen, wenden sie sich an die Gruppe, die einen Kredit bei einer lokalen Bank aufnehmen kann.

Gruppenleiterin Vanita Balbhim glaubt, dass Männer eher Einzelkämpfer seien, die ihre eigenen Felder beackern, jeder sein kleines Stück, während Frauen lieber im Kollektiv arbeiten. »Und vor allem gehen wir besser mit Geld um«, wirft Vanitas Freundin Lakshmi Brirajdar ein. Die anderen Frauen stimmen zu. »Wenn es sein muss, feilschen wir um 10 Rupien! Und wenn wir Durst haben, trinken wir zu Hause Tee, anstatt das Geld für Alkohol zu verplempern!«

Das Dorf Chivuri ist mit dem Rest der Welt durch einen holprigen, verschlammten Pfad verbunden, über den ausgemergelte Buckelrinder ziehen, rechts und links erstrecken sich kahle Felder. Inmitten der Wellblechdächer des Dorfs erhebt sich ein kegelförmiger Hindutempel. Im Schatten eines Akazienbaums versammeln sich die Alten, und in einem kleinen Gebäude ohne Türen sagen Kinder das Alphabet auf.

Seit zwei Jahren baut Gruppenleiterin Vanita Balbhim in Chivuri Biogemüse und Biofrüchte an. Sie hat das Jahreseinkommen ihrer Familie in Höhe von 780 Euro um mehr als 1000 Euro erhöht. Die Balbhims konnten ihr Dach neu decken und einen Kühlschrank anschaffen. Aber vor allem kann Vanita jetzt auch die Ausbildung ihrer vier Töchter finanzieren. »Ich bin stolz auf sie«, sagt die älteste Tochter Supriya, die Informatik studiert. »Sie hat beschlossen, das Haus zu verlassen und sich um ihr Feld zu kümmern, und jetzt leitet sie auch noch eine Frauengruppe. Vor ihr hat das hier noch keine Frau gemacht!«

Weil viele Männer in die Städte abwandern, spielen die Frauen eine immer wichtigere Rolle in der Landwirtschaft. Das heißt noch lange nicht, dass sie auch als vollwertige Bäuerinnen anerkannt werden. Das ärgert die 60-jährige Soma Parthasarathy maßlos. Sie ist Mitbegründerin von Mahila Kisan Adhikaar Manch (Makaam), der Dachorganisation der Vereinigungen zum Schutz der Rechte von Bäuerinnen. »Ohne rechtliche Anerkennung ist ihnen der Zugang zu den nötigen Ressourcen versperrt, das heißt zu Bankkrediten, Versicherungen und staatlichen Subventionen«, erklärt Parthasarathy.

Seit 2005 das Erbrecht geändert wurde, haben Inderinnen zwar Anspruch auf den Besitz ihrer Eltern, aber das Gesetz werde kaum angewandt, weil viele Frauen bedrängt werden, ihren Erbanteil den männlichen Familienmitgliedern zu überlassen. Makaam unterstützt gemeinsam mit Oxfam seit Jahren einen Gesetzentwurf, den der heute 92-jährige Agrarwissenschaftler Mankombu Sambasivan Swaminathan, der Vater der Grünen Revolution[1], bereits im Mai 2012 im Oberhaus einbrachte. Nach diesem Gesetz wären zum Beispiel Besitzurkunden außer Kraft gesetzt, in denen der Name der Ehefrau nicht auftaucht. Zuletzt haben am 20. November 2017 Bäuerinnen aus ganz Indien dafür vor dem Parlament demonstriert.

Doch auch ohne das Gesetz geht die Emanzipation weiter, mal mehr, mal weniger. Im Bundesstaat Maharashtra vermittelt die SSP seit drei Jahren zwischen Kommunen und Selbsthilfegruppen, um Frauen den Zugang zu Bildungsmaßnahmen und Finanzhilfen zu erleichtern. Naseem Shaikh, Projektleiterin bei SSP, sagt: »Die Arbeit der Frauen spricht für sich. Wenn das Geld zu fließen beginnt, bekommen sie Verhandlungsmacht. Bald haben sie auch ein Bankkonto und ein Stück Land, da müssen wir gar keinen Druck ausüben.«

Was die Zahl der Landbesitzerinnen angeht, hinkt Maharashtra den südlichen Bundesstaaten Telangana und Andhra Pradesh noch hinterher, aber die Situation ändert sich allmählich. Rekha Shinde, eine Bäuerin aus dem Dorf Hinglajwadi, erzählt: »Früher hat mich niemand ernst genommen. Wenn ich 10 Rupien haben wollte, musste ich fünf Tage betteln. Jetzt verdiene ich monatlich 10 000 Rupien. Und ich habe 40 Frauen geholfen, eigene Betriebe zu gründen.« Die Gemeinde hat sogar mitten im Dorf einen Versammlungsraum für die Selbsthilfegruppe gebaut.

Die Männer profitieren womöglich am meisten vom Aufbruch der Frauen. In den Haushalten, in denen die Frauen aktiv wurden, gibt es weniger verzweifelte Männer – und keine Selbstmorde mehr. Vishnu Kumbhar, ein 50-jähriger Bauer, gibt zu, dass er sich früher mit den Problemen alleingelassen fühlte. Seine Frau Kamal verdient heute monatlich umgerechnet 700 Euro, sie wurde als Kleinunternehmerin vom Staat ausgezeichnet. Seither ist sie eine regionale Berühmtheit: eine Frau, die als Tochter eines Tagelöhners in Armut aufwuchs. Auf 6 Hektar Land hat sie eine Versuchsfarm aufgebaut, jeden Morgen fährt sie mit dem Motorroller zur Arbeit.

Kamal, Mutter von zwei Kindern, gehen die Ideen nicht aus: Sie hat einen elektrischen Brutkasten und ein Algenbecken für die Ernährung ihrer Tiere angeschafft. Ihr jüngster Coup war der Import von 500 der als besonders nahrhaft geltenden Kadaknath-Hühnern. Während Kamal die Hühner füttert, sagt Vishnu lächelnd, den Blick auf seine Frau gerichtet: »Heute folge ich ihren Ratschlägen, mit meiner Unterstützung kann sie alles erreichen, was sie will.« ●

Aus dem Französischen von Ursel Schäfer

1 Die Grüne Revolution basierte auf dem staatlich subventionierten Anbau von Hochertragssorten von Reis und Weizen. Der Agrarwissenschaftler Swaminathan war in den 1970er und 1980er Landwirtschaftsminister und Generaldirektor des International Rice Research Institute. 1988 bekam er den Welternährungspreis und gründete mit dem Geld eine NGO für nachhaltige Landwirtschaft.

Erstmals erschienen in *Le Monde diplomatique* vom März 2018, leicht gekürzt.

Hühner, wollt ihr ewig legen?

Die Geschichte der Geflügelzucht – von den ersten Dschungelhühnern
bis zur Turbohenne in der Legebatterie

Von Manfred Kriener

Der Urahn, das wilde Bankivahuhn Südostasiens (Gallus gallus), ist von schlanker Schönheit und trägt die Farben des Rebhuhns. Das Federkleid wechselt von Kupferbraun bis Zimt, dazu gelb-orange Einsprengsel. Aus diesen Dschungelhühnern, die Samen, Beeren und Kleingetier fressen, ist unser Haushuhn entstanden.

Der Bankivahahn ist größer und schöner als die Henne, er hat einen roten Kamm und zwei ebenso rote Glöckchen unterhalb des Schnabels; er misst von der Schnabelspitze bis zum hinteren Schweifwirbel exakt 31 Pariser Zoll (64 Zentimeter), wie Wilhelm Wegener, vortragendes Mitglied der Wissenschaftlichen Gesellschaft Dresden im Jahr 1861 berichtet. Bankivahühner sind kleiner als Haushühner, die Hähne scharen einen Harem von vier, fünf Hühnerdamen um sich, die jeweils zwei bis drei Gelege mit maximal zehn Eiern ausbrüten. Das entspricht genau der Menge, die sie als Glucke unter ihrem Gefieder warmhalten können. Im ganzen Jahr legt das Bankivahuhn etwa 20 Eier. Nach fünf Jahrtausenden Domestikation und Züchtung sind daraus verhaltensgestörte Turbohennen geworden, die heute mehr als 300 Eier im Jahr legen – eine formidable Entwicklung.

Hühner gehören zu den ältesten Haustieren überhaupt. Gesichert sind ihre Spuren als Begleiter des Menschen schon in der bronzezeitlichen Indus-Kultur im dritten Jahrtausend vor Christus. Auch bei den Phöniziern, Chaldäern und Persern haben sie sich ihre Nester gebaut. Persische Gebete rühmen den »siegreichen Vogel«, der nachts die Schlafenden behütet und den Satan bekämpft: »Wer von diesen Vögeln ein Paar in Reinheit und Güte einem Manne gibt, der gibt ebenso viel, als ob er einen Palast schenkte.« Hühner liefern Fleisch, Eier, Federn – und göttliches Licht. Der Hahn ist der Bote des Lichts, sein morgendlicher Schrei verkündet den Sonnenaufgang und ruft die Menschen zu Arbeit und Gebet. So wird der Kräher zur verehrten Lichtgestalt, zum Symbol von Licht und Feuer, im Sonnenkult verehrt. Viele Perser sind verpflichtet, einen Hahn im Haus zu halten.

Die Griechen hingegen schätzen die Vögel eher als Kampfmaschinen. Hahnenkämpfe, bei denen die Kontrahenten messerscharfe Sporen tragen, sind so beliebt, dass sie von der Stadtverwaltung Athens organisiert werden. Auch in den asiatischen Kulturen ließ man die Tiere aufeinander los. Waren die Hahnenkämpfe, so fragte 1958 das Wissenschaftsmagazin *Science,* für die Verbreitung des Huhns am Ende wichtiger als Eier und Fleisch?

Bei den Römern wird im Hühnerstall wieder abgerüstet. Statt Hahnenkampf interessieren nun Zucht, Haltung, Fütterung. Die besten Hühner legen 60 Eier, bevor sie brüten, Hähne werden kastriert, um sie zu fetten Kapaunen zu mästen. Unterschiedliche Rassen tauchen auf, werden gekreuzt oder in Linie gezüchtet, und erstmals erwähnt der römische Chronist und Landwirtschaftsexperte Columella die Wirtschaftlichkeit der Hühnerhaltung – 2000 Jahre bevor der Effizienzterror in die industrielle Massentierhaltung mündet.

Nach der römischen Blüte verfällt die Kunst der Hühnerhaltung. Immerhin verfügt Karl der Große 800 Jahre später, dass auf seinen Landgütern mindestens 100 Hühner zu halten seien. Und das Ei ist als religiöses Symbol der Wiedergeburt und Auferstehung eine nicht nur an Ostern geschätzte Gabe Gottes. Unvergessen das Wohlstandsversprechen des guten Königs Henri Quatre zu Beginn des 17. Jahrhunderts, jeder Bauer solle am Sonntag sein Huhn im Topf haben.

Mit dem Beginn der Reformen in der Landwirtschaft – gegen Ende des 18. Jahrhunderts ein Lieblingsprojekt der Aufklärung – steht die Optimierung der Tierhaltung auf der Tagesordnung. Hühner spielen dabei aber keine tragende Rolle. Die Landwirtschaftsvereine des 19. Jahrhunderts lassen das Federvieh links liegen. Das Huhn wird zum missachteten Straßenkehrer der Bauernhöfe, mit ihm ist kein Geld zu verdienen. Oder doch? Im »Goldenen Buch des Landwirtes« wettert Autor Cäsar Rhan 1890 gegen das schlechte Image der Hühnerhaltung. Dem Nationalvermögen gingen durch Unterlassung der Geflügelzucht »Hunderte von Millionen verloren«. Anders als in deutschen Landen »holt Amerika aus dem Geflügel mehr heraus, als aus dem Weizenanbau, der Schweinehaltung, den Silberminen und der Baumwollzucht«. Doch den neu gegründeten Geflügelzuchtvereinen, in denen Frauen laut Versammlungsrecht von 1887 ausgeschlossen sind, gelingt kein Imagewandel. Immerhin wächst die Legeleistung von 50 Eiern im Jahr 1800 auf 80 vor dem Ersten Weltkrieg.

Im Deutschen Reich soll der Rassenwirrwarr im Hühnerstall beseitigt und die Inzucht eingedämmt werden. Die hatte teilweise zu doppelköpfigen und vierfüßigen Hühnern geführt. Am 1. Dezember 1927 leben im Reich 61 427 266 Legehennen – heute sind es in der Bundesrepublik rund 39 Millionen. Neue Fallnester ermöglichen internationale Wettbewerbe im Eierlegen. 1931 liegen die USA vorn, deren Tophühner bereits 198 Eier im Jahr aus sich herauspressen.

Zur selben Zeit kommt es in den USA zu einer Revolution, die alle Betriebsmodelle radikal über den Haufen wirft. Ein kleiner Irrtum

Anatomisches Modell einer Legehenne. ■ WAGNER SOUZA E SILVA | MUSEUM OF VETERINARY ANATOMY FMVZ [CC BY-SA 4.0]

sorgt 1923 für den großen Umsturz. Die Hausfrau Wilmer Celia Steele aus dem Küstenort Ocean View im US-Bundesstaat Delaware besitzt ein bescheidenes Hühnerhaus und braucht Nachschub; sie bestellt 50 Eintagsküken. Doch statt 50 werden ihr 500 geliefert. Steele will die sonnengelben Junghühner nicht zurückschicken und beschließt, alle 500 Tiere über den Winter in ihrem kohlebeheizten Hühnerhaus aufzuziehen. 387 Tiere überleben auf engstem Raum. Steele verkauft die schlachtreifen Hühner im Frühjahr für je 1,40 Dollar und macht ein gutes Geschäft. Schon im nächsten Jahr bestellt sie 1000 Küken, zwei Jahre später besitzt sie 10 000 Hühner. 1935 sind es 250 000, Steeles Aufstieg von der Hausfrau zur Hühnerbaronin begründet die erste geflügelte Massentierhaltung.

● ⋯⋯⋯⋯⋯⋯⋯⋯⋯⋯⋯⋯⋯⋯⋯⋯⋯⋯⋯⋯⋯⋯⋯⋯⋯⋯⋯

Das Schicksal aller Hühner liegt in den Händen der drei Konzerne Wesjohann-Lohmann, Hendrix Genetics und Natexis, die mit ihren Hybrid-Turbohennen den globalen Hühnerstall bestücken

⋯⋯⋯⋯⋯⋯⋯⋯⋯⋯⋯⋯⋯⋯⋯⋯⋯⋯⋯⋯⋯⋯⋯⋯⋯⋯⋯

Wenn Steel die Mutter der Massentierhaltung ist, dann heißt der Vater Thomas J. Hulpin. Er ist Professor an der Universität Wisconsin. Schon 1911 hat Hulpin weitgehend geräuschlos eine ganz andere Revolution eingeleitet: Er sperrt erstmals Legehennen in Käfige. So hat er sie besser unter Kontrolle, und die Tiere brauchen weniger Futter. 1924 werden Hulpins Käfige in der Ohio Agricultural Experimental Station übereinander gestapelt, die erste Käfigbatterie nimmt Gestalt an. Sie ist Tortur und neues Geschäftsmodell zugleich, sie quält die Kreatur und füllt das Portemonnaie. Schon in den 1930er Jahren kann sich die Batteriehaltung in den USA allmählich durchsetzen. Die Industrialisierung der Eierproduktion beginnt, das Huhn verlässt den Bauernhof.

Die ökonomischen Vorteile sind durchschlagend: Die Hühner bewegen sich kaum noch und fressen tatsächlich viel weniger. Auch der Parasitenbefall lässt sich besser beobachten, die Eier sind sauberer. Das System ist effizient, zumal das neu erfundene Fließband die Fütterung übernimmt. Das Kürzen der Schnäbel, der empfindlichen Tastwerkzeuge des Huhns, wird ebenfalls automatisiert. Mit abgetrennten Schnabelspitzen können sich die Tiere in der Enge nicht gegenseitig tothacken. Tierwohl und artgerechte Haltung sind unbekannt, für das »dumme Huhn« gibt's kein Pardon.

Dafür klopfen neue Spieler den Takt. Arthur Perdue gründet in den USA sein Eierimperium. A. W. Perdue & Son nimmt 1925 die erste Brüterei in Betrieb und erzielt bald Milliardenumsätze. 1935 startet der amerikanische Geschäftsmann John W. Tyson sein Unternehmen Tyson Foods. Tyson hat gehört, dass mit Hühnerfleisch gutes Geld zu verdienen ist. Die Firma steigt schnell zum weltweit größten Dealer auf. Heute produziert Tyson Foods Woche für Woche in 54 Stallkomplexen 42 Millionen Hähnchen. Tyson unterstützt die religiöse Rechte in den USA und fordert seine Kunden auf, von seiner Website Gebetsbücher runterzuladen und daraus vorzulesen. Am besten, wenn nach dem Mahl die Hähnchenkeulen abgenagt sind.

Erstaunlicherweise dauert es zwei Jahrzehnte bis Europa nachzieht. Noch 1957 sind, wie die Agrarexpertin Anita Idel 2004 in ihrer »Fallstudie Huhn« schreibt, nur 2 Prozent des gesamten deutschen Hühnerbestands in gewerblicher Hand. Großbritannien und

Dänemark werden zu europäischen Vorreitern der neuen Hühnerhaltung. Nach Gründung der Europäischen Wirtschaftsgemeinschaft 1957 ist viel von Grüner Revolution die Rede, von Technik, Chemie und der Modernisierung von Ackerbau und Viehzucht. Im selben Jahr eröffnet Friedrich Jahn in München sein erstes Wienerwald-Restaurant, Grundstein einer Backhendlkette nach dem Vorbild von Kentucky Fried Chicken.

Jetzt geht es rasend schnell: 1972 sind bereit 80 Prozent der Hennen agrarindustriell eingestallt. Die Ställe sind fensterlos, von der Öffentlichkeit abgeschottet. Ihre Insassen erleben weder Jahreszeit noch Tageslicht. Die Lampen brennen 18 Stunden und simulieren bei Dämmerlicht ewigen Sommer, damit die Legeleistung bei kürzer werdenden Tagen nicht zurückgeht. Die Käfige sind aus Draht: 40 Zentimeter breit, 45 Zentimeter tief. Mit vier Hennen besetzt, bieten sie jedem Tier 450 Quadratzentimeter Platz. Ein DIN-A4 Blatt misst 623 Quadratzentimeter. Der Kot der Hühner fällt durch den leicht schrägen Gitterrost auf Transportbänder. Durch die Schräge rollen die Eier ab und bleiben sauber. So bekommt der Verbraucher ein untadeliges Produkt, während das »schweinische« Bauernhuhn, so die damalige Flüsterpropaganda, »Jauche säuft und ekelhafte Würmer frisst«.

In den modernen Hühnerfarmen werden Futter und Wasser automatisch in die Käfige befördert, eine einzige Aufsichtsperson kann bis zu 50 000 Legehennen betreuen. Mit dem Hochstapeln der Käfige können mehr als 100 Hennen je Quadratmeter gehalten werden. Die Produktivität galoppiert, das Batteriehuhn braucht nur noch 170 Gramm Futter pro Ei. Doch in den neuen Ställen häufen sich Gesundheits- und Verhaltensstörungen. Gefieder, Knochen- und Krallenschäden gehören zum normalen Erscheinungsbild des Käfighuhns, ebenso sein panischer Blick. »Reizarmut« diagnostizieren die Tierschützer, dazu ständiges Federpicken und »Kannibalismus« unten den eingepferchten Tieren.

Die Beklommenheit wächst, prominente Tier- und Naturschützer protestieren gegen eine als barbarisch empfundene Haltungsform. An ihrer Spitze steht der Fernsehstar und Frankfurter Zoodirektor Bernhard Grzimek, der bekannteste Zoologe der Bundesrepublik. Er wettert im November 1973 in seinem legendären ARD-Magazin »Ein Platz für Tiere« mit knarrendem Timbre, den Schimpansen Chita auf der Schulter, gegen die »grausame Tierquälerei« und »niederträchtige KZ-Käfighaltung«. Obwohl sich jeder Vergleich mit den Mord- und Schreckenslagern der Nazis verbietet, gehört dieser Begriff fortan zum festen Inventar der Auseinandersetzung.

Der umstrittene Wiener Verhaltensforscher und Nobelpreisträger Konrad Lorenz nennt die Batterien eine »Kulturschande«. Hühner würden genötigt, mitten im Gedränge Eier zu legen, ihre Hemmung sei »ebenso groß wie die von Kulturmenschen in einer analogen Situation zu defäkieren«. Und der geniale Naturfilmer und Journalist Horst Stern grummelt: »Wer zum ersten Mal im Leben diese Tiermaschinerie sieht, der möchte nach der Polizei rufen.« Doch die rückt allenfalls aus, um die Monsterställe gegen militante Tierschützer zu schützen. Die Eigentümer der Hühnerfabriken kommen aus illustren Branchen. Der *Spiegel* bringt am Jahresende 1973 ein wenig Licht ins Dunkel: »Der westfälische Strumpfwirker ›Nur die‹ baut Silos für mehr als 500 000 Hühner, Bertelsmann-Junior Johannes Mohn für rund 970 000 Hühner, die Brüder Schockemöhle lassen gar Quartiere für über 2 Millionen Hennen errichten.«

Die Politik gerät unter Druck. Im Juli 1974 veröffentlicht Landwirtschaftsminister Josef Ertl (FDP) ein Gutachten zur Nutzgeflügelhaltung. Zu den Gutachtern gehört natürlich auch der Präsident des Zentralverbands der Geflügelwirtschaft, Professor Hans Schlüter. Erheiternder Tenor der Expertise: »Der als nachteilig empfundenen Bewegungseinschränkung der Tiere (in dem Käfigen) stehen zweifelsohne auch eine Reihe von Vorteilen gegenüber: ganzjähriger Schutz der Tiere vor den Unbilden der Witterung und vor natürlichen Feinden.« Die Batterie als schützendes trautes Heim? Die drei Verhaltensforscher Glarita Martin, Paul Leyhausen und Jürgen Nicolai weigern sich, das tendenziöse Gutachten zu unterschreiben und legen eine eigene Expertise vor. Fazit: »Die derzeit üblichen Praktiken der Käfighaltung erfüllen den Tatbestand der Tierquälerei in hohem Ausmaß.«

Wie elend die gern als »legefroh« bezeichneten Käfighühner tatsächlich dran sind, ist 1976 in Bern zu erleben. Aus Protest gegen niedrige Eierpreise setzen einige Käfighalter 1000 Hühner auf den Bundesplatz der Schweizer Hauptstadt aus. Die Tiere sind weder an Bewegung noch an Sonne und Freiheit gewöhnt. 400 krepieren vor Schreck auf der Stelle, 400 weitere beim Abtransport.

Die Politik zieht den Kopf ein und erkennt 1978 erneuten Forschungsbedarf. Eine groß angelegte Vergleichsstudie der Bundesforschungsanstalt für Landwirtschaft – das bis heute aufwendigste Projekt zur Hühnerhaltung – soll endlich Klarheit bringen. 2304 Legehennen werden am Celler Institut für Kleintierzucht in wissenschaftlicher Mission eingestallt. Freiland-, Boden- und Käfighaltung im direkten Vergleich. Drei Jahre später kommen die Forscher mit ihrem Gutachten, der 700 Seiten dicken »Celler Hühnerbibel« nieder. Das vorgelegte Ergebnis ist wenig überraschend: Mit dem Käfig ist am meisten Geld zu verdienen, aber er verringert »das Komfortverhalten«, führt zu »Frustrationserscheinungen« und zu »sozialen Auseinandersetzungen« unter den Insassen. Mit der Gesamtbewertung wird der Schweizer Ethologe Beat Tschanz beauftragt. Er erkennt beim Käfighuhn »relevantes Leid« und resümiert: »Es bedarf keiner weiteren Erhebung, um das Verbot dieses Haltungssystems zu begründen.« Der Knockout für die Legebatterie?

Kurz darauf greift endlich die Justiz ein. Das Landgericht Darmstadt stellt im Oktober 1983 fest, dass Legebatterien dem Huhn »anhaltende und sich wiederholende erhebliche Leiden zufügen« und gegen das Tierschutzgesetz verstoßen. Zuvor hat schon das Oberlandesgericht Düsseldorf ein Herz für Hühner gezeigt: Die Tiere würden »auf Lebensdauer nicht nur am Scharren, Laufen, Fliegen und Flattern gehindert, sondern auch an so einfachen Lebensbetätigungen wie Flügelstrecken und Fortbewegen«. Doch die Eierlobby marschiert durch die Instanzen, sie erreicht in einer juristischen Dauerfehde immer wieder Zeitverzögerungen und hat stets das Bonner Landwirtschaftsministerium auf seiner Seite.

Auch in der Reproduktion triumphieren längst Technik und Machbarkeit. Inzwischen ist aus dem beschaulichen Hühnervolk Big Business geworden. Legehennen werden in riesigen Brutkammern »hergestellt«, wie Zeit-Autor Dieter E. Zimmer 1983 schreibt. Nach dem Ausschlüpfen werden die Tiere »gesext« – also nach Geschlecht sortiert. Die unnützen Hahnenküken werden mit Kohlendioxid vergast, heute werden sie teilweise auch im Schredder vermust, 45 Millionen Geschöpfe im Jahr allein in Deutschland.

Langsam begreift selbst der ahnungsloseste Verbraucher das Ausmaß des Horrors. Im Januar 1990 votieren in einer Allensbach-Umfrage 85 Prozent für ein sofortiges Verbot der Legebatterien. Im März 1998 zeigen sich bei Infas 37 Prozent der Befragten »häufig« und 38 Prozent »manchmal bedrückt«, wenn sie an die Käfighühner

denken. Die Industrie selbst tut alles, um den Schrecken zu verstärken. Die Skandale häufen sich. Jahrelang verarbeiten deutsche Nudelhersteller Flüssigei-Pampe, die mit Kükenembryos und Hühnerkot verunreinigt ist, dazu gibt es immer wieder Dioxinspuren im Ei, Salmonellen, Rückstände von Pestiziden, Antibiotika, Antiparasitika und anderen Arzneimitteln. Vor allem der berüchtigte Hühnerbaron Anton Pohlmann sorgt mit seinen 28 Großfarmen regelmäßig für Proteststürme in den Medien. Er lässt Hühnergülle ins Trinkwasserschutzgebiet kippen, zieht Schwarzbauten hoch, fälscht Frischedaten. Oder er vergiftet Hühner und Angestellte mit Nikotinbrühe – am Ende nimmt nicht mal mehr Aldi von ihm noch ein Ei.

Der Befreiungsschlag kommt am 6. Juli 1999. »Es ist der Tag«, kommentiert das Slow Food-Magazin, »an dem das Haushuhn mit kräftigen Flügelschlägen die Gitterstäbe seines Käfigs verbog, aus seinem Gefängnis herausflatterte und dem deutschen Eieradel ins Gesicht hackte.« In Karlsruhe verkündet das Bundesverfassungsgericht sein Urteil zur modernen Hühnerfabrik und weist der chronisch unwilligen Politik den Weg: Die Legebatterie ist rechtswidrig. Sie verstößt gegen das Tierschutzgesetz. Einem Tier darf ohne vernünftigen Grund kein Leid zugefügt werden. Wirtschaftliche Überlegungen aber, so die Richter, sind kein vernünftiger Grund.

Zwei Jahre später, im April 2001, legt die grüne Verbraucherschutzministerin Renate Künast erstmals eine Hennenhaltungsverordnung vor, die den Tieren einen halbwegs artgerechten Lebensraum zubilligt. Zuvor hat die EU die Richtlinie 1999/74/EG über »Mindestanforderungen zum Schutz von Legehennen« erlassen. Danach ist die alte Käfighaltung – bei langen Übergangsfristen – europaweit ab 2012 endgültig verboten. Nach den neuen Vorschriften hat die Legehenne etwa 800 Quadratzentimeter Platz, und sie lebt in WG-ähnlicher Kleingruppenstruktur inklusive abgedunkeltem Nest, Sitzstange und Einstreu. Griechenland und Italien wollen das 1999 verfügte Käfigverbot partout nicht umsetzen und werden deshalb von der EU-Kommission am 25. April 2013 vor dem Europäischen Gerichtshof verklagt.

Weit mehr Hühner leben allerdings in der Boden- und der Freilandhaltung. Aber ob im Käfig oder befreit: Ihr aller Schicksal liegt heute in den Händen der drei Konzerne Wesjohann-Lohmann, Hendrix Genetics und Natexis, die mit ihren Hybrid-Turbohennen den globalen Hühnerstall bestücken. Die aktuelle Diskussion konzentriert sich heute weitgehend auf Schreddern und Gastod der aussortierten männlichen Küken. Das Zweinutzungshuhn ist gefragt, also eine Zuchtlinie, deren Hennen und Hähne beide genutzt werden können: zum Eierlegen die Hennen, zur Fleischproduktion die Hähne. Doch in Deutschland gibt es selbst unter den Biobetrieben nur wenige Höfe, die bereit sind, die unerwünschten Brüder der Hennen aufzuziehen. Die Politik setzt auf Technik. Forschungsgruppen der TU Dresden und der Universität Leipzig ist der technologische Durchbruch bei der Geschlechterbestimmung von Hühnereiern gelungen. Mit Hilfe der Spektroskopie können sie nach der Befruchtung feststellen, ob im Ei Hahn oder Henne heranwächst. Doch das Verfahren ist aufwendig und teuer. Das Schreddern und die Diskussionen gehen weiter.

●

Fischräuber

Die dramatische Jagd auf illegale Fabrikschiffe vor den Küsten Afrikas

Von Kyle G. Brown

Gaborone, die Hauptstadt Botswanas: Per Erik Bergh sitzt in seinem Büro vor dem Computer und verfolgt über marine-traffic.com den Schiffsverkehr vor der Küste Ostafrikas. Kleine Dreiecke auf dem Bildschirm zeigen die Positionen Dutzender winziger Fischerboote. Eines davon sticht Bergh ins Auge. Der Norweger kämpft seit mehr als 20 Jahren gegen den illegalen Fischfang vor den Küsten Afrikas. Dabei versucht er auch, Druck auf lokale Behörden auszuüben. Doch die sind oft schlecht ausgerüstet oder wollen sich nicht mit den Verbrechern anlegen, die Jahr für Jahr mit ihren Schleppnetzen illegal tausende Tonnen Fisch fangen.

Bergh und sein zehnköpfiges Team arbeiten für die NGO Stop Illegal Fishing. Sie haben einen Tipp von einem der EU-Beobachtungsschiffe bekommen, die im westlichen Indischen Ozean operieren. Jetzt versuchen sie, mit Satellitenaufnahmen, Radarbildern und Fotos Informationen über einen Trawler namens »Greko 1« zu gewinnen. Der hat einen griechischen Besitzer, fährt aber unter ständig wechselnder Flagge.

Die ersten Aufnahmen des 28 Meter langen Trawlers hatte Bergh im Oktober 2016 von Überwachungsflugzeugen erhalten. Sie zeigten »Greko 1« beim Fischen in somalischen Gewässern, was eigentlich nur einheimische Fischer dürfen. Sofort hatte er die FISH-i Task Force informiert, die in acht Staaten Ostafrikas – von Somalia bis Mosambik – arbeitet. Viele Länder Afrikas versuchen, gemeinsam mit NGOs die Meeresfauna zu schützen, doch ihre Mittel sind begrenzt. Die Initiative Stop Illegal Fishing betreibt Nachforschungen und stellt ihre Daten zur Verfügung. Größere Organisationen wie Greenpeace und Sea Shepherd patrouillieren mit eigenen Booten, die auch die einheimische Fischereipolizei, die oft keine Boote besitzt, nutzen kann, um illegal fischende Trawler zu verfolgen.

Die »Greko 1« befand sich noch in der Nähe des Hafens von Mogadischu, als Berghs Alarmmeldung per Mail bei Said Jama Mohamed einging. Der stellvertretende Fischereiminister kannte den griechischen Trawler, der schon öfter in somalischen Gewässern gesichtet worden war. Jetzt musste es schnell gehen, bevor die Crew ihre illegale Fracht mit gefälschten Dokumenten absetzen konnte.

Da seine Patrouillenboote nicht genügend Sprit hatten, forderte der Vizeminister Schnellboote der Polizei an. Die Durchsuchung bestätigte den Verdacht: mehr als 30 Tonnen Fisch, außerdem gefälschte Dokumente. Nachdem Mohamed die Papiere im Oktober 2016 in seinem Büro überprüft hatte, erhob er Anklage gegen den Kapitän. Doch am nächsten Morgen war die »Greko 1« verschwunden. Daraufhin wurden alle Schiffe der an FISH-i beteiligten Staaten aufgefordert, jedes aus Richtung Somalia kommende Schiff zu stoppen. Vergeblich: Wieder war ein Fischtrawler entwischt, weil die wenigen somalischen Patrouillenboote nicht genug Sprit haben, um die 3000 Kilometer lange Küste des Landes – die längste Afrikas – zu überwachen.

Mit ihrem Fischreichtum und der unzureichenden Überwachung sind Afrikas Küstengewässer für die Hochleistungstrawler aus Ostasien, Russland und Europa ein lohnendes Ziel. Weil die Fabrikschiffe ihre eigenen Fischereizonen fast leergefischt haben, grasen sie die Weltmeere ab.

Schon in Ostafrika haben die Fischereibehörden größte Mühe, hunderte ausländischer Trawler im Auge zu behalten. An der Westküste des Kontinents hat das Problem noch ganz andere Dimensionen angenommen. Die Experten der unabhängigen Organisation FishSpektrum gehen davon aus, dass allein China zwischen der Straße von Gibraltar und Kapstadt etwa 600 Trawler im Einsatz hat. Auch europäische, russische und türkische Schiffe sind vor den Küsten Westafrikas unterwegs. Vor Mauretanien sind so viele Trawler auf See, dass sie am nächtlichen Horizont eine regelrechte Lichterkette bilden. »Du glaubst, du bist in einer Großstadt«, sagt Dodou Sene, der im Fischerort St. Louis im äußersten Norden von Senegal lebt.

Dodou Sene fischt seit 35 Jahren an der Grenze zu Mauretanien. In dieser Zeit haben die illegalen Aktivitäten ständig zugenommen. Senegal hat eine lange Fischereitradition, deren Basis etwa 20 000 hölzerne Pirogen sind. Diese kanuartigen Einbäume sind die Existenzgrundlage vieler Familien in den Küstenregionen und für die Wirtschaft des ganzen Landes wichtig. Früher hat Sene seine 14 Meter lange Piroge mehrmals in der Woche ins Meer geschoben – bis zum 16. Januar 2017, dem Tag, an dem alles anders wurde. Heute ist der 50-Jährige ans Bett gefesselt. Sene hat immer noch muskulöse Arme und trägt die klassische Strickmütze. Regungslos starrt er vor sich hin, als er seinen letzten Tag auf See schildert.

Noch vor Sonnenaufgang war er aufgebrochen, zusammen mit seinem ältesten Sohn, der als einziges seiner sieben Kinder Fischer werden wollte. Youssoupha hatte sich seit Langem auf den Tag gefreut, an dem er seinem Vater sagen würde, er könne sich zur Ruhe setzen, weil der Sohn jetzt für die Familie sorgen werde. In Senegal hat es Tradition, dass die jungen Männer das Boot der Familie übernehmen. Senes Sohn hat sich vom harten Leben auf See nicht abschrecken lassen. Auf der Jagd nach immer weniger Fischen müssen sie immer weiter hinausfahren. »Als ich anfing, waren es 30 bis 40 Kilometer; heute müssen wir 130 Kilometer hinausfahren, weil der Fisch immer schwerer aufzuspüren ist.«

An jenem Januarmorgen fischten Sene, sein Sohn und die dreiköpfige Mannschaft nur acht Seemeilen vor der Küste. Nach den Morgengebeten begannen sie ihre Langleinen auszulegen. Plötzlich entdeckte Youssoupha ein Schiff, das von hinten auf sie zuraste. Mit einem Schrei warnte er seinen Vater, der den Motor auf Vollgas drehte, um dem Schiff auszuweichen. Zu spät. Das große Fabrikschiff bohrte sich in die Piroge, die auseinanderbrach.

»Als Nächstes spürte ich, dass ich unter Wasser war«, erzählt Sene. »Ich tauchte erst wieder auf, als das Schiff schon weg war.« Sene und die anderen hatten keine Schwimmwesten angelegt und mussten sich an den herumschwimmenden Styroporboxen festklammern, in denen sie ihren Fang transportierten. Da merkte Sene, dass er den linken Arm nicht bewegen konnte. Er hielt sich mit dem rechten Arm an der Box fest und rief nach seinem Sohn. Keine Antwort. Youssouphas Leiche wurde nie gefunden.

Aber der Albtraum war noch nicht vorbei. Als Sene im Krankenhaus aus der Narkose erwachte, sah er, dass sein linker Arm amputiert war. Auch sein linker Fuß war aufgerissen. Sene hofft zwar, irgendwann wieder gehen zu können, aber er wird nie wieder fischen können. Seitdem ist seine große Familie noch tiefer in die Armut gestürzt.

Der Fischtrawler »Greko 1« im Hafen von Mogadischu, Somalia, Oktober 2016.
PER ERIK BERGH

Ein Strand wenige Kilometer weiter. Fischer steigen aus ihren Pirogen und schleppen auf ihren Schultern große Kisten Fisch an Land. Mustafa Dieng, der Vorsitzende der Fischergewerkschaft, erklärt uns, dass die Fabrikschiffe, die ihren Fang gleich an Bord verarbeiten, oft viel zu nah an der Küste fahren. Deshalb komme es zu tödlichen Zusammenstößen, die manchmal auch mit schlechtem Wetter und fehlenden Schwimmwesten zu tun hätten. »Wir bekommen immer wieder Berichte über Zusammenstöße«, sagt der Gewerkschafter. »Und wir haben den Eindruck, dass die Fabrikschiffe nachts auf Autopilot umstellen. Dann ist niemand mehr auf der Brücke. Wenn eine Piroge auftaucht, sehen sie das nicht und krachen einfach rein, ohne zu bremsen.« Solche Kollisionen sind auch

●

Die EU, der weltweit größte Markt für Fisch und Meeresfrüchte, importiert Schätzungen zufolge jährlich illegal gefangenen Fisch im Wert von mindestens einer Milliarde Euro

die Folge der verzweifelten Konkurrenz auf der Jagd nach begrenzten Fischbeständen.

Einige internationale Fischereikonzerne haben mit afrikanischen Regierungen undurchsichtige Vereinbarungen getroffen. Auch die EU hat mit mehreren Staaten Afrikas Verträge abgeschlossen, die den EU-Trawlern Zugang zu den Fischbeständen verschaffen. Die Summen liegen zwischen 1,8 Millionen Euro pro Jahr für Senegal und 60 Millionen für Mauretanien, das über reichere Fischgründe verfügt.[1] Den Fischern hilft dieses Geld nicht, zumal ein Großteil davon für Überwachung und Kontrolle vorgesehen ist.

»Der industrielle Fischfang ist für den Senegal eine Katastrophe«, sagt Abdou Karim Sall, Vorsitzender der senegalesischen Fischervereinigung und zuständig für die Meeresschutzgebiete. »Die Ausländer fischen in verbotenen Zonen und die Mengen, die sie deklarieren, sind falsch: Sie melden 50 000 Tonnen, aber tatsächlich sind es fast 100 000 Tonnen. Und sie fischen nicht nur zu viel, sie arbeiten auch mit Fangtechniken, die das natürliche Habitat zerstören.«

Da die senegalesischen Fischer in Küstennähe kaum noch Beute finden, wagen sie sich oft in mauretanische Gewässer. Früher durften sie das, doch 2015 ist das bilaterale Abkommen ausgelaufen. Seitdem verfolgt das Nachbarland eine harte Linie. Die mauretanische Küstenwache hat in den letzten Jahren mehrere senegalesische Fischer erschossen. Zuletzt traf es im Januar 2018 einen 19-Jährigen aus St. Louis. Sein Tod führte zu wütenden Protesten. Zwei Wochen danach fuhr Senegals Präsident Macky Sall nach Nouakchott und versprach dem mauretanischen Staatsoberhaupt Mohamed Ould Abdel Aziz, eine neue Vereinbarung zu unterzeichnen.

Präsident Sall verdankte seinen Wahlsieg im März 2012 unter anderem dem Versprechen, den Fischereisektor, der 600 000 Leute beschäftigt, zu reformieren und die Kontrolle über ausländische Fabrikschiffe zu verbessern. In einer Wahlkampfrede hatte er erklärt: »Ich bin entschlossen, die von uns ausgestellten Fischereilizenzen zu überprüfen und die Piratenschiffe zu bekämpfen, die unsere Fischbestände plündern.« Seitdem hat die senegalesische Regierung strengere Gesetze verabschiedet, dubiosen Betreibern die Lizenz entzogen und ein neues Kontrollsystem für die Fangmengen einge-

führt. Außerdem hat das Amt für Fischereischutz seine Flotte aufgestockt und härtere Strafen eingeführt, was eine Expertenstudie ausdrücklich lobt.[2] An der Studie mitgearbeitet hat Dyhia Belhabib, die das Sea-Around-Us-Projekt der kanadischen University of British Columbia berät. Belhabib und ihre Kollegen aus Mauretanien, Senegal, Guinea, Gambia, Guinea-Bissau und Sierra Leone haben vorgerechnet, dass den sechs Ländern durch illegalen Fischfang jedes Jahr gut 2 Milliarden Euro entgehen, was 65 Prozent der offiziell gemeldeten Fangmenge entspricht. Der illegale Fang gefährdet die Ernährungssicherheit einer Region, in der sich die Bevölkerung laut UN-Prognose bis 2050 mehr als verdoppeln wird.

Die Zusammenarbeit der westafrikanischen Länder lässt dennoch zu wünschen übrig. Das zeigte sich letztes Jahr bei einer Patrouille der senegalesischen Marine. Am 25. Februar 2017 orteten die Senegalesen das 94 Meter lange Fabrikschiff »Gotland«, das illegal in ihren Gewässern fischte. Als das Überwachungsteam den Kapitän der »Gotland« anfunkte, ergriff der die Flucht. Das löste eine vierstündige Verfolgungsjagd aus, die in mauretanischen Gewässern endete. Als die Senegalesen merkten, dass aus Mauretanien keine Unterstützung kam, riefen sie das Patrouillenboot zurück.

»Man kann die eigene Küste überwachen, aber wenn die des Nachbarlands nicht überwacht wird, können illegale Fangschiffe jederzeit flüchten und später wieder zurückkommen. Wir können es uns nicht leisten, unsere Patrouillenboote rund um die Uhr herumfahren zu lassen.« Die »Gotland« ist nur eines von vielen Schiffen, die sich in den Gewässern Afrikas herumtreiben. Statt eigene Flotten von Fabrikschiffen aufzubauen, verkaufen die meisten afrikanischen Küstenstaaten Lizenzen an ausländische Trawler, die sich am Ende den Löwenanteil des maritimen Reichtums sichern. Nach Schätzung der Welternährungsorganisation (FAO) nehmen die Länder Afrikas mit dem Verkauf von Fischereirechten im Jahr 400 Millionen Dollar ein. Wenn sie stattdessen in ihren eigenen Fischereisektor investieren würden, könnten es 3,3 Milliarden Dollar sein.[3]

Bei der Überwachung ihrer Gewässer arbeiten einige Regierungen inzwischen mit Umweltorganisationen zusammen. Im Februar 2017 entsandte Greenpeace sein Forschungsschiff »Esperanza« auf eine zweimonatige Mission nach Senegal, Guinea, Guinea-Bissau und Sierra Leone. Das 72 Meter lange Schiff verfügt über einen Hubschrauberlandeplatz und hat auch Schnellboote an Bord. Zum Aufspüren verdächtiger Schiffe nutzen Greenpeace-Aktivisten Daten, die sie von der Küstenwache, aus Schiffsradar-Informationen und von Greenpeace-Teams an Land erhalten. Das Greenpeace-Schiff fuhr vor jedem Land sieben Tage Patrouille – und konnte dabei in Zusammenarbeit mit den lokalen Behörden mehr Trawler stoppen, als es die einzelnen Länder manchmal in einem ganzen Jahr schaffen. Über die Hälfte der illegal operierenden Schiffe waren aus China, die übrigen aus Südkorea, EU-Ländern und von den Komoren.

Da die Fischereipiraten wissen, dass Entwicklungsländer und NGOs ihre Schiffe mithilfe von Satellitentechnik aufspüren können, manipulieren sie ihre Signale. Pavel Klinckhamers ist auf der »Esperanza« für die Überwachung zuständig. Der 46-jährige Meeresökologe studiert 16 Stunden am Tag Seekarten, digitale Dateien und Radarbilder. Zwischendurch geht er an Deck, um die am Horizont auftauchenden Schiffe zu taxieren. »Von hier aus kannst du sehen, dass viele Schiffe unterwegs sind, die nicht auf dem Bildschirm auftauchen«, stellt er fest und setzt sein Fernglas an. »Die senden keine Signale, die verstecken sich.«

Die Weltnaturschutzunion (IUCN) hat 2017 die Bestände von 1288 Knochenfischarten in den Gewässern zwischen Mauretanien und Angola ermittelt. Ihr Befund: 51 Arten sind aktuell oder potenziell vom Aussterben bedroht. Viele davon sind wichtig für die Ernährung der Küstenregionen.[4] Die Fischräuber nehmen darauf keine Rücksicht. Im März 2017 entdeckte die »Esperanza« hunderte toter Fische, die von Trawlern entsorgt worden waren. Sie haben es nur auf marktgängige Fischarten abgesehen.

Wenig später treffen zwei kleine Pirogen mit einheimischen Fischern ein, die ins Wasser springen, um meterlange Adlerfische in ihre Boote zu hieven. Jedes Exemplar dieser fleischigen Fischart kann eine sieben- oder achtköpfige Familie satt machen. Abdou Karim Sall berichtet von ähnlichen Erlebnissen. »Wenn die Schiffe auf Oktopus aus sind, schmeißen sie alles, was nicht Oktopus ist, wieder ins Meer zurück. Tot.« Weltweit werden so jährlich mehr als 10 Millionen Tonnen Fisch weggeworfen, schätzt die Organisation The Sea Around Us. Die kanadischen Forscher haben ermittelt, dass zwischen 2007 und 2017 fast 10 Prozent der weltweiten Fangmengen verloren gingen.[5]

Während die »Esperanza« nach Süden fährt, kommen zwei Schiffe in Sicht, die Seite an Seite liegen. Die Greenpeace-Aktivisten steigen zusammen mit den Offiziellen aus Guinea-Bissau in ihr Schnellboot. Auf frischer Tat erwischen sie einen Trawler, der seine Ladung an ein zweites Schiff übergibt. Mit versteinerter Miene steht der russische Kapitän auf seiner Brücke, als ihm ein Beamter erklärt, dass man ihn anklagen und sein Schiff in den Hafen geleitet werde. Für die lokalen Behörden, die meist nicht die Mittel haben, um Schiffe weit draußen auf hoher See zu verfolgen, ist das ein kleiner Erfolg.

Das Umladen ist eine effektive Methode, um die Ware schnell auf den Markt zu bringen. Auf hoher See, also außerhalb der Reichweite lokaler Kontrolleure, mischen die Unternehmen den illegalen Fang mit genehmigten Mengen. So können sie die Märkte mit Fisch dubiosen Ursprungs beliefern. Die EU, der weltweit größte Markt für Fisch und Meeresfrüchte, importiert Schätzungen zufolge jährlich illegal gefangenen Fisch im Wert von mindestens 1 Milliarde Euro.

In nur wenigen Tagen haben Greenpeace und die einheimischen Inspektoren mehrere illegal operierende Schiffe aufgebracht. Einige von ihnen – wie die »Gotland« und die »Saly Reefer« – sind offenbar für europäische Unternehmen tätig, andere fahren unter der Billigflagge der Komoren, denen die EU bereits Handelssanktionen angedroht hat. Nach internationalem Seerecht können die Eigentümer ihre Schiffe unter jeder Flagge der Welt fahren lassen. Zahlreiche kleine Länder stellen nicht viele Fragen und sind auch technisch nicht in der Lage, die Aktivitäten der Schiffe zu überwachen. Die »Gotland« ist auf die in Belgien ansässige Firma Inok N.V. eingetragen. Doch die Frau, die wir dort ans Telefon bekommen, leitet unseren Anruf an ein Büro in Russland weiter. Dort empfiehlt man uns, im Karibikstaat Saint Vincent nachzufragen.

Die »Saly Reefer« und andere illegale Fangschiffe sind offenbar in Spanien registriert. Das spanische Fischereiministerium bestreitet jedoch, dass die Schiffe spanische Besitzer haben. Die Regierung in Madrid hatte jahrzehntelang nichts gegen die illegale Fischerei unternommen. Neuerdings geht sie aber entschiedener gegen berüchtigte Sünder vor. Allerdings scheiterte die exemplarische Strafverfolgung in einem spektakulären Fall, als der oberste Gerichtshof im Dezember 2016 befand, dass die spanische Justiz für Delikte in internationalen Gewässern nicht zuständig sei.

Zurück nach Somalia und zur »Greko 1«. Der stellvertretende Fischereiminister Said Jama Mohamed hat endlich die lang ersehnte Chance: Aus Kenia kommt die Meldung, dass die »Greko 1« auf den Hafen von Mombasa zuläuft. Binnen weniger Stunden fliegt er mit seinem Team nach Mombasa. Dort wird die »Greko 1« von der kenianischen Polizei, der Küstenwache und Hafenbehörde sowie von somalischen Beamten erwartet. Der Empfang muss beim indischen Kapitän und seiner vorwiegend indonesischen Mannschaft höchste Besorgnis auslösen.

Die Inspektoren stellen fest, dass die Laderäume randvoll mit Fisch sind. Die somalische Hochseebehörde erhebt Anklage wegen Fischens ohne Lizenz, wegen Fischens innerhalb der 24 Seemeilen breiten Küstenzone, die somalischen Fischern vorbehalten ist, und wegen des Besitzes gefälschter Dokumente. Das Ganze endet mit einem Vergleich und der Zahlung von 65 000 Dollar. Der Fang an Bord war indes 300 000 Dollar wert.

Dass die illegalen Fischereischiffe so glimpflich davonkommen, damit könnte es zumindest in Europa bald vorbei sein. Die EU hat im Dezember 2017 eine neue Verordnung verabschiedet, wonach die Union Fischräuber, die außerhalb ihrer Gewässer operieren, strenger beaufsichtigen und ihnen die Lizenz entziehen kann. Nach dieser Verordnung, die 2018 in Kraft trat, bekommt jedes Schiff eine Identifikationsnummer, die in die nationalen Schiffsregister eingetragen wird. Die EU-Länder können dann Schiffe, die wegen illegaler Fischerei bestraft wurden, während sie unter einer anderen Flagge fahren, aus dem Verkehr ziehen.

Inzwischen macht auch China Anstalten, seine Flotte stärker zu kontrollieren. Im Februar 2018 kündigte das Landwirtschaftsministerium an, man werde die Vergehen chinesischer Trawler untersuchen. Auch wolle man illegale Fischerei härter bestrafen. Oft werden allerdings außergerichtliche Vergleiche ausgehandelt, weil nicht nur die Eigentümer, sondern auch die diplomatischen Vertretungen der Länder ein Interesse daran haben, dass am Ende kein Verstoß in den Akten steht.

Solange die globale Nachfrage nach Fisch weiter steigt, und die Länder mit dem höchsten Verbrauch den industriellen Fischfang subventionieren, solange wird sich am Grundproblem nichts ändern. Der Fischkonsum in Europa und Asien hat sich auf durchschnittlich 22 Kilogramm pro Kopf und Jahr erhöht. In einigen Subsahara-Ländern sinkt er dagegen schon seit Jahren – dort essen die Menschen im Schnitt weniger als 10 Kilo Fisch im Jahr.[6] Das hat für die Versorgung der Bevölkerung mit Proteinen weitreichende Folgen.

Aus dem Englischen von Niels Kadritzke

1 Siehe »Bilateral agreements with countries outside the EU«, EU-Kommission, Brüssel, ec.europa.eu/fisheries/cfp/international/agreements_en.

2 Die Studie »Assessing the Effectiveness of Monitoring Control and Surveillance of Illegal Fishing: The Case of West Africa« erschien im März 2017 in *Frontier in Maritime Sciences*, frontiersin.org/articles/10 3389/fmars.2017.00 050/full.

3 Siehe Gertjan de Graaf und Luca Garibaldi, »The Value of African Fisheries«, FAO Fisheries and Aquaculture Circular, Nr. 1093.

4 Siehe IUCN-Bericht »Overfishing threatens food security of Africas western and central coast as many fish species face extinction«, 19. Januar 2017, iucn.org.

5 »Ten million tonnes of fish wasted every year despite declining fish stocks«, Sea Around Us, 26. Juni 2017, seaaroundus.org.

6 Siehe »The State of World Fisheries and Aquaculture 2016« sowie »Fish to 2030: Prospects for fisheries and agriculture«, beide unter: fao.org.

Erstmals erschienen in *Le Monde diplomatique* vom Mai 2018, leicht gekürzt und aktualisiert. Diese Reportage entstand mit Unterstützung des unabhängigen journalismfund.eu.

Lachse und ihre Läuse

Der beliebteste Speisefisch der Deutschen ist von Parasiten befallen, und er wird zum Veganer umerzogen

Von Manfred Kriener

Turbulente Zeiten für den Lieblingsfisch der Deutschen. Der Zuchtlachs aus der Aquakultur erlebte 2016 eine der schwersten Krisen der letzten Jahre. Norwegen, weltweit die Nummer eins in der Lachsproduktion, kämpfte gegen einen massiven Befall von Seeläusen, und Chile, der zweitgrößte Lachslieferant, wurde von einer Algenpest überrascht. In Norwegen sollen nach Angaben des staatlichen Veterinäramts 53 Millionen Lachse verendet sein. Für Chile meldete die Welternährungsorganisation (FAO) 27 Millionen toter Fische, das entsprach 20 Prozent der Bestände. Die Exporte der beiden Länder gingen deutlich zurück, der Preis stieg »in Regionen, wo es wirklich schmerzt«, so Matthias Keller vom Fischinformationszentrum Hamburg. Und auch im Folgejahr 2017 hat sich die Branche noch nicht ganz erholt. Erst 2018, so hoffen die Lachsfarmer, könnte wieder ein »normales« Jahr für den Raubfisch mit dem roten Fleisch werden.

Die Krisennachrichten rückten einen Industriezweig in den Fokus, der zuletzt vor allem mit kräftigen Wachstumsraten von mehr als 6 Prozent im Jahr aufgefallen war. Die Aquakultur gehört zu den am schnellsten wachsenden Zweigen der Lebensmittelproduktion, und der Lachs ist einer ihrer Vorzeigefische. Allein Norwegen hat 2016 trotz der Krise 1,2 Millionen Tonnen Lachs geliefert. Lachs ist nach dem Erdöl und Erdgas der zweitwichtigste Wirtschaftszweig Norwegens.

Die rasante Ausbreitung der Netzkäfige hat den einstigen Luxusfisch »demokratisiert« und zur Massenware gemacht. In den Netzgehegen, die zwischen 25 und 50 Meter tief sind und 30 bis 50 Meter Durchmesser haben, wachsen die Lachse in mehr als zwei Jahren zur Schlachtreife heran. Die Produktion schien zumindest in Europa in weitgehend ruhigen Bahnen zu verlaufen. Gern verwiesen vor allem norwegische Lachsfarmer auf den zurückgegangenen Antibiotika-Verbrauch. 1987 hatte der Einsatz der antibakteriellen Arzneien in norwegischen Lachsfarmen mit der unglaublichen Menge von 50 Tonnen seinen Höhepunkt erreicht. Dann kam die Wende. In den 1990er Jahren ging der Arzneimitteleinsatz trotz massiv wachsender Lachsbestände stark zurück und fiel bald auf weniger als 1 Tonne. Wichtigste Ursache für den Rückgang bei den Antibiotika sind die Impfungen der fingergroßen Jungfische gegen Infektionskrankheiten. Man muss es gesehen haben: In rasender Geschwindigkeit wird ein Fischlein nach dem anderen maschinell per Spritze geimpft.

Aus dem Wildfang aussortierter Zuchtlachs an Bord eines US-amerikanischen Fischerboots, Point Williams, Washington, August 2017. ▨ PER ERIK BERGH

Die beachtlichen Erfolge bei der Eindämmung des Antibiotika-Missbrauchs verdecken jedoch andere Probleme der industriellen Lachszucht, vor allem den immer schwierigeren Kampf gegen die Lachsläuse. Die Parasiten werden mit Insektiziden bekämpft, sie sind aber gegen die eingesetzten Mittel teilweise resistent geworden. Eine weitere, in der Öffentlichkeit weitgehend unbekannte Kalamität sind die häufigen Fluchten von Hunderttausenden, in Extremfällen sogar von Millionen Lachsen, die vor allem bei Stürmen aus den Netzgehegen entweichen und sich unter die Wildpopulation der Lachse mischen, wobei sie deren Genpool mit ihrem degenerierten Erbgut gefährden.

Auch das Futter der Lachse ist nach wie vor ein Kritikpunkt. Um Lachse zu mästen, wird noch immer sehr viel Fisch verfüttert – schließlich sind sie von Natur aus Raubfische. Seit einigen Jahren wird nun verstärkt versucht, den Lachs zum Veganer umzuziehen. Sein Futter enthält heute neben Fischmehl und Fischöl große Mengen an Pflanzenöl, Soja, Getreide und Hülsenfrüchten. Die größte Herausforderung aber ist und bleibt die Fischlaus. Die 8 bis 12 Millimeter großen Parasiten heften sich an die Haut der Lachse und fressen schlimmstenfalls regelrechte Löcher in den Fischkörper. Durch die hohe Fischdichte in den Netzgehegen können sich die Läuse bestens vermehren. In Extremfällen sind einzelne Zuchtlachse von Dutzenden Läusen befallen.

Zur Bekämpfung des Schädlings kommen mehrere Methoden infrage. Die sanfteste ist der Einsatz kleiner Putzerfische, die die Läuse abfressen. Ein einziger Putzerfisch in Bestform soll bis zu 200 Läuse am Tag beseitigen. Doch die biologische Bekämpfung scheint bei massivem Befall nicht auszureichen. Zudem wurden die Putzerfische zuletzt knapp, wie die Aquakulturbranche beklagt. Die Helferfische sollen künftig in den eigens dafür eingerichteten Zuchtstationen in größerer Menge produziert werden. Der Bedarf in den Lachsfarmen geht in die Millionen.

Der Einsatz von Insektiziden ist trotz der Putzerfische in vielen Fischfarmen offenbar unvermeidlich. Als Fisch-Entlausungsmittel dienen unter anderem die aus dem Obstbau bekannte Chemikalie Emamectinbenzoat oder das in der Forstwirtschaft gegen Raupen und Stechmücken eingesetzte Diflubenzoron. Bei der Anwendung wird meist eine große Plane rund um die Netzgehege gezogen, um das Insektizid in das so abgeschirmte »Bassin« zu schütten. Auch Spezialtanks sind im Einsatz. Das Chemikalienbad zur Läusebekämpfung muss bei manchen Lachsfarmen mehrmals im Jahr wiederholt werden. Auch das Bleich- und Desinfektionsmittel Wasserstoffperoxid wird häufig angewandt, um die Läuse abzutöten. Der

Verbrauch von Wasserstoffperoxid hat sich in schottischen Lachs-farmen zwischen 2011 und 2015 verfünfzehnfacht, berichtet ein BBC-Report. Auf jede Tonne verkauften Lachses kämen inzwischen 42 Liter des Bleichmittels.[1]

Schottland hat unter den Lachs produzierenden Ländern Europas den stärksten Läusebefall, hier ist bereits jede zweite Lachsfarm be-troffen. Mit den höheren Wassertemperaturen durch die Klimaver-änderung hat sich das Problem offenbar verschärft. Noch stärker er-wärmtes Wasser oder Süßwasser ist aber tödlich für die Läuse. Des-halb werden den Lachsen in manchen Farmen gezielte Warmbäder verabreicht.

Das Fi-Fo-Verhältnis (Fish-in-Fish-out-Ratio) gibt an, wie viel Wildfisch nötig ist, um ein Kilo Zuchtfisch zu erzeugen. In der Summe wird immer noch mehr Fisch verbraucht als erzeugt

2016 kam es dabei in Loch Greshornish vor der schottischen Insel Skye zu einem Unfall, bei dem fast 100 000 Lachse regelrecht »ge-kocht« wurden, wie es in den Unfallberichten hieß. Bei der automa-tisch gesteuerten Läusebekämpfung im sogenannten Thermolicer werden die Lachse angesaugt und durch Rohre in ein Warmwasser-bad gepumpt. 25 bis 30 Sekunden lang sollen sie in dem auf bis zu 34 Grad erhitzten Wasser bleiben und so von den Läusen befreit werden. Ist die Temperatur zu hoch oder die Verweildauer im war-men Wasser zu lang, wirkt sich das Bad allerdings nicht nur für die Läuse, sondern auch für die Lachse tödlich aus.

Für Fischfarmen sind die Läuse aus vielen Gründen ein Problem: Die Bekämpfung ist aufwändig und teuer, die befallenen Lachse wachsen deutlich langsamer, die Fischkörper verlieren ihre Makel-losigkeit, und der Läusebefall sorgt für schlechte Publicity, zumal Chemikalienreste von der Entlausung im Fischfleisch zurückblei-ben können, was die Verbraucher verunsichert. Dass auch die Fi-sche unter dem Läusebefall leiden wird gern unterschlagen. Die Pa-rasiten setzen sich vor allem auf den Köpfen der Fische fest. Mit den offenen Wunden sind die befallenen Lachse dann besonders anfäl-lig für Infektionen. Die Verbraucher bekommen die Läuse nur auf Fotos im Internet zu sehen. Bei der Verarbeitung der Fische werden die Läuse beim Entschuppen in der Regel komplett entfernt.

Inzwischen ist auch der norwegische Staat alarmiert. Die Farmen müssen ihre Fische im wöchentlichen Rhythmus auf Läusebefall un-tersuchen und darüber den Behörden Bericht erstatten. Übersteigt der Lausbefall eine noch tolerierte Größenordnung von einer Laus auf zwei Fische, müssen die Farmer aktiv werden und die Parasiten aktiv bekämpfen.

Die Läuseepidemie gefährdet aber auch die Wildlachse, die nor-malerweise nur selten von den Parasiten befallen werden. Doch mit der wachsenden Zahl an Aquakulturanlagen hat sich das geändert. »Es gibt jetzt überzeugende Beweise, dass Lachsfarmen die wich-tigste Quelle für die Ausbreitung der Seelaus-Tierseuche auf junge Wildlachse in Europa und Nordamerika sind«, heißt es dazu in ei-ner Untersuchung von Professor Mark J. Costello von der Universi-tät in Auckland, Neuseeland.[2] Für die Ausbreitung der Läuse und anderer Krankheiten sorgen auch die vielen hunderttausend Zucht-lachse, die jedes Jahr aus den Netzkäfigen entweichen.

Am 21. April 2007 kam es zum bis heute größten Ausbruch von Zuchtfischen in der Geschichte der Aquakultur. An dem Tag regis-trierten Seismographen ein Erdbeben der Stärke 6,2 vor der Küste von Chile. Auf den Aysén-Fjord im Süden des Landes, einem Zen-trum der Lachsindustrie, rollte eine 14 Meter hohe Flutwelle zu. Obwohl sie keine bewohnten Gebiete traf, waren die Folgen verhee-rend. Zehn Menschen, die in der Bucht auf Booten unterwegs wa-ren, kamen ums Leben. Und aus den zerstörten Netzkäfigen der Lachsindustrie entkamen 5 Millionen Fische.

Auch ohne Erdbeben und Flutwellen entwischen Jahr für Jahr hunderttausende Fische. Mal beschädigt ein unglücklich manövrie-rendes Schiff die Netzkäfige; mal reißt ein großer Raubfisch oder eine Robbe ein Loch hinein; mal zerrt die raue See eine Anlage aus ihrer Verankerung. Am 8. Juli 2018 war es ein heftiger Gewitter-sturm, der die Netzkäfige des norwegischen Konzerns und Welt-marktführers Marine Harvest nahe der südchilenischen Stadt Cal-buco zerstörte. 690 000 Zuchtlachse befanden sich plötzlich im of-fenen Meer.

Beim Lachs sind die ständigen Verluste durch eine Reihe von For-schungsberichten gut belegt. Allein der Marktführer Norwegen meldete während eines 14-jährigen Beobachtungszeitraums durch-schnittlich 450 000 entkommene Fische pro Jahr. Das zumindest sind die offiziellen Zahlen, die auf amtliche Schadensmeldungen der Betreiber zurückgehen. Über die Dunkelziffer darf spekuliert werden. Norwegische Wissenschaftler schätzen, dass maximal ein Drittel der entkommenen Lachse den Aufsichtsbehörden vor-schriftsmäßig gemeldet werden.[3] Vertuschte Ausbrüche kommen gelegentlich ans Licht, wenn in den Netzen der Fischer statt der Wildfänge plötzlich lauter Zuchtfische zappeln. Die Identifizierung ist relativ einfach. Die massiger wirkenden, größeren Zuchtfische unterscheiden sich in ihrem Aussehen von den echten Wildlachsen, sie besitzen bestimmte genetische Marker und auch die Impfung hinterlässt Spuren, die sie als Käfiginsassen ausweisen.

Davon betroffen sind auch Angler: Weil Wildlachse selten gewor-den sind, hängen immer öfter Zuchtlachse am Haken, wenn die Tiere

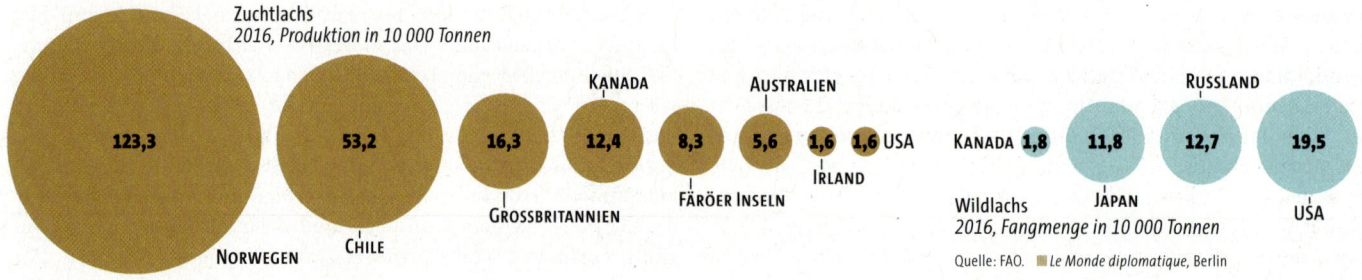

Zuchtlachs
2016, Produktion in 10 000 Tonnen

NORWEGEN 123,3 · CHILE 53,2 · GROSSBRITANNIEN 16,3 · KANADA 12,4 · FÄRÖER INSELN 8,3 · AUSTRALIEN 5,6 · IRLAND 1,6 · USA 1,6

KANADA 1,8 · JAPAN 11,8 · RUSSLAND 12,7 · USA 19,5

Wildlachs
2016, Fangmenge in 10 000 Tonnen

Quelle: FAO. ■ *Le Monde diplomatique*, Berlin

in der Laichsaison die Flüsse hinaufziehen und die Angler ihre Köder auswerfen. Norwegische Wissenschaftler haben 20 Flüsse entlang der norwegischen Küste systematisch nach entwichenen Farmlachsen untersucht. Fast alle Gewässer wiesen einen erheblichen Bestand an Zuchtfischen auf. In den Flüssen Loneelva, Vosso und Opo war jeder dritte gefangene Fisch ein Flüchtling aus der Aquakultur.

Das Einsickern entwichener Zuchtlachse verändert den Genpool der Wildlachse, der sich über Jahrhunderte an die lokalen Ökosysteme angepasst hat. Farmlachse sind ganz auf Wachstum getrimmt, sie sind aggressiver und größer, weniger fit, haben eine geringere Fruchtbarkeit und – Lachse können bis zu zehn Jahre alt werden – eine kürzere Lebenserwartung. Und sie bringen auch ihre Krankheiten mit. Die Vermischung mit der vitaleren Wildpopulation wird deshalb durchweg negativ beurteilt. Das schnelle Wachstum und die Aggressivität sichern den gezüchteten Lachsen in der Konkurrenz mit dem Wildlachs in bestimmten Lebensphasen deutliche Vorteile. Da die Bestände der Wildlachse ohnehin zurückgehen, ist die Unterwanderung durch die weniger überlebenstüchtigen Zuchtlachse ein gravierendes Problem.

Die aus Kreuzungen zwischen Farm- und Wildlachs entstehenden Fische haben ebenfalls eine reduzierte Lebenserwartung, sie sind schlechter an die Ökosysteme angepasst und unterscheiden sich in Form, Größe und Verhalten, in Stresstoleranz und Widerstandskraft deutlich von echten Wildlachsen. Überlebensrate und Fortpflanzungserfolg entwichener Zuchtlachse sind deutlich reduziert.[4] Manchmal lassen sich die entwischten Fische auch wieder einfangen. Da sie auf regelmäßige Fütterung programmiert sind, schwimmen sie oft freiwillig zu den Netzgehegen zurück.

Ihr Futter bekommen Zuchtlachse in Form von Pellets, die Gase enthalten und deshalb besonders leicht sind, damit sie im Wasser langsamer absinken. So haben die Fische mehr Zeit zum Fressen, die Futterverluste halten sich in Grenzen, ebenso wie die Futterreste, die sich mit den Fäkalien am Meeresboden unterhalb der Netzkäfige sammeln.

Noch Anfang der 1990er Jahre bestand das Futter der Lachse überwiegend aus Fischmehl und Fischöl. Vor allem die großen Anchovisschwärme vor der Küste Perus lieferten den Futtermittelfirmen riesige Mengen proteinreichen Fischmehls, das in geringen Teilen bis heute auch in der Schweine- und Hühnermast eingesetzt wird. In den letzten 10 Jahren schwankte die Fischmehlproduktion zwischen 4,7 und 5,9 Millionen Tonnen. Eine Steigerung ist angesichts der überfischten Weltmeere nur schwer möglich. Aus einem Kilogramm gefangenem Futterfisch holt die Industrie 225 Gramm Fischmehl heraus und, je nach Fettgehalt der Fische, 50 bis 100 Gramm Fischöl.

Um den Verbrauch von Wildfischen für die schnell wachsende Aquakultur zu reduzieren, wird inzwischen fast ein Drittel des verfütterten Fischmehls aus Fischabfällen gewonnen. Diese fallen zum Beispiel bei der Fischverarbeitung an, wenn Filets geschnitten werden. Innereien, Köpfe und Schwänze werden dann zu Fischmehl verarbeitet. Weil die Innereien aber auch die Entgiftungsorgane der Tiere enthalten, ist aus Abfällen gewonnenes Fischmehl stärker mit Schadstoffen belastet als aus ganzen Wildfischen hergestelltes Mehl.

Anstelle von Fischmehl und Fischöl bekommen Zuchtlachse zunehmend pflanzliche Rohstoffe zu fressen. So wird der Raubfisch allmählich zum Veganer. Das sogenannte Fi-Fo-Verhältnis (Fish-in-Fish-out-Ratio) gibt an, wie viel Input an verfüttertem Wildfisch nötig ist, um ein Kilo Zuchtfisch zu erzeugen. Beim norwegischen Zuchtlachs ist dieses Verhältnis von 7,2 im Jahr 1990 auf 1,7 im Jahr 2013 gesunken, wie eine 2015 erschienene Studie von Trine Ytrestøyl und anderen vorrechnet.[5] 2013 waren also 1,7 Kilogramm zu Fischmehl verarbeiteter Wildfang nötig, um ein Kilo Lachs zu produzieren. Beim Fischöl sank die Fi-Fo-Marke im selben Zeitraum von 4,4 auf 1,0. Damit wird in der Summe von Fischöl und Fischmehl trotz aller Anstrengungen immer noch mehr Fisch verbraucht als erzeugt.

Die Umerziehung des Lachses zum Veganer geht allerdings weiter, zumal der Fischmehlpreis sich gegenüber den 1990er Jahren verdoppelt und verdreifacht hat. Damals schwankte er zwischen 350 und 750 Dollar pro Tonne. Zwischen 2010 und 2014 erreichte er mehrmals die 2000-Dollar-Marke, um zuletzt wieder auf rund 1200 Dollar zu fallen.

Wichtigster Bestandteil des Lachsfutters ist heute, ähnlich wie in der Schweine- und Hühnermast, das Soja. Die oben zitierte Studie von Ytrestøyl beziffert den Sojaanteil am Lachsfutter auf bereits 21,3 Prozent. Tendenz: weiter steigend. Rapsöl kommt auf 18,3 Prozent, dazu addieren sich kleinere Anteile Weizen, Sonnenblumen, Bohnen und Erbsen. Der Fischmehlanteil ist auf 19,5 Prozent gesunken, Fischöl macht noch 11,2 Prozent des Lachsfutters aus.

Carsten Schulz, Leiter der Gesellschaft für Marine Aquakultur, berichtete auf einer Tagung in Loccum von Experimenten mit Rapsschrot als Fischfutter. Der Rapsanbau für die Biodiesel-Produktion liefert große Abfallmengen an Rapsschrot, aus denen Proteine gewonnen werden. Raubfische wie der Lachs vertragen dieses Pflanzenfutter allerdings denkbar schlecht, sie reagieren mit Durchfällen. Deshalb müssen die pflanzlichen Rohstoffe von Fasern, Kohlehydraten und anderen schwer verdaulichen Bestandteilen befreit werden. Dazu werden die Proteine isoliert und mit Aminosäuren angereichert. Diese Low-Carb-Diät ist allerdings aufwendig und teuer. Und selbst nach der fischgerechten Aufarbeitung werden die pflanzlichen Futterpellets nur ungern gefressen. Da muss dann ein Zusatz von Miesmuscheln als Geschmacksträger untergemischt werden. Die derart aromatisierte Kost fressen die Fische dann ohne zu mucken.

Ein unerwünschter Nebeneffekt der verstärkt pflanzlichen Kost betrifft die als besonders gesund geltenden Omega-3-Fettsäuren. Ernährungsberater rühmen fette Fische wie den Lachs gerade wegen seiner speziellen Fettsäuren. Doch je vegetarischer der Lachs sich ernährt, desto weniger Omega-3-Fettsäuren besitzt sein Fleisch. Statt eines Lachsfilets könnte man also genauso gut eine Gemüsepfanne mit einem Schuss Olivenöl servieren. •

1 Douglas Fraser, »Scottish salmon farming's sea lice ›crisis‹«, BBC-News, Februar 2017, bbc.com/news/uk-scotland-38966188.
2 Mark J. Costello, »How sea lice from salmon farms may cause wild salmonid declines in Europe and North America and be a threat to fishes elsewhere«, Oktober 2009, ncbi.nlm.nih.gov/pmc/articles/PMC2817184.
3 Nina-Special-Report 36: »Incidence and impacts of escaped farmed Atlantic salmon in nature«, 2008, fao.org/docrep/016/aj272e/aj272e00.pdf. Siehe auch: Martin-A. Svenning, »Incidence and timing of wild and escaped farmed Atlantic salmon in Norwegian rivers inferred from video surveillance monitoring«, März 2016.
4 Øystein Skaala und Kevin A. Glover, »On the origin of escaped farmed salmon«, 2013, brage.bibsys.no/xmlui/bitstream/handle/11250/106979/ICES_Insight_2013_2-13.pdf?sequence=1&isAllowed=y.
5 Trine Ytrestøyl, Turid Synnøve Aas und Torbjørn Åsgård: »Utilisation of feed resources in production of Atlantic salmon in Norway«, Juni 2015, sciencedirect.com/science/article/pii/S0044846615300624.

Erstmals erschienen in *Le Monde diplomatique* vom Oktober 2017, aktualisiert und erweitert.
© 2017 *Le Monde diplomatique*, Berlin

Wir Tiere

Kein Fleisch zu essen ist vor allem eine Frage der Gerechtigkeit

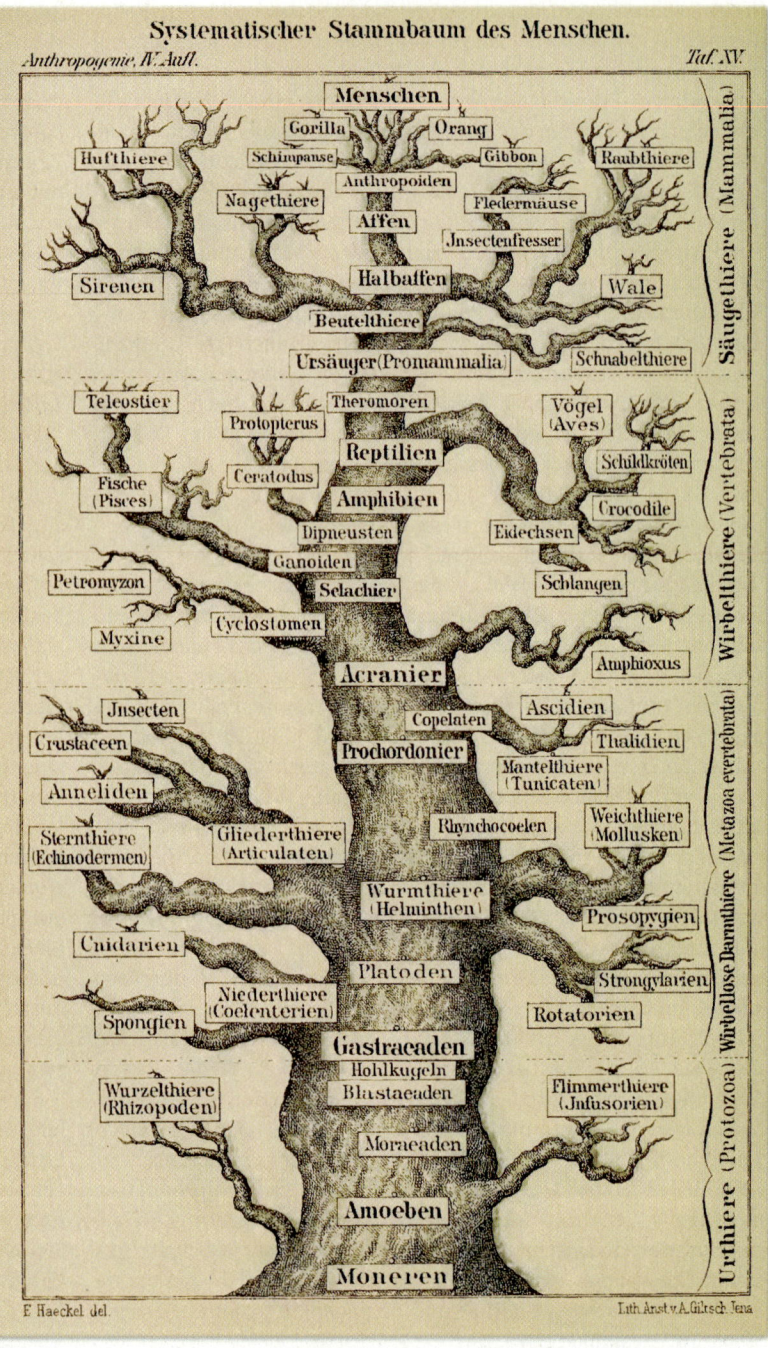

Systematischer Stammbaum des Menschen.

Veraltete, anthropozentrische Darstellung des menschlichen Stammbaums. Illustration aus: Ernst Haeckel, *Anthropogenie oder Entwicklungsgeschichte des Menschen*, Leipzig (W. Engelmann) 1891.

■ BOSTON PUBLIC LIBRARY

Von Hilal Sezgin

Schon seit Jahren wogt die Debatte ums Fleischessen mit einiger Regelmäßigkeit auch durch die Mainstream-Medien. Aber es ist fraglich, ob sich wirklich etwas bewegt. Längst ist es doch zum Allgemeinplatz geworden, dass Massentierhaltung Tierquälerei ist. Jede*r distanziert sich von »Billigfleisch«, ohnehin essen alle »nur noch wenig Fleisch« und »wenn, dann Bio«. Auch der »Metzger des Vertrauens« und der »Bauer um die Ecke« sind als Fleischlieferanten sehr beliebt. Die realen Verkaufszahlen allerdings zeigen, dass solche Selbstauskünfte wohl eher einem Wunschdenken entspringen: Der Fleischverzehr in Deutschland ist

in den vergangenen Jahren nur leicht zurückgegangen und liegt immer noch bei rund 60 Kilogramm pro Kopf und Jahr. Und der Bioanteil erreicht beim Fleischverkauf nicht einmal 2 Prozent.

Aus diversen Fernsehreportagen kennen die Konsument*innen die üblichen, meist völlig legalen Formen von Tierquälerei und möchten sie anscheinend ungern mit ihrem Haushaltsgeld unterstützen. Aber können sie das vermeiden, wenn sie weiterhin Lebensmittel tierischer Herkunft essen?

Das Problem ist ja nicht wirklich die Massentierhaltung, das Problem sind das Fleischessen und die Tiernutzung selbst. Massentierhaltung ist bloß das aktuelle Symptom der seit Jahrtausenden virulenten Erhebung des Menschen über die anderen Tiere. Kastenstand und Legebatterie, Viehtransporter und Melkkarussell sind schlicht die Form, die die Ausbeutung der Tiere in unserer industrialisierten und stark arbeitsteiligen Gesellschaft angenommen hat. Dasselbe Problem gilt natürlich auch bei Haltungen mit Tierschutzlabel oder dem Persilschein »Bio«. Zu behaupten, dass die Tiere dort weitgehend »artgerecht« leben, ist schlicht ein Hohn. Sie alle werden in ihrer Freiheit stark eingeschränkt, ihnen allen wird oft der Nachwuchs weggenommen beziehungsweise die mütterliche Fürsorge vorenthalten, und keines dieser Tiere geht freiwillig in den Schlachthof-Tod. So hat der einst kritisch gemeinte Begriff »Massentierhaltung« längst eine Alibifunktion erhalten, weil in die Ablehnung der Massentierhaltung alle mit einstimmen können, ohne irgendetwas zu ändern.

Was wir ändern müssen, ist das moralische, politische und rechtliche Verhältnis des Menschen zu den anderen Tieren. Jahrhundertelang haben Juristen, Philosophen und Theologen mit Eifer am Credo der menschlichen Vorrangstellung gebaut. Der Mensch steht angeblich so weit über den anderen, an Geist und Seele, Gefühl und Verstand minderbemittelten Tieren, dass er sie skrupellos für Nahrung, Sport, Spaß und Wissenschaft gebrauchen darf. Diese allein durch Macht begründete Position menschlicher Dominanz müssen wir nun endlich verlassen. Die jüngere Verhaltensbiologie bordet geradezu über von Berichten, dass auch andere Tiere Freude, Angst, Zugehörigkeit, Fürsorge, Schmerz, Empathie, Neid, Ärger, Trauer, Spaß und Liebe empfinden können. Wir wissen, dass andere Tiere ebenso empfindungsfähige Lebewesen mit eigener Subjektivität und eigenem Willen sind. Und darum ist es so überraschend, dass auch diejenigen, die sich gemeinhin als links, progressiv, egalitär, freiheitsliebend oder antikapitalistisch verstehen, oft beinahe entrüstet die Aufforderung ablehnen, sie sollten andere Tiere in ihr politisches Denken und Handeln einbeziehen. »Zuerst die Menschen!« hört man dann. Solange die Menschenrechte nicht weltweit garantiert seien, solle man die Frage nach den Tierrechten hinten anstellen. »Ihr sentimentalen Tierfreunde«, lautet der Subtext.

Was für ein Blödsinn! Zum einen hat es generell wenig Sinn, politische Anliegen mit den Kategorien »schlimm« und »noch viel schlimmer« zu hierarchisieren. Der hiesige Gender Pay Gap wird nicht politisch irrelevant, weil anderswo Frauen in Ausbeutungsbetrieben praktisch versklavt sind. Der Mangel an erschwinglichem Wohnraum ist auch dann noch ein Problem, wenn andere Menschen vorm Bombenhagel fliehen. Es existieren immer unzählige politische Baustellen gleichzeitig. Zum Zweiten: Anzunehmen, es gäbe eine Art kosmische To-do-Liste oder einen heimlichen Heilsplan, nach dem politische Übel in einer gewissen Reihenfolge abgearbeitet werden müssten, ist eine Form von schlechter Metaphysik, um deren Haltlosigkeit kritische Köpfe eigentlich wissen müssten. Eher gilt das Umgekehrte: Wir müssen das Leid, die Bedürfnisse und die Ansprüche anderer ernst nehmen, wo immer sie uns begegnen, und ganz gleich, welchem Geschlecht, welcher sozialen Gruppe oder Spezies sie auch angehören.

Beliebt ist auch der fleischesserische Einwand, dass es sich bei Tierrechten und Veganismus um ein rein europäisches Phänomen handele. Auch hier muss man eher umgekehrt fragen, ob es nicht vielmehr eurozentrisch ist, zu meinen, die »Avantgarde« habe ihre Heimat stets nur »im Westen". In der Türkei zum Beispiel gibt es die Gruppe »Abolisyonist hareket«, das sind Abolitionisten im Stile von Gary Francione, oder die Stiftung »Vegan ve Vejetaryenler Derneği«. Beides sind Organisationen, die für eine andere Ernährungskultur streiten. Immer wieder wird in Istanbul für Vegetarismus und Veganismus demonstriert. In Nepal existiert seit etlichen Jahren eine Vegetarian Society, deren Mitglieder überwiegend vegan leben und immer dienstags an einer stark befahrenen Straße in Kathmandu demonstrieren. Die nepalesische Tierrechtsaktivistin Sneha Shrestha besucht regelmäßig Schulen, um Kinder über Veganismus zu informieren.

Erstaunlich ähnlich klingen trotz aller geografischen Distanzen die Geschichten derer, die sich irgendwann, trotz der Sozialisation in einer fleischessenden Gesellschaft, entschlossen haben, dem Dogma von der menschlichen Überheblichkeit den Rücken zu kehren. Sneha Shrestha zum Beispiel wurde durch ihre Arbeit mit Straßenhunden auch für das Leid der »Nutztiere« sensibilisiert. Viele europäische Tierschützer*innen ging es genauso. In dem Sammelband »Why I will always be vegan« (Leipzig 2015) berichtet der Kenyaner Faris Said Nassoro, dass er mit dem Fleischessen aufhörte, nachdem seine Mutter seinen geliebten Hasen geschlachtet und gebraten hatte. Von der unangenehmen Einsicht, von Ungerechtigkeiten gewaltigen Ausmaßes direkt zu profitieren, berichtet im selben Band Sandra Suárez Ramos aus Mexico City: »Erst als ich mit Tierrechtsthemen konfrontiert war, habe ich meine Sicht auf die Welt verändert. Mein Kampf gegen Sexismus, gegen Rassismus und auch für soziale Gerechtigkeit änderte sich plötzlich. Ich war nicht mehr nur Opfer oder Unterdrückte. In diesem Moment verstand ich und akzeptierte ich, dass ich zu den Unterdrückern gehörte.«

Hier beginnt die Erkenntnis, dass es verschiedene Linien von Unterdrückung gibt, die einander überschneiden und durch die jede*r von uns auf vielfältige Weise in ein Netz politischer Relationen und Machtverhältnisse eingebunden ist. Es bedeutet sowohl, Spuren von Unterdrückung an sich selbst wiederzufinden, als auch sich einzugestehen, dass wir aktiv teilhaben an dem Machtspiel von Inklusion und Exklusion. So hat das Wort »Mensch«, auf dessen inklusives Potenzial wir zum Beispiel mit dem Wort »Menschenrechte« referieren, oft genug dazu gedient, die einen Menschen über die anderen, die »Barbaren«, »Wilden« oder alle Frauen, zu erheben. »Mensch« ist alles andere als ein unschuldiges Konzept. »Wenn wir uns der Mensch-Tier-Dichotomie bedienen, um unsere Einstellung zu anderen Spezies zu rechtfertigen, benutzen wir tatsächlich exakt dieselbe Logik, die Menschsein als Weiß-Sein versteht.« schreibt die Bloggerin und Aktivistin Syl Ko in ihrem Buch »Aphro-ism« (New York 2017). »Rassismus abzubauen, macht es vielleicht nötig, unser Konsumverhalten und auch unsere Ernährungsgewohnheiten infrage zu stellen.« Wahre Intersektionalität kann sich also nicht einfach auf das Menschsein zurückziehen und behaupten, an der Speziesgrenze endeten alle politischen Kämpfe und Fragen.

Im Gegenteil, wir müssen das Feld des Politischen ausweiten, und in diesen viel größeren Rahmen müssen wir auch die Frage des Fleischessens stellen. Es geht nicht nur ums individuelle Konsumverhalten, nicht darum, Tiere bloß zu »schonen« oder sie »bewusster« zu essen. Es geht um nicht mehr und nicht weniger als um Freiheit und Gerechtigkeit für alle empfindungsfähigen, verletzlichen, hungrigen und lebenshungrigen Wesen, also für wirklich alle Menschen und alle anderen Tiere. •

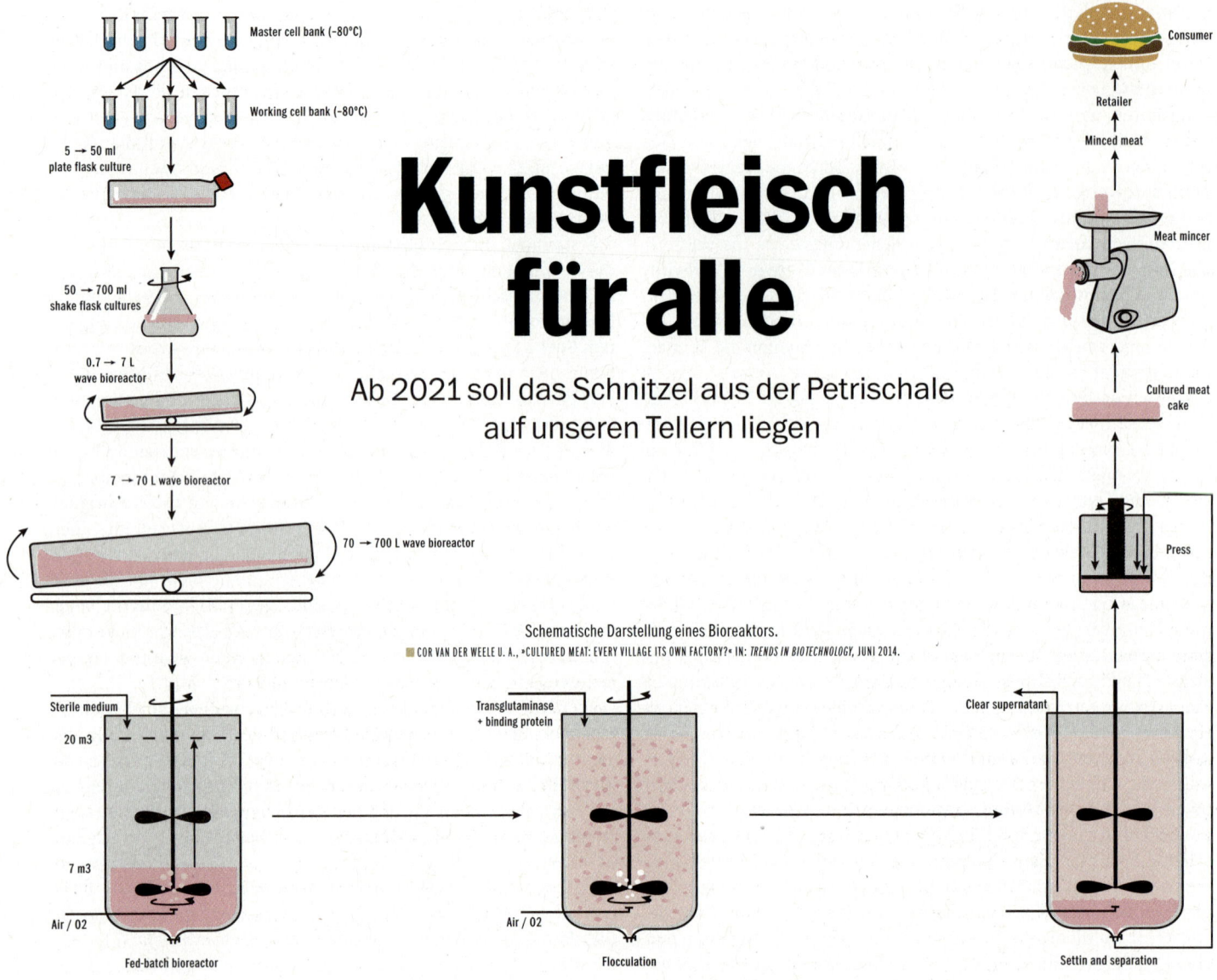

Kunstfleisch für alle

Ab 2021 soll das Schnitzel aus der Petrischale auf unseren Tellern liegen

Master cell bank (–80°C)

Working cell bank (–80°C)

5 → 50 ml plate flask culture

50 → 700 ml shake flask cultures

0.7 → 7 L wave bioreactor

7 → 70 L wave bioreactor

70 → 700 L wave bioreactor

Sterile medium

20 m3

7 m3

Air / O2

Fed-batch bioreactor

Transglutaminase + binding protein

Air / O2

Flocculation

Clear supernatant

Settin and separation

Consumer

Retailer

Minced meat

Meat mincer

Cultured meat cake

Press

Schematische Darstellung eines Bioreaktors.
COR VAN DER WEELE U. A., »CULTURED MEAT: EVERY VILLAGE ITS OWN FACTORY?« IN: *TRENDS IN BIOTECHNOLOGY*, JUNI 2014.

Von Jörn Kabisch

Im Juli 2016 schaltete ein israelisches Start-up namens »Supermeat« eine vielbeachtete Crowdfunding-Kampagne. Es warb für die Finanzierung eines Geräts, für das noch nicht einmal ein Design oder ein Bauplan vorlag: ein Bioreaktor für den heimischen Gebrauch. Mit dem Reaktor, so die Zukunftserwartung, könnte jeder Haushalt zum Hühnerfleischzüchter werden. »Künstliches« Fleisch wird dann zu Hause selbst gemacht – wie Marmelade einkochen. Die Maschine, so warb das Video, »lasse sich in Supermärkten, Restaurants oder sogar in Privatwohnungen aufstellen«. Die Kampagne war erfolgreich: Nach nicht einmal zwei Monaten war die Zielmarke von 100 000 Dollar erreicht. Inzwischen hat Supermeat bereits eine Viertel Million Dollar eingesammelt. Künstliches Fleisch muss für viele eine faszinierende Idee sein. Noch bevor die Vision technisch auch nur annähernd Wirklichkeit ist, finden sich Leute, die schon die zweite Stufe finanzieren: Retortenfleisch, das um die Idee des 3D-Druckens erweitert wird. Das ist etwa so, als

hätten Menschen Geld für die Entwicklung von Mondtaxis gespendet, lange vor dem Start der Apollo 11.

Nach mehreren Jahrzehnten mit immer neuen Skandalen aus der Massentierhaltung ist die Sehnsucht groß, einen neuen Weg zu finden, um »korrektes« Fleisch zu produzieren. Fleisch, für das keine eingepferchten Tiere mit viel Leid und ihrem Leben bezahlen müssen. Neben Insekten – in der westlichen Hemisphäre bis heute eine unentdeckte Proteinquelle – ist Fleisch aus der Petrischale ein neuer Ansatz für eine andere Ernährungsform. »Cultured meat«, »Clean meat« oder auf Deutsch »In-vitro-Fleisch« sind die Schlagworte, mit denen junge Biotechnologiefirmen aus den USA, den Niederlanden und eben aus Israel um Investoren werben. Und alle behaupten ständig, es sei nur noch ein kleiner Schritt, um das Feld der Science Fiction zu verlassen und auf dem realen Teller zu landen. Bald, so die Unternehmen, würden Hühnchen-Nuggets, Fischstäbchen oder Burger-Pattys aus der Petrischale in den Supermärkten liegen.

Die eigentliche Technologie dahinter ist bekannt und erprobt. Sie stammt aus der Medizintechnik. Im Labor werden schon seit Jahren Herzklappen, Hautgewebe oder Ohrmuscheln gezüchtet, um sie später im Operationssaal zu verpflanzen. Wenn es gelingt, menschliche Ersatzteile künstlich heranwachsen zu lassen, dann sollte das mit Steaks und Schnitzel doch auch klappen. Die Erzeugung basiert also auf Techniken der Zellvervielfältigung und Gewebezüchtung. Sie ähnelt der In-vitro-Produktion von embryonalen Stammzellen. Diese Zellen können sich unendlich oft teilen, wodurch immer neue, identische Zellen entstehen – theoretisch ein grenzenloses Wachstum. Durch eine Biopsie werden einem lebenden Tier Muskelstammzellen entnommen. Diese Zellen werden in einem Nährmedium kultiviert und zur Vermehrung stimuliert. Billionen von Stammzellen bilden anschließend Muskelzellen, die wiederum zu Muskel- und Fleischfasern zusammenwachsen. Das ist eine Sache von Wochen. Um einen einzigen Hamburger zu formen, braucht man etwa 20 000 solcher Fasern.

Die In-vitro-Metzger haben nicht nur den moralischen Vorteil im Auge: Fleisch aus Fabriken, die eher Raffinerien oder Chemieanlagen entsprechen, machen mit der Massentierhaltung Schluss und ersparen Millionen von Tieren unnötiges Leid. Sie argumentieren aber auch ökologisch. Bis 2050, so die Prognose der Welternährungsorganisation (FAO), wird sich die Fleischproduktion auf weltweit 465 Millionen Tonnen jährlich nahezu verdoppeln. Es ist nicht sehr wahrscheinlich, dass sich die Ernährungsgewohnheiten bis dahin so einschneidend verändern, dass ein Großteil der Menschheit auf Fleisch ganz oder teilweise verzichtet. Der hohe Wasser-, Futter-, Flächen- und Energieverbrauch der Fleischproduktion wird deshalb zu einem immer größeren Problem. Die Produktion von Kunstfleisch sei dagegen nachhaltiger. Wenn Fleisch nicht mehr aus dem Massenstall, sondern aus dem Bioreaktor komme, verbessere sich der ökologische Fußabdruck. Der Energieverbrauch lasse sich um bis zu 45 Prozent zurückdrehen, die Emissionen von Treibhausgasen, der Flächen- und der Wasserverbrauch sinke sogar um mehr als 95 Prozent. Ernsthaften Überprüfungen konnten diese Zahlen jedoch nicht standhalten, die Angaben mussten erheblich revidiert werden. Einer Studie der Universität von Helsinki zufolge könnte der Energie- und Wasserverbrauch der Bioreaktoren sogar deutlich höher sein als der einer industriellen Geflügel- und Schweinehaltung.

Bleibt ein Argument, mit dem die Unternehmen vor allem in den USA und in Großbritannien lauthals werben. Dort trägt Laborfleisch oft den Beinamen »Clean Meat«. Weil es unter sterilen Bedingungen keimfrei heranwachse und daher anders als in der Massentierhaltung keine Antibiotika zum Einsatz kämen, sei die In-vitro-Herstellung die gesündere Alternative zur konventionellen Fleischproduktion.

Bisher war es vor allem der Effizienzgedanke, der die Entwicklung von Laborfleisch angetrieben hat. Schon 1931 schreibt der britische Premier Winston Churchill in seinem Buch »Gedanken und Abenteuer«: Die Vorstellung, ganze Tiere zu töten, sei lächerlich, wenn doch nur bestimmte Teile auf den Tisch landeten. Die Forschung beginnt in den 1950er Jahren. Der französische Regisseur Claude Zidi greift das Thema 1976 humoristisch auf. In dem Film »Brust oder Keule« schleicht sich Louis de Funès als Gourmet in eine Lebensmittelfabrik und findet zu seinem Entsetzen Fließbänder vor, auf denen Hühnerkeulen gestanzt werden. 1997 wird das erste Patent für die Herstellung von In-vitro Fleisch erteilt. Es geht an den niederländischen Forscher Willem van Eelen. Zur gleichen Zeit

beschäftigt sich auch die US-Weltraumbehörde Nasa mit dem Thema, sie sucht nach Wegen, wie sich Astronauten autark ernähren können. Eine Option: Filets aus geklontem Goldfischfleisch.

2013 geht ein Forscherteam um den niederländischen Pharmakologen Mark Post mit dem ersten künstlichen Burger an die Öffentlichkeit und lädt unter viel Pomp kulinarische Experten und Gourmets zur Verkostung nach London ein. Über zehn Jahre Arbeit stecken in der Entwicklung dieser Hightech-Frikadelle. Die Kritik ist wohlwollend, die österreichische Ernährungswissenschaftlerin Hanni Rützler darf als eine der ersten probieren. Ihr Urteil: »Fast wie Fleisch, nicht ganz so saftig.« Der Preis des Gerichts ist exorbitant. Die Entwicklung eingerechnet, hat der erste In-vitro-Burger rund 330 000 US-Dollar gekostet. Als Finanzier steht der Google-Gründer Sergej Brin hinter dem Projekt.

Fünf Jahre später sind die Biotechnologen noch immer mit großen Herausforderungen konfrontiert. Eine davon: Fleisch besteht nicht allein aus Muskelfasern. Sehnen, Fett und Collagene kommen dazu und geben dem Lebensmittel Geschmack und eine kräftige Konsistenz, die den Zähnen Widerstand bietet. Schon gibt es Versuche, das Kunstfleisch auf die Streckbank zu schicken: Im Labor ersetzen elektrische Impulse das Fitnessstudio, sie sollen die Muskelfasern der künstlich erzeugten Fleischmasse trainieren, damit sie mehr Biss bekommen.

Das größte Problem der Biotechnologen ist aktuell aber das Nährmedium, in dem das Fleisch heranwächst. Bislang ist es Kälberserum, das aus den Föten geschlachteter schwangerer Kühe gewonnen wird und voller Wachstumshormone steckt. Aus tierethischer Sicht ist dies hoch bedenklich, weil wahrscheinlich auch die Föten zu diesem Zeitpunkt bereits Leid empfinden. In Deutschland ist daher seit Mai 2017 die Schlachtung von tragenden Tieren im letzten Drittel der Schwangerschaft untersagt. Supermeat gibt an, bereits auf rein pflanzlichen Nährböden Zellen vermehrt zu haben. Und noch ein anderes heikles Problem: Auch die Herstellung von Retortenfleisch funktioniert nicht ohne die Zugabe von Antibiotika: Denn Bakterien machen auch vor künstlichem Fleisch nicht halt.

Mitte 2017 geriet die US-Firma Impossible Foods mit ihrem fleischfreien Burger aber aus anderen Gründen in die Kritik. Ihr Geschmacksträger stammte aus einer genetisch veränderten Hefe, die keine Zulassung erhalten hatte. Umweltorganisationen kritisieren, dass die gentechnischen Verfahren für die In-Vitro-Fleischproduktion nicht transparent sind. Dennoch – oder gerade deshalb – haben die Technologen in den vergangenen vier Jahren deutliche Fortschritte gemacht. Längst wird auch an der Entwicklung von künstlichen Eiern und Retortenmilch geforscht. Die Kosten sinken. Der Preis für einen Burger des Niederländers Mark Post, heißt es, liege inzwischen bei nur noch 11 US-Dollar. Der Professor aus Maastricht gehört inzwischen auch zu den Firmengründern. Mit seiner Firma Mosa Meat plant er im Jahr 2021 In-vitro-Burger in Europa auf den Markt zu bringen.

Zu den Abnehmern könnten dann auch deutsche Firmen gehören. So hat der Hühnerschlachter Wiesenhof mehrfach großes Interesse am Kunstfleisch bekundet. Das Unternehmen meldete zudem den Erwerb einer Minderheitsbeteiligung an Supermeat.

Erstmals erschienen im »Fleischatlas 2018«, herausgegeben von der Heinrich-Böll-Stiftung, BUND und Le Monde diplomatique.

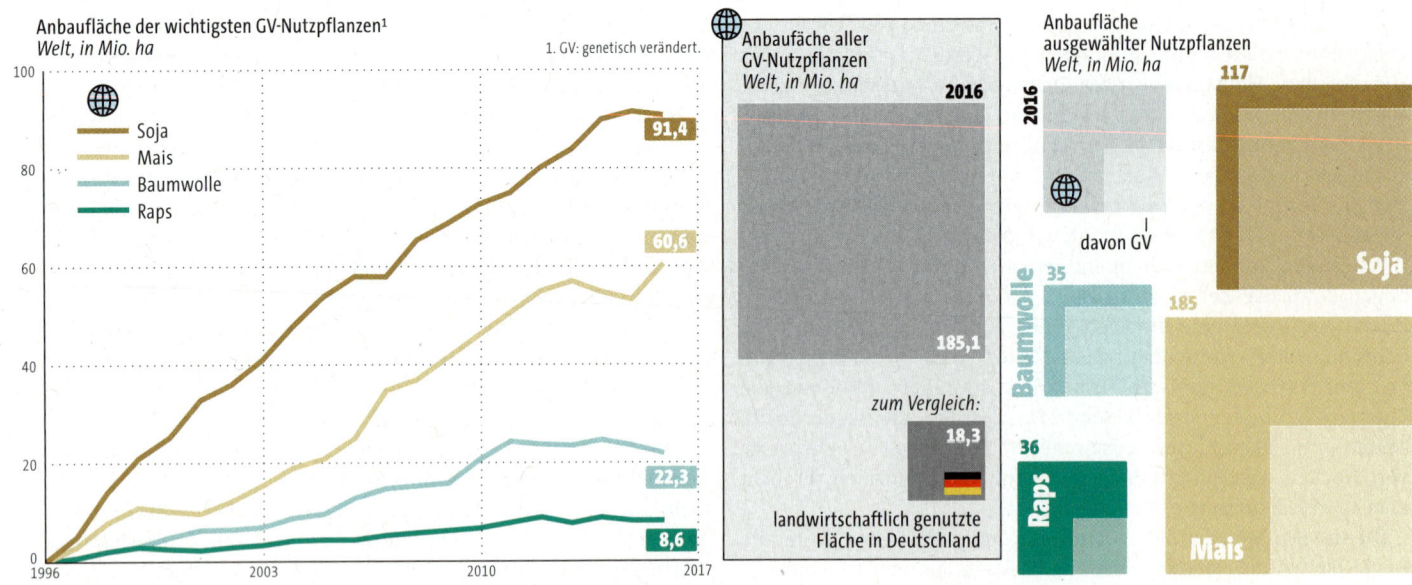

Anbaufläche der wichtigsten GV-Nutzpflanzen[1]
Welt, in Mio. ha

1. GV: genetisch verändert.

Soja
Mais
Baumwolle
Raps

91,4
60,6
22,3
8,6

Anbaufäche aller GV-Nutzpflanzen
Welt, in Mio. ha

2016
185,1

zum Vergleich:
18,3
landwirtschaftlich genutzte Fläche in Deutschland

Anbaufläche ausgewählter Nutzpflanzen
Welt, in Mio. ha

2016
davon GV

Baumwolle 35
Raps 36
Soja 117
Mais 185

Grüne Gentechnik in der Landwirtschaft

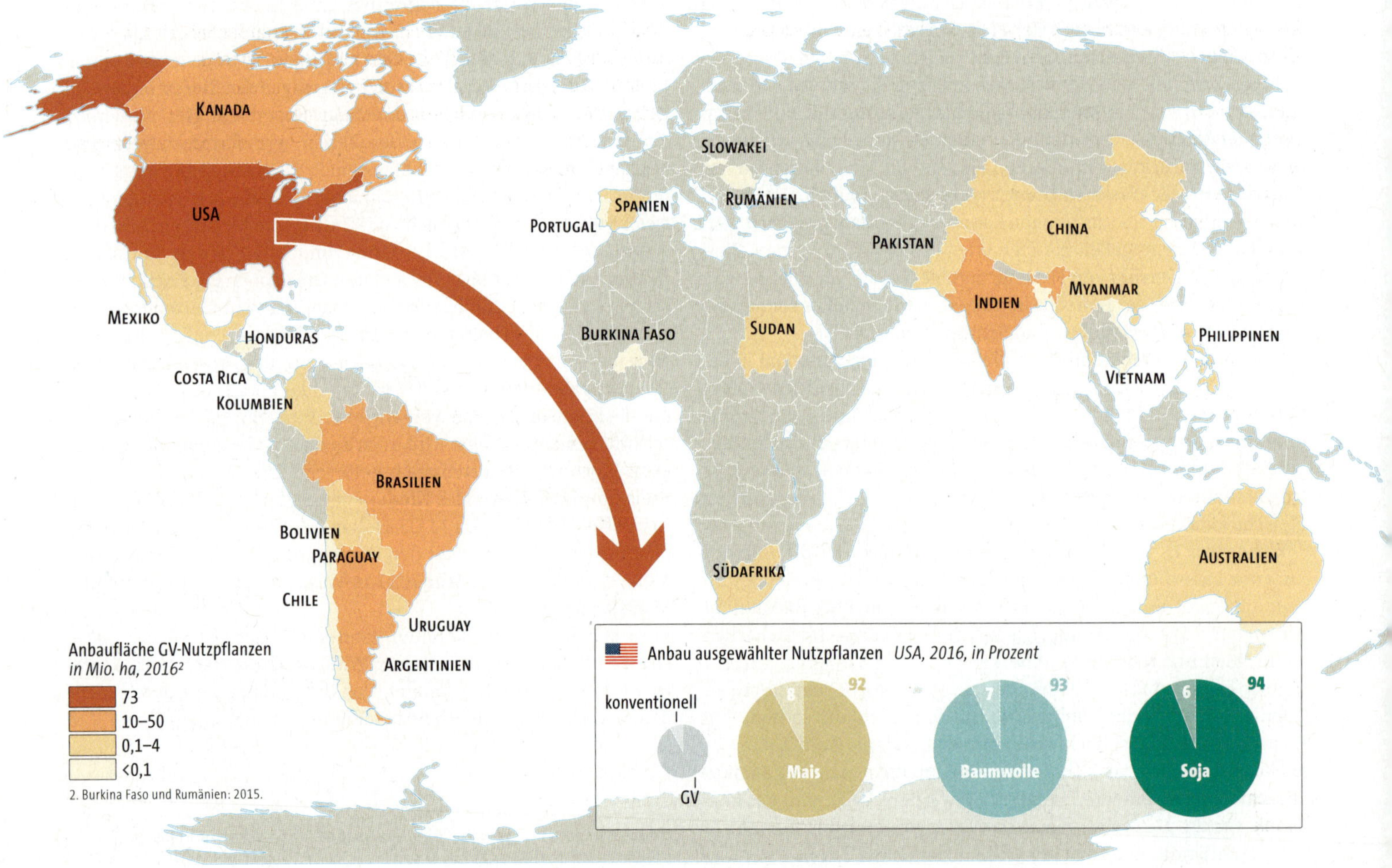

KANADA
USA
MEXIKO
HONDURAS
COSTA RICA
KOLUMBIEN
BRASILIEN
BOLIVIEN
PARAGUAY
CHILE
URUGUAY
ARGENTINIEN

SLOWAKEI
PORTUGAL
SPANIEN
RUMÄNIEN
PAKISTAN
CHINA
INDIEN
MYANMAR
PHILIPPINEN
VIETNAM
BURKINA FASO
SUDAN
SÜDAFRIKA
AUSTRALIEN

Anbaufläche GV-Nutzpflanzen
in Mio. ha, 2016²

73
10–50
0,1–4
<0,1

2. Burkina Faso und Rumänien: 2015.

Anbau ausgewählter Nutzpflanzen *USA, 2016, in Prozent*

konventionell
GV

8 92 Mais
7 93 Baumwolle
6 94 Soja

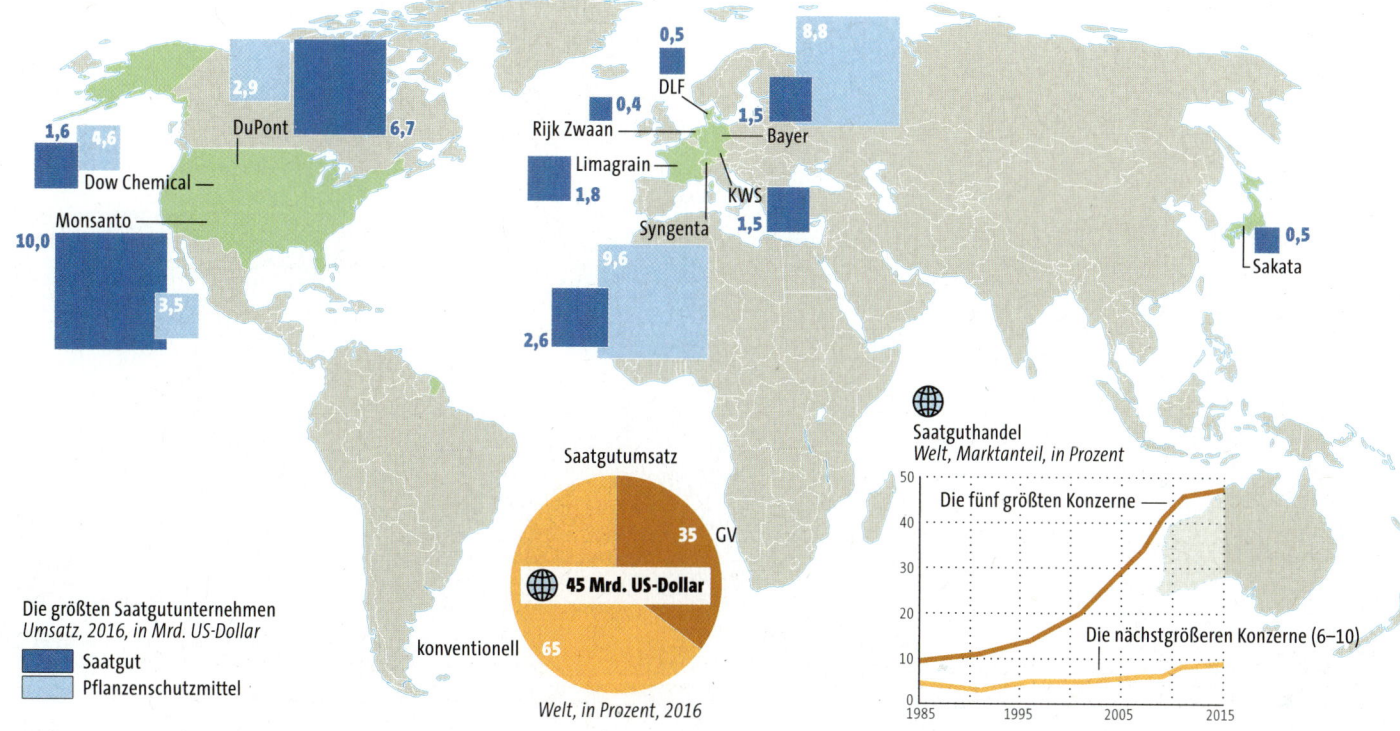

2,9 DuPont **6,7**

1,6 **4,6**
Dow Chemical —

Monsanto —
10,0
3,5

0,5
DLF

0,4
Rijk Zwaan

Limagrain
1,8

Syngenta
9,6

2,6

1,5
Bayer

KWS
1,5

8,8

Sakata **0,5**

Saatgutumsatz

45 Mrd. US-Dollar

35 GV

65 konventionell

Die größten Saatgutunternehmen
Umsatz, 2016, in Mrd. US-Dollar

■ Saatgut
■ Pflanzenschutzmittel

Welt, in Prozent, 2016

Saatguthandel
Welt, Marktanteil, in Prozent

Die fünf größten Konzerne —

Die nächstgrößeren Konzerne (6–10)

Der Agrochemiesektor machte 2017 und 2018 durch mehrere spektakuläre Übernahmen und Fusionen von sich reden.

Im Juni 2017 übernahm die chinesische ChemChina den Schweizer Herbizid- und Saatguthersteller Syngenta für 43 Milliarden Dollar. 2015 noch hatte Syngenta einen Übernahmeversuch durch den US-Konzern Monsanto abwehren können.

Im September 2017 fusionierten mit Dow Chemical und Dupont die beiden größten US-amerikanischen Chemieunternehmen zu DowDuPont – um sich

bis Fühjahr 2019 in drei spezialisierte Gesellschaften (in den Sparten Agrarchemikalien, Kunststoffe und Spezialchemikalien) aufzuspalten.

Im Juni 2018, nach zwei Jahren harter Verhandlungen, durfte Bayer unter strengen Auflagen den Saatgut- und Herbizidproduzenten Monsanto für 66 Milliarden Dollar übernehmen. Es ist die bis dahin größte Übernahme eines deutschen Unternehmens.

Im Zuge der Monsanto-Übernahme kaufte die deutsche BASF für 5,9 Milliarden Euro große Teile der Saatgut- und Herbizidgeschäfte von Bayer.

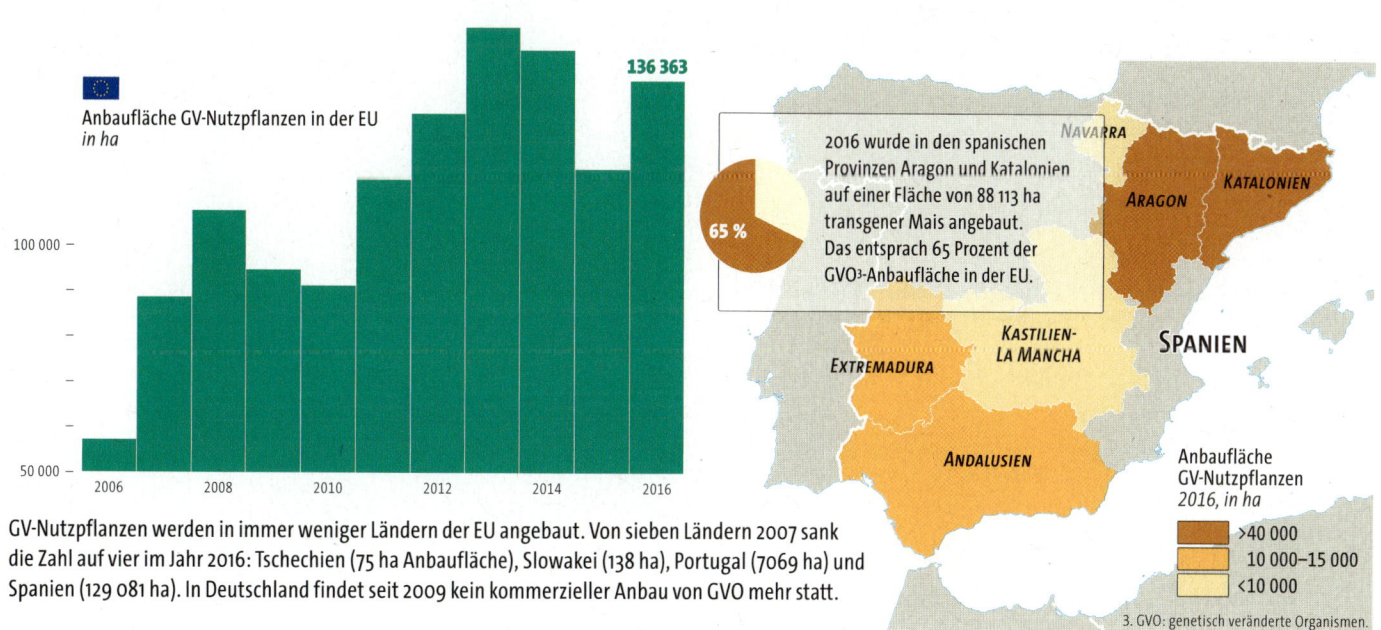

Anbaufläche GV-Nutzpflanzen in der EU
in ha

136 363

2016 wurde in den spanischen Provinzen Aragon und Katalonien auf einer Fläche von 88 113 ha transgener Mais angebaut. Das entsprach 65 Prozent der GVO[3]-Anbaufläche in der EU.

65 %

NAVARRA

KATALONIEN

ARAGON

KASTILIEN-LA MANCHA

SPANIEN

EXTREMADURA

ANDALUSIEN

Anbaufläche GV-Nutzpflanzen
2016, in ha

■ >40 000
■ 10 000–15 000
□ <10 000

3. GVO: genetisch veränderte Organismen.

GV-Nutzpflanzen werden in immer weniger Ländern der EU angebaut. Von sieben Ländern 2007 sank die Zahl auf vier im Jahr 2016: Tschechien (75 ha Anbaufläche), Slowakei (138 ha), Portugal (7069 ha) und Spanien (129 081 ha). In Deutschland findet seit 2009 kein kommerzieller Anbau von GVO mehr statt.

Die Bauern Gutaa Bagana, Dereje Tsige, Gishe Gudeta, Mekonia Diriba und Alemu Deme (von links) auf Baganas Weizenacker, Lemo Bulkitu, Distrikt Lemo, Äthiopien, Oktober 2015.   ■ PETER LOWE | CIMMYT [CC BY-SA 2.0]

Le Monde diplomatique: *Herr Härlin, zur Jahrhundertmitte sind wir vermutlich 9 oder 10 Milliarden Menschen auf der Erde. Wie schaffen wir es, dass alle satt werden?*

Benny Härlin: Ihre Frage würde ich gern umdrehen: Wie können sich die 9 Milliarden Menschen selbst gut und ausreichend ernähren? Steigen wir doch hinab von der virtuellen Kommandobrücke, von der aus wir auf das darbende Volk runterblicken wie einst Kaiser Nero. 40 Prozent der Weltbevölkerung leben von und in der Landwirtschaft und Ernährungswirtschaft. Die entscheidende Frage heißt: Bekommen sie genug Lohn und ausreichend faire Preise, um ihre Familien zu ernähren?

Können sie auf ihrem kleinen Stück Land zuverlässig genügend Ertrag erzielen, um damit übers Jahr zu kommen?

Sie weisen den 9 Milliarden Menschen eine aktive Rolle zu; sie werden nicht ernährt, sie ernähren sich selbst.

Genau, und in diesen Perspektivwechsel sollten wir uns auch selbst miteinbeziehen und uns fragen: Wie ernähre ich mich jetzt, und wie will ich mich in Zukunft ernähren? Ist mein persönlicher Speiseplan zukunftstauglich, für die eigene Gesundheit und für die des Planeten? Wir wissen, dass ein Deutscher so viele Ressourcen verbraucht wie drei Inder. Wir sind also, was die Welternährung

»Ich wehre mich gegen die Vorstellung: je mehr Menschen, desto schlimmer«

Benny Härlin, Berliner Büroleiter der Zukunftsstiftung Landwirtschaft, über Bevölkerungswachstum und die Zukunft der Welternährung

MANFRED KRIENER

BENEDIKT HÄRLIN, Jahrgang 1957, studierte Philosophie und Psychologie in Tübingen und Berlin. Er gehörte nach dem »Tunix-Kongress« zur Gründergeneration der *taz,* der Grünen und des Netzwerks Selbsthilfe. Er war Hausbesetzer, Schriftsetzer, Verleger und Autor, später Europaabgeordneter. Er arbeitete zehn Jahr für Greenpeace als Campaigner und Leiter der internationalen Gentechnik-Kampagne. 2003 wurde er von der Weltbank in den Aufsichtsrat der bisher umfangreichsten wissenschaftlichen Bestandsaufnahme der globalen Landwirtschaft und ihrer künftigen Herausforderungen, den sogenannten Weltagrarbericht (IAASTD), berufen. Dessen Ergebnisse verbreitet das Berliner Büro der Zukunftsstiftung Landwirtschaft, das Härlin seit fünfzehn Jahren leitet. Er betreibt in Berlin den 2000 Quadratmeter großen »Weltacker«, einen Schaugarten, der auf exakt der Fläche, die für jeden Menschen an Anbaufläche zur Verfügung steht, die großen Herausforderungen der globalen Ernährung und Landwirtschaft auf ein menschliches Maß herunterbricht und sämtlichen Bildungs- und Altersschichten sinnlich erfahrbar macht.

angeht, keine Unbeteiligten, die als Zuschauer neutral und mitleidig auf die armen Hungernden blicken.

Die Bevölkerung wird vor allem in Asien und noch stärker in Afrika wachsen. In Ländern, in denen schon jetzt Armut und Mangelernährung weit verbreitet sind.

Vieles spricht dafür, dass sich dort die Krisen zuspitzen. Aber weniger aufgrund der 2 Milliarden zusätzlicher Esser, sondern wegen der Erdüberhitzung durch den Klimawandel und wegen des Raubbaus, den wir an unseren Ernährungsgrundlagen betreiben. Dieser Raubbau gefährdet die Bodenfruchtbarkeit, die Wasserressourcen und den Artenreichtum, um die drei vielleicht wichtigsten Parameter zu nennen. Wenn wir ihn nicht stoppen, werden nicht einmal die 7 Milliarden satt, die heute auf der Erde leben. Das ist die große Herausforderung: die Erde als unsere Ernährerin in einem nachhaltig fruchtbaren Zustand zu erhalten. Das schaffen wir nur mit einer Landwirtschaft und Ernährungsweise, die verträglich ist mit dem Zwei-Grad-Ziel des Pariser Klimaabkommens.

Wobei wir uns gegenwärtig eher auf 4 als auf 2 Grad zubewegen. Das Zwei-Grad-Ziel erscheint zunehmend als politische Alibiziffer, die suggeriert, dass die Welt noch alles zum Guten wenden kann, während das Versagen der Klimapolitik immer katastrophalere Folgen zeitigt, gerade für die Ernährungssicherheit.

Auf welche Erwärmungsgrade wir tatsächlich zusteuern, kann ich nicht seriös beurteilen. Aber die Rolle der Landwirtschaft in der Klimapolitik, die ist in jedem Fall entscheidend. Die industrielle Landwirtschaft ist nicht nur ein maximaler Klimasünder mit ihren gewaltigen Emissionen durch Lachgas, Methan und Brandrodungen. Sie verspielt und vergibt auch ein riesiges Potenzial zur Speicherung von Kohlenstoff. Wenn wir die Bodenfruchtbarkeit stärken, indem wir den Humusgehalt erhöhen, dann hilft das dem Klima, der Biodiversität und der Ernährungssicherheit. Das enorme positive Klimapotenzial der Landwirtschaft wird bisher viel zu wenig beachtet. Es geht sowohl um die gigantischen globalen Möglichkeiten, den Kohlenstoff aus der Atmosphäre wieder zurück in den Boden zu bringen, als auch um Kühlungseffekte durch veränderte Anbauformen, um Veränderungen des Mikroklimas vor Ort durch Agroforstsysteme etwa. Die Landwirtschaft hat eine Schlüsselrolle, die wir nutzen müssen. Dagegen ist die Zahl der Erdbewohner letztlich nicht entscheidend. Ich wehre mich vehement gegen die wohlfeile, aber im Kern destruktive Vorstellung: je mehr Menschen, desto schlimmer wird alles.

Die für jeden Menschen verfügbare Fläche schrumpft aber mit dem Wachstum der Bevölkerung. Es sind die berühmten 2000 Quadratmeter Acker, die wir pro Kopf heute noch haben und die sich immer weiter reduzieren. Boden und Wasser werden knapp.

Das ist in bestimmten Regionen der Welt richtig. Wahr ist aber auch, dass auf 2000 Quadratmeter Acker viel mehr wächst, als ein Mensch vertilgen kann. So ungewohnt sich das vielleicht anhören mag: Die Landwirtschaft leidet an massiver Überproduktion von Agrarprodukten auf Kosten unverantwortlicher Überbeanspruchung der Böden und natürlichen Ressourcen. Wir müssen die Produktion runterfahren und damit aufhören, mehr zu produzieren, als wir essen können.

Die meisten Experten wollen die Erträge steigern und die Produktion hochfahren.

Die Welternährungsorganisation FAO nennt die Zahl von 12 Milliarden Menschen, deren Kalorienbedarf wir mit der heute weltweit produzierten Menge an Nahrungsmitteln decken könnten. Mit Ausnahme des südlichen Afrikas haben wir aktuell in allen Regionen der Welt ein Überangebot an Lebensmitteln. Das besagt auch eine von Nestlé gesponserte Sonderausgabe von *nature* zum Thema. Vor wenigen Wochen erschien eine Metastudie, die in verschiedenen Szenarien vorrechnet wie wir mit dem, was heute produziert wird, 2050 alle satt bekommen, was wir heute ja bekanntlich nicht schaffen. In vielen Regionen, nicht nur in Europa und Nordamerika, liegt die größere Gefahr für unsere Gesundheit darin, dass wir viel zu viel essen.

Im weltweiten Maßstab nimmt die Menschheit kontinuierlich 9 Prozent zu viel Kalorien zu sich. Das führt zu zahlreichen sogenannten Zivilisationskrankheiten, von Diabetes über Gefäßschäden bis zu ernährungsbedingten Krebsformen.

Zugleich haben wir 2,5 Milliarden Mangelernährte und mindestens 800 Millionen Hungernde auf dieser Welt.

Ja, das sind die Berechnungen und Schätzungen der FAO. Vor einigen Jahren wären das übrigens noch etwa 200 Millionen mehr gewesen. Seither hat die FAO ihre Exeltabellen und auch ihre Definition von Hunger deutlich umgeschrieben. Wie viele Menschen tatsächlich Hunger leiden, weiß niemand genau. Aber wir wissen ganz genau, wie wir dieses Problem lösen können. Wir müssen den Ärmsten der Armen in den städtischen Ballungsgebieten mit Geld und Nahrungsmitteln helfen. Wir müssen aber vor allem den unzähligen Kleinstbäuerinnen und -bauern mit ihrem kleinen Flecken Land ermöglichen, eine verlässliche, ausreichende und sattmachende Ernte zu erzielen. 80 Prozent der landwirtschaftlichen Betriebe dieser Welt bewirtschaften weniger als 1 Hektar Land und ernähren davon den größten Teil der Menschheit.

Die Subsistenzwirtschaft als Schlüssel im Kampf gegen den Hunger?

In der Subsistenzlandwirtschaft brauchen wir eine Ertragssteigerung, ja. Das ist bis hin zur Verdoppelung der Ernte und Vervielfachung ihres Nährwerts in vielen Regionen mit einfachsten Mitteln machbar. Was dort gelingt, damit bekämpfen wir direkt den Hunger. Das ist der entscheidende Punkt. Was die Mangelernährung angeht: Von den 2,5 Milliarden betroffenen Menschen ist ein nicht unerheblicher Anteil mittlerweile stark übergewichtig, da haben wir manchmal falsche Vorstellungen. Ein Mangel an Mikronährstoffen und gleichzeitig eine Überernährung mit toten Kalorien ist heute gang und gäbe.

Ist diese Fehlernährung eine Folge der oft kritisierten »Supermarktisierung« in vielen Ländern?

In vielen Schwellenländern explodiert derzeit der Anteil der Supermärkte und damit auch von Junkfood. Billige, haltbare Kohlenhydrate, Zucker und Fett verdrängen, kurz gesagt, preiswertes Gemüse. Wer es sich leisten kann, bekommt dazu noch reichlich Fleisch. Die sogenannte Western Diet ruiniert wie eine Seuche die traditionellen Ernährungsgewohnheiten vieler Gesellschaften.

Wie lässt sich die Nahrungsmittelerzeugung der Kleinbauern denn nun ankurbeln, damit sie mehr und physiologisch wertvollere Lebensmittel erzeugen?

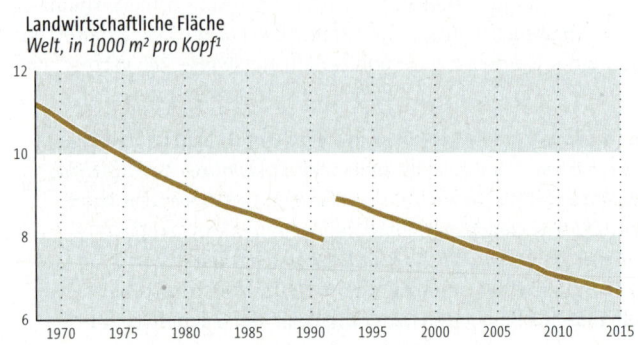

Landwirtschaftliche Fläche
Welt, in 1000 m² pro Kopf[1]

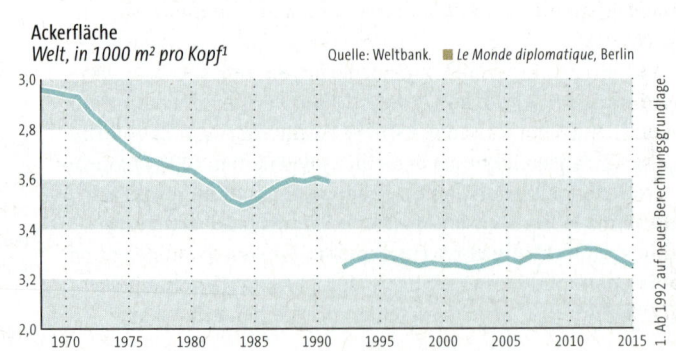

Ackerfläche
Welt, in 1000 m² pro Kopf[1]   Quelle: Weltbank. ■ *Le Monde diplomatique*, Berlin

1. Ab 1992 auf neuer Berechnungsgrundlage.

Siehe auch Seiten 110–112

Es gibt inzwischen viele Studien darüber, mit welchen agrarökologischen Anbaumethoden, mit welchen Fruchtfolgen und mit welchen einfachen Technologien zum Beispiel der Bewässerung Kleinbauern ihre Erträge verbessern können. Entwicklungsorganisationen kennen heute die richtige Strategie, sind aber nicht in der Lage, diese Lösung zu den Kleinbauern zu bringen und mitzuhelfen, sie dort umzusetzen. Dem stehen die Interessen mächtiger Großagrarier, Handelskonzerne und Agrarindustrien entgegen, deren Einfluss auf die städtischen Eliten und Regierungen in Afrika, Asien und nun auch wieder in Lateinamerika sich immer weiter durchsetzt.

Inzwischen nimmt die Zahl der weltweit Hungernden wieder zu, der jahrelange Trend zum Besseren hat sich umgekehrt.

Seit drei Jahren scheint die Zahl der Hungernden wieder zuzunehmen. Das ist in erster Linie eine Folge der Kriege und der enorm hohen Flüchtlingszahlen. Sowohl in Afrika als auch im arabischen Raum haben wir die Situation, dass viele Bauern ihre Äcker nicht betreten und bestellen können, weil Krieg oder Bürgerkrieg herrscht.

Dann sind nicht die Dürren, sondern Kriege die wichtigste Ursache für die Hungerepidemien?

Im Krieg wird immer gehungert. Ohne Frieden gibt es keine Chance, den Hunger zu überwinden. Nicht einmal die dramatischen Notfälle lassen sich dann meistern, die immer nur einen kleinen, wenn auch besonders telegenen Teil des Elends ausmachen.

Um die Kleinlandwirtschaft in den Entwicklungsländern anzukurbeln, fordern viele NGOs einen Paradigmenwechsel. Die vorherrschende Strategie der Agrarindustrie und vieler UN-Organisationen sagt: maximale Erträge durch maximalen Einsatz der Agrarchemie, durch Hochleistungssorten und -tiere und womöglich durch grüne Gentechnik. Wer ist für Sie eigentlich der politische Adressat, der die Weichenstellungen hin zur kleinen bäuerlichen Landwirtschaft anstoßen soll?

Der nötige Paradigmenwechsel wurde mit dem Weltagrarbericht 2008 zum ersten Mal klar formuliert und wissenschaftlich untermauert. Inzwischen hat sich diese Einsicht schrittweise in vielen internationalen und wissenschaftlichen Organisationen und Institutionen durchgesetzt. Bei der FAO, sogar in gewissen Etagen der Weltbank, bei der Unctad, dem Entwicklungs- und dem Umweltprogramm der UN, überall ist heute von Agrarökologie die Rede, von der zentralen Rolle der Frau für die Landwirtschaft und Ernährung der Familien, von Mikrokrediten und der notwendigen Förderung der Kleinbauern.

Ist das ein echter Durchbruch für einen neuen Blick auf die Landwirtschaft?

Wir sind noch nicht dort, wo wir hinwollen, aber es hat sich viel verändert. Im Gegensatz dazu geht in der Europäischen Union sehr wenig voran, praktisch gar nichts. Das Bauernsterben geht hier unverändert weiter, ebenso die Ertragsmaximierung auf Kosten von Klima, Umwelt und Natur. Da wird mit entsprechenden Subventionen weiter das Geschäft der großen Lebensmittel- und Agrarkonzerne betrieben – von Nestlé bis Syngenta und Bayer. Diese Konzerne haben kein Geschäftsmodell, um die Kleinbauern oder die Subsistenzwirtschaft in irgendeiner Weise zu unterstützen. Sie kennen keine agrarökologischen Lösungen. Sie verkaufen Dünger, Gift und Hochleistungssaatgut, fantasieren von Gentechnik und lassen ihre Öffentlichkeitsabteilungen eine folgenlose Nachhaltigkeitssoße drüber gießen. Diese Haltung setzt sich fort in der Politik, mit der Europa und die USA internationale Entwicklungshilfe organisieren und dabei immer abhängiger werden von milliardenschweren privaten Stiftungen.

Der Chef von Syngenta, einem der großen Agrarkonzerne, hat erklärt, dass ohne ihren Dünger und ihre Pestizide 2,5 Milliarden Menschen weniger ernährt werden könnten.

Das ist frech gelogen. Dafür sollte man Syngenta eigentlich verklagen. Der Beitrag der industriellen Landwirtschaft für die Ernährung der Menschheit liegt heute bei vielleicht 30 bis 40 Prozent. Auf vielen Äckern, die mit industriellem Saatgut, mit viel Pestiziden und Dünger kultiviert werden, wachsen überhaupt keine Lebensmittel mehr, sondern Pflanzen für Biosprit, Futtermittel und andere Non-Food-Produkte der modernen Bioökonomie. Diese Agrarindustrie, die verbohrt auf ihrem alten Kurs bleibt, ist das eigentliche Übel. Auch Bayer hat bis heute nichts begriffen, außer den Monsanto-Spruch »Mehr mit weniger« zu wiederholen.

Gibt es inzwischen einzelne Länder und Regionen, die mit einer anderen Landwirtschaft beispielhaft vorangehen?

Es fällt mir schwer, einzelne Länder und ihre Programme herauszustellen. Ich bin vorsichtig geworden: Was ich nicht mit eigenen Augen gesehen habe, will ich auch nicht anpreisen. Natürlich gibt es Vorzeigeprojekte für den agrarökologischen Wandel in Sikkim, Nepal oder Butan. Aber auch in China gibt es neben verheerenden Entwicklungen auch spannende Projekte mit positiver Ausstrahlung. Man hat dort in den letzten Jahren gezwungenermaßen einige Lektionen gelernt, durch vergiftete Flüsse und verpestete Luft. Die Einsicht in die Notwendigkeit, Landwirtschaft nachhaltiger zu gestalten, ist in China und in Indien heute teilweise größer als in Europa. Auch in fast allen lateinamerikanischen Ländern gibt es große Erfolgsgeschichten in der Bekämpfung des Hungers und ein neues Bewusstsein von Ernährungssouveränität. Fast überall, wo auf lokaler Ebene neue landwirtschaftliche Projekte angeschoben wurden, gibt es auch überzeugende Erfolge. Jetzt erleben wir allerdings ein Rollback in Brasilien und eine wirkliche Katastrophe in Venezuela. Zugegeben: Im weltweiten Maßstab sind wir noch nicht sehr weit vorangekommen.

Welche Rolle spielt dabei eigentlich die Welternährungsorganisation FAO? 4000 Beamte, die den Hunger verwalten, die, wie immer wieder kritisiert wird, als ineffiziente und aufgeblähte Organisation weit unter ihren Möglichkeiten bleibt.

Die FAO war vor 20 Jahren ein braver Pudel der USA und Europas. Sie war viel zu lange der Botschafter des Produktivitäts- und Effizienzwahns der industriellen Landwirtschaft. Das ist sie heute nicht mehr. Inzwischen ist da einiges ins Rutschen gekommen. Die FAO hat natürlich, wie alle großen Organisationen, das Problem, dass sie mit ihren Programmen nicht bis an die Basis zu den lokalen Bauern durchdringt. Auch ihre politische Beratungstätigkeit bewirkt nicht allzu viel. Das liegt aber auch an den Regierungen und deren Verständnis von Landwirtschaft. Der Job, den der jetzt scheidende Generaldirektor José Graziano da Silva bei der FAO gemacht hat, war durchaus nicht so schlecht.

Sind die Ernährungssicherheit und die Bekämpfung des Hungers vorrangig auch eine Geldfrage? Es heißt immer wieder, dass 10 Milliarden Dollar nötig wären, um den Hunger zu besiegen. In diesem Kontext wird dann gern auf die 300 Milliarden Dollar weltweiter Rüstungsausgaben hingewiesen.

Es geht sicher nicht um eine Einmalzahlung, die alles verbessert. Man kann mit 10 Milliarden leider auch viel Unfug anrichten. Nach der letzten Nahrungsmittelkrise 2008/09 wurde von der Weltbank zum Beispiel hauptsächlich die Düngerproduktion subventioniert. So kann ich sehr viel Geld ausgeben, ohne wirklich zu helfen. Aber viele Bäuerinnen und Bauern und viele Projekte brauchen Mikrokredite, also kleines Geld. Das ist bis heute knapp und für die Entwicklungsorganisationen ist es einfach zu teuer, es an die Frau und den Mann zu bringen. Damit es gelingt, dass sich in den ländlichen Regionen Afrikas und Asiens regionale Märkte entwickeln und eine Subsistenz-Landwirtschaft leben und überleben kann, wäre Geld durchaus hier und da von Nutzen. Das gilt übrigens nicht nur für Afrika, sondern auch für Mecklenburg-Vorpommern.

In Europa sind die Flüchtlinge gerade ein großes Thema und eine der zentralen Forderungen heißt immer wieder: Fluchtursachen in den Herkunftsländern bekämpfen! Können Sie erkennen, dass für die kleinbäuerliche Landwirtschaft und für die Ernährungssicherheit jetzt tatsächlich mehr getan wird? Dass man genauer hinschaut, wo und wie geholfen werden kann?

Kennedy war der Erste, der in den 1960er Jahren gesagt hat: Wir haben die Mittel, um den Hunger weltweit zu besiegen, alles, was uns fehlt, ist der politische Wille. Wir haben also eine lange 60-jährige Geschichte des »Yes we can« und der gleichzeitigen Ignoranz gegenüber der Wirklichkeit des Hungers. Dass jetzt die »Angst vor dem schwarzen Mann« in Deutschland und in Europa wirklich das Bewusstsein schärft für die Probleme des Hungers im subsaharischen Afrika, wage ich zu bezweifeln, auch wenn vielleicht für das eine oder andere Entwicklungsprojekt etwas mehr Geld fließt. Wir bekommen ja nicht mal die Fluchtursachen in den »strukturschwachen Regionen« im eigenen Land in den Griff. Das Wort »Fluchtursachenbekämpfung« ist im Übrigen schon begrifflich eine Degradierung der Menschen. Es geht dabei ja nicht um ein Auskommen und ein gutes Leben für die Betroffenen, sondern einzig darum, die Flucht des schwarzen Mannes nach Deutschland und Europa zu verhindern.

Auch aus moralisch zweifelhafter Motivlage heraus kann es trotzdem zu verstärkten Hilfsangeboten kommen. Hat die Politik gelernt, dass Hunger und Flucht eng zusammenhängen? Dem Krieg und Chaos in Syrien gingen eine heftige Dürre und eine entsprechende Ernährungskrise voraus.

Seit der Französischen Revolution wissen wir, dass Regierungen und ganze Staatsgebilde zerfallen, wenn die Grundversorgung mit Lebensmitteln nicht mehr funktioniert. Hungersnöte sind das Trauma aller Regierungen. Solange die Menschen nur auf dem Lande hungern, lässt sich damit vielleicht noch ein Entwicklungshilfegeschäft machen. Aber wehe, sie hungern in den Städten und ziehen vor die Paläste.

Die Landflucht in die Städte dürfte sich weiter fortsetzen. Bevölkerungswissenschaftler erwarten bis zur Jahrhundertmitte 6 Milliarden Einwohner in den Städten und 3 Milliarden auf dem Land. Es ist noch nicht so lange her, da stand es pari.

Solche Extrapolationen des herrschenden Trends halte ich für ziemlich wacklige Prognosen, auch wenn sich dieser Trend zuletzt dramatisch beschleunigt hat. Die Landflucht führt in einigen Regionen zu städtischen Agglomerationen, die in dieser Form nicht überlebensfähig sind. Solche Zahlen in die Welt zu setzen, ohne dazu zu sagen, dass diese Entwicklung nicht zukunftsfähig ist, ist eine gefährliche Koketterie mit absehbaren Katastrophen.

Wenn die Stadtbevölkerungen weiter wachsen werden: Welchen Beitrag zur Versorgung kann »Urban Agriculture« leisten? In Hanoi sollen bereits 80 Prozent des benötigten Gemüses innerhalb der Stadt kultiviert werden.

Urban Agriculture spielt eine zunehmend wichtige Rolle. Sie versetzt die Armen in die Lage, selbst etwas zu tun und – ganz wichtig – sie führt zur Gemeindebildung innerhalb der anonymen Städte. Gemeinsam etwas anbauen und sich selbst versorgen, das dafür nötige Wasser beschaffen und zugleich die Mikroökologie der Städte verbessern – das kann Urban Agriculture. Auch Berlin verfolgt ja das Ziel, mit dem Pflanzenbau in der Stadt das Klima zu verbessern. Die städtische Begrünung ist also auch jenseits der Versorgungsfrage wichtig, weil sie dem Wohlbefinden in der Stadt dient. Und sie ist ein Statement und Schutzschild: Wenn ich innerhalb der Stadt Gemüse anbaue, kann ich die urbane Umwelt nicht immer weiter vergiften. Wenn in manchen Städten jetzt schon 60, 70 oder 80 Prozent der Gemüseversorgung abgedeckt werden, ist das ein beachtlicher Erfolg. Die großen Ackerflächen für Getreide und Ölfrüchte stehen in den Städten natürlich nicht zur Verfügung. Alles Gemüse der Welt wächst dagegen auf nur 5 Prozent der Ackerfläche, die Obstproduktion auf nur 4 Prozent.

In unseren Städten ist die Urban-Gardening-Bewegung inzwischen mehr als nur ein Hobby. Und wir haben in den Städten eine starke Veggiebewegung, die in Sachen Ernährung selbstbewusst den Takt klopft und die Diskurse bestimmt. Können diese Impulse dazu führen, den nach wie vor absurd hohen Fleischkonsum zu reduzieren? Haben wir »Peak Meat« in den alten Industrieländern vielleicht schon überschritten?

Auf jeden Fall. Die Gemeinschaftsgärten und die neue Veggiebewegung erscheinen zuweilen ein wenig schrill, aber sie haben Ausstrahlung. Wir haben hier einen »Weltacker« in Berlin, da kommen Schüler aus Marzahn, schauen sich das an und sagen: »Was, Kartoffeln wachsen unter der Erde, ist ja voll eklig!« Natürlich kannst du jedem urbanen Veggie vorrechnen, dass sein Ressourcenverbrauch immer noch obszön hoch ist, aber dabei übersieht man die wirklichen Erfolge. Fleischessen wird nämlich mehr und mehr zu einer prolligen Angelegenheit. Wer etwas auf sich hält, wer sich fit halten will, wer seine Reproduktionschancen verbessern will, wer seine Leistungsfähigkeit in dieser narzisstischen Facebook-Welt optimieren will, der isst weniger oder gar kein Fleisch, weil dieses Fleisch allmählich und immer stärker nach ranzigem Fett stinkt.

Die Statistik zeigt bisher nur leichte Rückgänge im Fleischverzehr, da sieht man noch wenig.

Das geht nur langsam voran, aber dennoch hat sich viel verändert in der Wahrnehmung von Fleisch. Die Veggiebewegung hat einen wichtigen Einfluss. Ich bin allerdings kein Freund der veganen Landwirtschaft. Wir brauchen die Tiere in der Landwirtschaft, wir müssen sie wertschätzen. Wir brauchen sie auch zum Erhalt unserer Kulturlandschaft, wir brauchen die Wiesen und Weideflächen.

Außerhalb der alten Industrieländer wird der Fleischkonsum weiter zunehmen. China hat inzwischen beinahe westliche Verbrauchsziffern erreicht. Jetzt schauen alle auf Indien.

Das ist eine spannende Entwicklung: Wenn wir Indien und China vergleichen, sehen wir sie in den 1960er Jahren auf annähernd gleichem Niveau was das Fleischessen angeht. In beiden Ländern hat sich in den vergangenen 20 Jahren ein neuer städtischer Mittelstand herausgebildet. In China liegt der Fleischverbrauch heute fast auf unserem Niveau, in Indien ist er dagegen kaum gestiegen.

Geht das auf den religiös-kulturellen Einfluss des Hinduismus zurück?

Die indische Küche ist nun mal überwiegend vegetarisch. Was wir hier in Deutschland beim Inder an Chicken-Curry vertilgen, ist sicher nicht landestypisch. Es gibt in Indien jenseits der heiligen Kuh die Tradition, wenig oder gar kein Fleisch zu essen. Ich glaube nicht, dass es gelingen wird, diese Kultur mit unseren westlichen Fleischbergen und unserem Junkfood umzudrehen. Die berühmte Western Diet erscheint mir zunehmend trumpartig. Ihre Archetypen sind fette, weiße Männer, mit denen niemand mehr ins Bett gehen will, weil sie aus dem Mund müffeln. Auch in China wird sich der Trend bald umkehren, zumal die Adipositas dort heute schon heftige Spuren hinterlässt. Es gibt in China auffallend viele fette Kinder. Die nächste Elterngeneration wird verstärkt darauf achten, dass man sich gesünder ernährt und dann auch weniger Fleisch isst.

Vielleicht essen sie dann auch in China schon Kunstfleisch aus dem Labor. 2021 will die Firma Supermeat In-vitro-Fleisch aus der Laborküche im großen Stil auf den Markt bringen. Auch der Hühnerschlachter Wiesenhof ist inzwischen eingestiegen. Wird sich Kunstfleisch zu einer realistischen Alternative entwickeln?

Alle setzen auf Kunstfleisch. Bill Gates hat hunderte von Millionen investiert, und das ist keine Charity-Veranstaltung. Er will damit richtig Geld verdienen. Ich halte den Markt für begrenzt. Das ist für mich eine Art Übergangskost, das Methadon-Programm der Fleischindustrie, wenn man so will. Ich glaube, dass die meisten Menschen das echte Fleisch in Maßen dem Kunstfleisch vorziehen werden.

Die Leute essen auch gern veganes Rinderfilet, das mehr Zusatzstoffe enthält, als wir Haare auf dem Kopf haben. Dass sich die Verbraucher am Ende doch für das Gute und Wahre entscheiden werden, ist sehr optimistisch gedacht.

Ja, auch da wird es Freunde des modernen Junkfood und der schrillen Kost geben. Aber ich glaube nicht, dass der Fleischersatz aus der Retorte wirklich die Zukunft unserer Ernährung ist.

Neben dem hohen Fleischverzehr, der dafür sorgt, dass große Mengen wertvoller Nahrungsmittel in Viehfutter verwandelt werden, ist der Biosprit ein Konkurrent im Kampf um knapper werdende Ackerflächen. Aber der große Boom für »Essen auf Rädern« scheint erst einmal vorbei zu sein.

Ich bin gespannt wie sich die Dürre in Deutschland auf die 20 Prozent Ackerfläche auswirkt, die hierzulande bereits für Biosprit und Energiepflanzen genutzt werden. Nach allem was ich höre, haben die Biogasanlagen erhebliche Schwierigkeiten, genug »Futter« zu kriegen. Möglicherweise kommt es in diesem für mich

nach wie vor perversen Sektor der Landwirtschaft jetzt zu einigen Turbulenzen. Der Boom beim Biosprit scheint jedenfalls tatsächlich vorbei zu sein.

Mit stark steigenden Ölpreisen könnte Biosprit aber wieder attraktiv werden. 100 Dollar für das Barrel Öl, und schon dürften wir eine Renaissance erleben. Die Märkte sind meist elastischer, als wir denken.

Ich glaube nicht an eine echte Renaissance. Nach der großen Krise von 2008/09 haben zu viele Institutionen und Politiker erkannt, dass der Biosprit für das Trauma der Preisexplosionen von Nahrungsmitteln und der Hungerkrisen mit verantwortlich war. Die Regierungen wissen, es geht mir an den Kragen, wenn die Brotpreise in den Städten steigen und auf den Äckern blühen die Energiepflanzen. Zumindest die Zeit der hohen Subventionen für Biosprit ist endgültig vorbei. Zudem ist Biosprit immer nur ein Tropfen auf den heißen Stein. Wir vergeuden in Deutschland riesige Ackerflächen und decken damit ein paar Prozent des Spritbedarfs, anstatt ihn einzusparen. Das ist keine Lösung, das ist eine Bereicherungsform für Subventionsjäger.

Schlussfrage, Herr Härlin. Beim Blick auf die wichtigsten Entwicklungen der Landwirtschaft kann einem schon schwindlig werden: zurückgehende Bodenfruchtbarkeit und Artenvielfalt, Wasserknappheit, Erdüberhitzung, anhaltende Landflucht, schnelles Bevölkerungswachstum und dazu die Krise des Multilateralismus, die Krise der internationalen Organisationen bei gleichzeitig zunehmendem Nationalismus. Wo nehmen wir jetzt den notwendigen Optimismus her, um bei Klima und Landwirtschaft im globalen Maßstab die Wende schaffen zu können?

Ich habe da unterschiedliche Quellen der Hoffnung. Eine ist die Begeisterung, die ich erlebe, wenn die Städter auf unseren »Weltacker« kommen und sehen, was dort alles blüht und wächst. Die Kleinkinder, die Großeltern – alle haben eine archaische, kindliche Freude an dieser kleinen Landwirtschaft. »Mönsch, kiek ma, so sieht der Reis aus!« Da wächst auch in unseren Städten eine Kraft heran, die sich danach sehnt, etwas zu verändern. Davon bin ich fest überzeugt. Der zweite Hoffnungsträger ist der Zwang unserer postindustriellen Gesellschaft, den eigenen Körper und sein Image zu optimieren, sich fit und leistungsfähig zu halten. Dazu passt unsere alte fleischlastige Ernährungsform einfach nicht mehr. Auch meine Erlebnisse in Brasilien, Kenia, Thailand, Indien und vielen anderen Ländern machen mich optimistisch. Es braucht im Dorf nur eine charismatische Antreiberin oder einen wirklich überzeugenden Bürgermeister, die die Dinge in die Hand nehmen, und schon können mit geringsten Investitionen die tollsten Projekte entstehen. Wenn dann die Mitglieder einer solchen Gemeinde mit einem gewissen Leuchten in den Augen berichten, was auf ihren Äckern wächst, dass es funktioniert, dass die Kinder wieder eine Zukunftsperspektive haben, dann sieht man, was möglich ist. Dieses neue Konzept von Gemeinschaft und Wohlstand, statt schierem Reichtum, ist etwas, um das die Reichen, die ein Herz und Kinder haben, schon hier und da die Ärmeren beneiden: Das Richtige gemeinsam tun im direkten Kontakt und Einklang mit der Natur. Da geht es um ein einfaches gutes Leben. »Buen vivir« – so heißt die Bewegung in Lateinamerika.●

Hunger als Kriegswaffe

Die Katastrophen in Nigeria und Somalia, im Jemen und im Südsudan sind politisch gemacht. Das Aushungern hat eine lange militärstrategische Geschichte

Von Alex de Waal

Das englische Verb »to starve« bedeutet nicht »verhungern«, sondern »aushungern«. Das ist etwas, was Menschen einander antun. Wie Folter oder Mord. Massenhaftes passives Verhungern, etwa als Folge von Dürren, ist höchst selten geworden; die heutigen Hungerkatastrophen gehen fast durchweg auf politische Entscheidungen zurück.

In den letzten 50 Jahren sind Hungersnöte seltener und weniger tödlich geworden. Zuletzt war ich mir ziemlich sicher, dass es künftig keine mehr geben wird. Aber im Jahr 2017 haben wir dann vier Hungerkrisen gleichzeitig erlebt. Am 11. März dieses Krisenjahrs warnte der UN-Nothilfe-Koordinator Stephen O'Brien nach einer Reise durch Jemen, Südsudan, Somalia und Nigeria, die Welt steuere auf »die größte humanitäre Katastrophe seit Gründung der Vereinten Nationen« zu. O'Brien sah einen »kritischen Punkt« erreicht, weil der seit 70 Jahren andauernde Trend einer sinkenden Zahl von Hungertoten zu Ende ist und sich sogar wieder umgekehrt hat.

Über die Ursachen der vier Hungersnöte machte sich O'Brien keine Illusionen. Der Hauptfaktor ist in allen vier Fällen ein Krieg, der Farmen, Viehherden und Märkte zerstört hat. Dramatisch zugespitzt hat sich die Lage mit der Entscheidung des Militärs – etwa im Südsudan –, humanitäre Hilfslieferungen zu blockieren.

In Nigeria haben Dörfer, die in den Krieg zwischen Boko Haram und der Armee geraten sind, ihre Besitztümer, Einkommensquellen und Nahrungsmittel verloren. In den Regionen, aus denen das nigerianische Militär Boko Haram vertrieben hat, sind die Menschen zu Tausenden verhungert. Ein ähnliches Bild im Südsudan: Dort kämpften Regierungssoldaten und Rebellen nicht so sehr gegeneinander als vielmehr gegen die Zivilbevölkerung. Aus dieser Krisenregion meldeten Hilfsorganisationen im Sommer 2016 so gravierende Versorgungslücken und so hohe Zahlen von Hungertoten, dass die UN-Kriterien für die Ausrufung eines Hungernotstands erfüllt waren. Vor diesem Schritt scheuten die UN aber zurück, weil sie die paranoide Regierung des Südsudans nicht vor den Kopf stoßen wollten. Internationale Hilfsagenturen wurden verfolgt, mehrere ihrer Mitarbeitern sind ausgeraubt, vergewaltigt und ermordet worden. Im Februar 2017 bezeichneten Helfer, die noch die Hungerepidemien der 1980er Jahre im Süden des Sudan erlebt haben, die Lage für mindestens so schlimm wie damals. Kurz darauf erklärten die UN Teile des Südsudans offiziell zu Hungerregionen.

Doch die größte Katastrophe erlebten wir im Jemen. Hier konnten die Fotos von hungernden Menschen in ausgetrockneten Landschaften den Eindruck einer schicksalhaften Dürre erwecken. Doch mit dem Wetter hatte diese Katastrophe, die 7 Millionen Menschen mit dem Hungertod bedrohte, nichts zu tun. Die von Saudi-Arabien und den Vereinigten Arabischen Emiraten angeführte Militärintervention hat die Wirtschaft des Jemen stranguliert. Vor dem Krieg hat das Land 80 Prozent seiner Nahrungsmittel importiert, vor allem über den Hafen al-Hudaida am Roten Meer. Der UN-Sicherheitsrat hat auf Betreiben der Saudis und mit Unterstützung der USA und Großbritanniens ein Embargo gegen Jemen verhängt. Nahrungsmittelimporte waren zwar ausgenommen, doch die Kontrollen verzögerten die Einfuhr dringend benötigter Lebensmittel.

Ein Zeltlager äthiopischer Hungerflüchtlinge bei Boroma, Somaliland, März 2016.

Und nachdem saudische Flugzeuge die Containerdocks von al-Hudaida bombardierten, wurde die Entladung der Schiffe immer schwieriger. Zudem wurden Straßen, Brücken und Markthallen beschädigt oder zerstört, der Handel kam fast völlig zum Erliegen. Umgekehrt blockierte die Bürgerkriegspartei der Huthi-Rebellen die Zufahrtsstraßen zu der im Hochland gelegenen Stadt Taiz. Nahrungsmittel sind auch hier die stärkste Kriegswaffe – und Unterernährung ist die häufigste Todesursache.

Während die UN und die humanitären Organisationen die Kriegsverbrechen im Südsudan eindeutig verurteilten, waren sie in ihren Stellungnahmen zum Jemen deutlich zurückhaltender. Offenbar wollten sie Entscheidungen des Sicherheitsrats nicht offen kritisieren. Obwohl die Hungersnot sich weiter verschlimmerte, verschärften die britische und die US-Kriegsmarine ihre Blockade, und im UN-Sicherheitsrat wurde lediglich darüber diskutiert, wie sich das Embargo noch effektiver gestalten ließe. Damit machen sich alle mitschuldig an Hunger und Tod.

Einzig im Süden Somalias war die bedrohliche Lage zum Teil tatsächlich auf die Dürre zurückzuführen. Aber auch hier ist für die Hungersnot vor allem der Krieg zwischen einer Koalition nordostafrikanischer Armeen und der Al-Shabaab-Miliz verantwortlich. Im Zeitraum von 2000 bis 2016 war Somalia das einzige Land, das die UN offiziell zur Hungerregion erklärt haben. Das geschah im Juli 2011. Experten zufolge war es eine vermeidbare Katastrophe – als Resultat eines »kollektiven Versagens«, bei dem auch die Unfähigkeit der somalischen Behörden und die Korruption eine große Rolle spielen.[1]

Ein weiterer Faktor aber war die Einschränkung humanitärer Hilfsaktionen durch die Vereinigten Staaten. Mit dem Patriot Act von 2001 kriminalisieren die USA die Unterstützung von Gruppen, die auf der US-Terrorliste stehen. Damit kann auch humanitäre Hilfe als Unterstützung von Terrorgruppen umgedeutet werden. Das bedeutete, dass jede in einer Hungerregion engagierte Hilfsorganisation mit einer Klage vor einem US-Gericht rechnen musste, wenn Nahrungsmittel in die »falschen« Hände geraten. Wenn zum Beispiel die islamistische Al-Shabaab-Miliz einen Lkw des Roten Kreuzes entführt, wäre das IRK dafür verantwortlich. Schon die Androhung strafrechtlicher Verfolgung ist für jede Hilfsorganisation ein Bremsklotz.

Im US-Außenministerium suchte man zwar Wege, um diese Vorschrift im Fall Somalia zu umgehen; das Justizministerium blieb jedoch hart. Erst nachdem die Vereinten Nationen Somalia offiziell zur Hungerregion erklärt hatten, begann ein Umdenken, und erst nach weiteren neun Monaten legte das Justizministerium einen Lösungsvorschlag vor. Bis dahin hatten die USA keinerlei Nahrungsmittel nach Somalia geschickt. Etwa 260 000 Menschen starben, vor allem Kinder. Die meisten von ihnen hätten überlebt, wenn die Obama-Regierung begriffen hätte, dass ein Festhalten am Patriot Act zu einer Hungerkatastrophe führen musste.[2]

Noch fatalere Folgen hatten womöglich die Maßnahmen zur Kontrolle der Geldströme. Das Nationaleinkommen Somalias besteht zu rund 30 Prozent aus Rücküberweisungen der Diaspora. Diese Gelder werden, weil ein normales Banksystem fehlt, über darauf spezialisierte Firmen transferiert. Die Besitzer dieser Firmen sind an Profit und nicht an Ideologie interessiert. Aber seit 2001 werden sie als potenzielle Terrorkomplizen angesehen. Im November 2011 wurde die größte dieser Firmen namens al-Barakaat von den US-Behörden zu Unrecht beschuldigt, Geldtransfers für Terroristen abgewickelt zu haben, woraufhin ihr Überweisungsgeschäft verboten wurde. Die US-Banken waren nicht mehr bereit, mit diesen Firmen zu kooperieren.

Die Hungersnot in Somalia ist auch durch Dürren und Missernten verursacht worden. Doch im benachbarten Äthiopien hatte die viel längere Dürreperiode von 2016 nicht zu einer Hungerkatastrophe geführt, weil die Regierung schnell reagierte. Auf dem Höhepunkt der Krise wurden fast 18 Millionen Menschen von der Regierung und der UN-Nahrungsmittelhilfe versorgt; das sind mehr Menschen

●

Offenbar hat das Aushungern in unserem kollektiven Gedächtnis keinen Platz, selbst in der Genozidforschung findet es kaum Beachtung

als die von Hunger bedrohte Bevölkerung aller vier aktuellen Krisenländer. Auch hier zeigte sich: Menschen müssen nicht verhungern, nur weil der Regen ausbleibt.

Die World Peace Foundation (WPF) hat dokumentarisch alle 61 Fälle erfasst, in denen seit 1870 mehr als 100 000 Menschen einer Hungersnot oder einer gezielten Strategie des Aushungerns zum Opfer fielen. Die globale Gesamtzahl der Toten liegt bei mindestens 105 Millionen. Davon entfielen zwei Drittel auf Asien, etwa 20 Prozent auf Europa und die UdSSR und weniger als 10 Prozent auf Afrika.

Die Hungerkatastrophen mit den höchsten Opferzahlen gingen auf politische Entscheidungen zurück. Dazu zählen die Hungersnöte zwischen 1880 und 1900 in den USA, die Hungersnöte während des Ersten Weltkriegs im Nahen Osten mit dem gewollten Hungertod von 1 Million Armeniern. Auch die Hungerkrise im Russischen Bürgerkrieg (1918–1922), Stalins »Holodomor« (Tötung durch Hunger) in der Ukraine (1932–1934), der Hungerplan des NS-Regimes in der Sowjetunion, die Hungersnöte des Chinesischen Bürgerkriegs (1927–1949), die von Japan angeordneten Hungersnöte im Zweiten Weltkrieg gehören zu den politischen Hungerkatastrophen. Und auch die größte Hungertragödie überhaupt, die im Zuge von Maos »Großem Sprung nach vorn« (1958–1962) die ungeheure Zahl von mindestens 25 Millionen Todesopfer forderte, war politisch begründet.

Offenbar hat das Aushungern in unserem kollektiven Gedächtnis keinen Platz, und selbst in der Genozidforschung findet es kaum Beachtung. Das verblüfft schon deshalb, weil Raphael Lemkin, der den Begriff Genozid geprägt hat, sich ausführlich mit Ernährungs- und Hungerpolitik befasst hat. Lemkin forschte über die physische Entkräftung als Instrument des Genozids am Beispiel der nationalsozialistischen »Rassendiskriminierung mittels Ernährung«.[3] Nach den Richtlinien der Nazis für die Zuteilung von Kohlehydraten im besetzten Europa standen »den Deutschen« 100 Prozent zu, den Polen nur 77 Prozent, den Griechen 38 Prozent und den Juden 27 Prozent.

Tatsächlich war Hunger für die Nazis das wirksamste Instrument ihrer Massenmorde. Das »Unternehmen Barbarossa« basierte auf der Idee, die fruchtbaren Böden der Ukraine und Südrusslands als »Lebensraum« für das deutsche Volk zu erobern. Schließlich war es strategisch enorm wichtig, die Wehrmacht mit Nahrungsmitteln zu versorgen.

Am 2. Mai 1941, sechs Wochen vor dem Beginn des Angriffskriegs gegen die Sowjetunion, fand eine Konferenz von Staatssekretären statt, über die es eine Aktennotiz gibt. Darin heißt es: »1. Der Krieg ist nur weiterzuführen, wenn die gesamte Wehrmacht im 3. Kriegsjahr aus Russland ernährt wird. 2. Hierbei werden zweifellos zig Millionen Menschen verhungern, wenn von uns das für uns Notwendige aus dem Lande herausgeholt wird.«

Diese Überlegungen gehen auf Herbert Backe zurück. Der Staatssekretär im Reichsministerium für Ernährung und Landwirtschaft arbeitete einen radikalen Plan aus, der den Hungertod der gesamten städtischen Bevölkerung im europäischen Teil der Sowjetunion, also von 30 Millionen »überflüssigen Essern« einkalkulierte.[4] Als ersten Schritt sah der Backe-Plan den Hungertod von sowjetischen Kriegsgefangenen vor, die in riesigen Lagern unter freiem Himmel zusammengepfercht waren. Von ihnen starben 1,3 Millionen in den ersten vier Monaten nach der deutschen Invasion, bis zum Ende des Kriegs stieg die Zahl auf mindestens 2,5 Millionen.

Die weiteren Phasen umzusetzen, erwies sich jedoch als unmöglich. Die Invasoren verfügten nicht über den Verwaltungsapparat, der zehn Jahre zuvor den unter Stalin organisierten Holodomor ermöglicht hatte. Zwar gab es im belagerten Leningrad 1 Million Hungertote, und Hunderttausende starben in Städten wie Kiew und Charkiw, wo die Nazis die Lebensmittelversorgung drastisch reduzierten. Aber die Bauern, die seit 1917 in zwei Hungerperioden schlaue Überlebenskünste entwickelt hatten, ließen sich nicht so leicht umbringen. Und weil die deutschen Soldaten auf deren Ernte angewiesen waren, durften sie weiterproduzieren.

Insgesamt wurde der Hungerplan der Nazis nur zu einem Drittel erfüllt. Aber mit 10 Millionen Toten handelt es sich um ein Verbrechen, das zahlenmäßig mit der »Endlösung der Judenfrage« vergleichbar ist. Im Übrigen gehörte der gewollte Hungertod auch zum Instrumentarium des Holocausts: Im Warschauer Getto verhungerten 80 000 Juden. Und im Vernichtungslager Auschwitz sind nach Aussagen des Lagerkommandanten Höss von Mai 1940 bis Dezember 1943 – neben den direkt ermordeten Opfern – 500 000 Menschen verhungert oder an hungerbedingten Krankheiten gestorben.

Backe sollte beim Nürnberger Wilhelmstraßen-Prozess[5] zu den Angeklagten gehören, beging aber vorher Selbstmord. Sein Vorgänger als Ernährungs- und Landwirtschaftsminister, der Blut-und-Boden-Ideologe Walther Darré, wurde zu sieben Jahren Haft verurteilt, aber schon bald entlassen. In dem Prozess wurde das Backe-Protokoll zwar als Beweismittel angeführt, aber der Hungerplan spielte keine Rolle. Die Alliierten zeigten kein besonderes Interesse, erzwungene Hungersnöte als Verbrechen zu definieren.

Tatsächlich enthielt das damals gültige Kriegsvölkerrecht kein Verbot, eine Stadt oder Region in Verfolgung militärischer Ziele auszuhungern. Deshalb konnte in Nürnberg Feldmarschall von Leeb, der Kommandeur der Belagerung von Leningrad, nicht wegen der Hungerblockade verurteilt werden. Im Statut für den Internationalen Militärgerichtshof von Nürnberg war auch der Genozid als Straftatbestand nicht enthalten, wohl aber das »Verbrechen gegen die Menschlichkeit«. Nach Artikel 6 fielen darunter auch Anklagepunkte wie »Ausrottung« oder »unmenschliche Handlungen«, die im Fall einer gezielten Hungerstrategie zweifellos erfüllt sind. Wäre

Aushungern in der Charta explizit genannt worden, hätte das für die Alliierten in Anbetracht ihrer eigenen Seeblockaden unangenehme Folgen gehabt.

Zum Beispiel für Großbritannien: Damals hatte die britische Kriegsmarine bereits jahrzehntelange Erfahrungen mit Seeblockaden. 1909 hatte das britische Oberhaus die Ratifizierung der Londoner Seerechtsdeklaration verweigert. Die britischen Lords empfanden die Gründung eines internationalen Gerichts, das über die Rechtmäßigkeit des Abfangens von Schiffen auf hoher See zu befinden hätte, als unvereinbar mit der Souveränität des Landes. Großbritannien organisierte im Ersten Weltkrieg eine Blockade gegen Deutschland, wo bis Kriegsende etwa 750 000 Menschen an Hunger starben. Das Embargo blieb nach Kriegsende im November 1918 weitere acht Monate in Kraft, um die Deutschen zur Unterschrift unter den Versailler Vertrag zu zwingen.

1942 widersetzte sich Churchill der Forderung, die Seeblockade gegen das von den Deutschen besetzte Griechenland aufzuheben. 1943 entschied das Kabinett in London, dass die Ernährung der britischen Bevölkerung wichtiger sei als der Kampf gegen die Hungersnot in Bengalen – mit der Folge, dass in Britisch-Indien drei Millionen Menschen starben. Ein weiteres Beispiel ist der Abwurf von Seeminen durch die US-Luftwaffe, womit 1945 die japanischen Häfen blockiert wurden. Die Operation lief unter dem Codenamen »Starvation«.

Die Verfolgung von »Hungerstrategien« wirft tatsächlich enorme rechtliche Probleme auf. So hat der Internationale Strafgerichtshof für das ehemalige Jugoslawien gegen den serbischen General Galić, der die Belagerung von Sarajevo organisiert hat, keine Anklage wegen Aushungerns erhoben. Begründung: Zwar habe die Bevölkerung Hunger gelitten, aber kein Bewohner der Stadt sei an Hunger gestorben. Im Fall Äthiopien gelang es nicht, Anklage gegen das 1991 gestürzte Militärregime zu erheben, das Teile der eigenen Bevölkerung ausgehungert hatte. Der Sonderankläger der neuen Regierung wollte sich nicht auf einen solchen Präzedenzfall einlassen.

Die beste Chance, Aushungern als eigenständiges Delikt zu verfolgen, bot sich in Kambodscha, wo sich seit 2006 ein Sondertribunal mit den Verbrechen des Pol-Pot-Regimes befasst. Unter den Roten Khmer sind zwischen 1975 und 1979 mehr als 1 Million Kambodschaner verhungert. Aber wie schon bei den Nürnberger Prozessen wurde das Verbrechen des Aushungerns im Rahmen anderer Anklagepunkte abgehandelt.

1977 wurde die Genfer Konvention durch ein Zusatzprotokoll ergänzt, das auf Drängen des Internationalen Roten Kreuzes folgende Bestimmung enthält: »Das Aushungern von Zivilpersonen als Mittel der Kriegsführung ist verboten« (Artikel 54, Absatz 1). Dieses Prinzip des humanitären Völkerrechts ist in seiner Anwendung aber stark eingegrenzt. Erstens gilt es nur für internationale Konflikte und nicht für Bürgerkriege. Zweitens sind Abweichungen erlaubt, »wenn eine zwingende militärische Notwendigkeit dies erfordert«. Die Verpflichtung, Hilfslieferungen zuzulassen, gilt demnach nicht, wenn eine Blockade als »militärische Notwendigkeit« dargestellt wird.[6]

Bei den Verhandlungen über das Statut des Internationalen Strafgerichtshofs (IStGH) schlug Kuba 1998 vor, Blockaden zu verbieten. Der Vorschlag wurde abgelehnt; just zu dieser Zeit setzten die USA und ihre Verbündeten umfassende Wirtschaftssanktionen gegen den Irak durch.

Gleichzeitig stieg die Zahl internationaler Hilfsoperationen als Reaktion auf Hungerkatastrophen seit den 1980er Jahren stark an.

Dabei hatten die Mitarbeiter humanitärer Organisationen eine klare Priorität: Sie wollten Nahrungsmittel zu den hungernden Menschen bringen. Hätten sie auch noch die Verbrechen, die zu der Hungersnot geführt hatten, dokumentieren sollen?

Mit ihrem Antiterrorkrieg und der Invasion im Irak haben die USA bewiesen, dass es zu Hungerkatastrophen kommen kann, wenn ein Staat sich über die Ansprüche eines progressiven Internationalismus hinwegsetzt. Alle geschilderten aktuellen Hungersnöte sind auch eine Folge der Bush-Cheney-Doktrin, die die nationale Sicherheit der USA und den Kampf gegen den Terror für wichtiger erachtet als alles andere. Nach dieser Doktrin nutzen humanitäre Hilfsprogramme letztlich immer den Aufständischen.

Die Folgen sehen wir in Nigeria beim Kampf gegen Boko Haram und im Jemen. Auch Somalia leidet immer noch unter den Folgen der Hungersnot von 2011, die auf das Dogma des Antiterrorkriegs zurückgeht, das jede humanitäre Hilfe verbietet – bis es zu spät ist.

Die in Washington und London herrschenden Vorbehalte gegen humanitäre Aktionen, die in einer langen Tradition von Wirtschaftskriegen und Handelsblockaden wurzeln, sind nicht nur moralisch verwerflich, sondern auch politisch fatal. Wenn mangels internationaler Hilfe die Hungernden nicht ernährt und die Kranken nicht behandelt werden, kommt das nur den Extremisten zugute. Und die gravierendste Folge von Hungersnöten war noch stets die Emigration. Das erleben heute die Golfstaaten, die das Ziel von Millionen Jemeniten sind.

Während die Verfechter humanitärer Operationen ihre moralischen Werte zunehmend bedroht sehen, sind ihr Wissen und ihre Fähigkeiten heute stärker gefragt denn je. Deshalb sollten sie die Initiative ergreifen, damit das Aushungern endlich in die Liste der Verbrechen gegen die Menschlichkeit aufgenommen wird. ●

Aus dem Englischen von Niels Kadritzke

1 Siehe Daniel Maxwell und Nisar Majid, *Famine in Somalia: Competing Imperatives, Collective Failures, 2011–12,* London (Hurst) 2016.
2 Die vage »humanitäre« Klausel im Patriot Act ist bis heute in Kraft. Damit unterliegen Hilfsaktionen für Hungernde nach wie vor einem Sicherheitscheck.
3 Siehe Raphael Lemkins Hauptwerk, *Axis Rule in Occupied Europe,* Washington (Carnegie Endowment for International Peace) 1944.
4 Wigbert Benz, *Der Hungerplan im »Unternehmen Barbarossa« 1941,* Berlin (WGB) 2011.
5 Der »Ministries Trial« gegen Minister und Spitzenbürokraten des NS-Regimes (November 1947 bis April 1949) war der umfangreichste und längste der Nürnberger »Nachfolgeprozesse«. Er wurde als Wilhelmstraßen-Prozess bezeichnet, weil die meisten deutschen Ministerien in dieser Straße angesiedelt waren.
6 Zitiert nach der offiziellen deutschsprachigen Fassung der Schweizer Regierung: admin.ch/opc/de/classified-compilation/19 770 112/index.html.

Süße Mastkur

Neue Erklärungsmodelle für Übergewicht und Fettleibigkeit konzentrieren sich auf den Botenstoff Insulin

Lagerhalle einer Zuckerfabrik in Campo Florido, Minas Gerais, Brasilien, Juni 2008. ■ T-PHOTOGRAPY | SHUTTERSTOCK

Von Manfred Kriener

Zumindest die Buchführung dieser Gesundheitskatastrophe ist mustergültig. Mit fast naturgesetzlicher Regelmäßigkeit werden von Gesundheitsbehörden und Medizinforschern weltweit immer neue Zahlen zum Thema Übergewicht und Fettleibigkeit ermittelt. Den letzten Stand der Epidemie hat die Weltgesundheitsorganisation (WHO) im Februar 2018 zusammengefasst.[1] Bei einem Body Mass Index (BMI) von über 25 sind demnach 1,9 Milliarden Erwachsene übergewichtig. Das entspricht 39 Prozent der globalen Bevölkerung. Von diesen Übergewichtigen sind mehr als 650 Millionen fettleibig (ihr BMI übersteigt den Wert von 30). Damit hat sich die Zahl der fettleibigen Erwachsenen seit 1975 fast verdreifacht.

Schon die erste Lebensperiode ist häufig von Gewichtsproblemen überschattet. Bei den Kleinkindern bis fünf Jahre sprengen weltweit 41 Millionen die definierten Normalmaße. In der Altersgruppe fünf bis 19 Jahre sind 340 Millionen übergewichtig oder fettleibig, das entspricht 18 Prozent – eine Vervierfachung gegenüber 1975. Wer schon im Jugendalter stark übergewichtig ist, hat beste Chancen, die Pfunde während seines ganzen Lebens mit sich herumzuschleppen. Das damit verbundene Leid der Betroffenen ist ebenso bedrückend wie die Krankheitsrisiken, an erster Stelle Diabetes. Be-

sonders dramatisch ist die Entwicklung bei Neugeborenen. Viele kommen schon mit einer »Altersdiabetes« zur Welt, weil der Stoffwechsel der Mütter entgleist ist.

Es ist eine schleichende Entwicklung, die über Jahrzehnte die Menschen verformt hat. Hunderte Diäten und Fitnessprogramme, Aufklärungskampagnen und Light-Produkte konnten die Epidemie nicht stoppen. Im Gegenteil: Der Trend ist ungebrochen. Was läuft hier falsch? Warum gelingt es nicht, zig Millionen, die teilweise mit eiserner Disziplin gegen ihre Gewichtsprobleme ankämpfen, wirksam zu helfen? Zugegeben: Das Angebot an Nahrungsmitteln war noch nie so groß und verführerisch. Und unser Organismus neigt aufgrund archaischer Hungererfahrungen dazu, sich Fettpolster für schlechte Zeiten anzufressen. Hinzu kommen psychische Probleme, Frustessen und Suchtverhalten. Doch es gibt auch noch andere Gründe: Die Regulation des Körpergewichts wird im Detail noch immer nicht ganz verstanden. In der Medizinforschung existieren entsprechend unterschiedliche Ansätze und Strategien im Kampf gegen Fettleibigkeit und Übergewicht. Und mehr denn je werden Politik und Medizin von den wirtschaftlichen Interessen der Zuckerindustrie und großer Nahrungsmittelkonzerne beeinflusst.

Die WHO vertritt das schlichte, aber weitverbreitete Modell, wonach die Übergewichtigen zu viele Kalorien futtern und zu wenig verbrauchen. Dieses »Energie-Ungleichgewicht« sei der »fundamentale Grund« des Übels. Weniger und vor allem weniger Fettiges essen und gleichzeitig mehr Sport und Bewegung rät die WHO als Rezept gegen die Speckpanzer. Auch in den USA, dem Land der extremen Gewichtsprobleme, gibt das National Institute of Health die Parole aus: »Kalorien reduzieren, körperliche Aktivität erhöhen!«

Dass diese Gleichung nicht aufgeht, haben inzwischen unzählige Studien und Abermillionen diät- und sportwilliger Menschen bewiesen. Trotz verzweifelter Anstrengungen hat die große Mehrheit kaum an Gewicht verloren und häufig sogar noch zugelegt. Sind diese Menschen alle charakterschwach, wie oft suggeriert wird? Haben sie eben doch heimlich den Kühlschrank geplündert? Oder sind in Wahrheit die Zusammenhänge viel komplizierter als das simple Kalorienmodell nahelegt? Besonders auffällig: Viele Experten und Mediziner, die diese Ernährungsratschläge geben, sind selbst übergewichtig. Sie müssten es eigentlich besser wissen. Und warum werden in Ratten- und Mäuseexperimenten diejenigen Tiere besonders fett, die bei exakt gleicher Kalorienzahl lediglich mehr Zucker und schnell verdauliche Kohlenhydrate bekommen? Das alte Kalorienmodell liefert dafür keinerlei Plausibilität.

Inzwischen häufen sich Studien mit anderen Erklärungsmustern. Im Mittelpunkt steht ein Hormon, das im Stoffwechsel eine Schlüsselrolle besetzt: Insulin. Es kontrolliert den Blutzuckerspiegel, es gibt bestimmten Körperzellen den Impuls, ihre Zellwände durchlässig zu machen und im Blut zirkulierende Glukose aus der Nahrung aufzunehmen. Zugleich hemmt ein hoher Insulinspiegel aber den Fettabbau. Und umgekehrt: Ein dauerhaft niedriger Insulinspiegel reduziert das Körperfett und führt zur Auszehrung. Die Betroffenen können noch so viel essen, sie bleiben ein Hungerhaken.

Der Insulinspiegel wird vor allem durch Zucker und Weißmehlprodukte gepuscht: Die schnell verfügbaren Kohlenhydrate. Softdrinks, Fertigprodukte und andere industrielle Nahrung sind heute mit Zucker – meist in Form besonders schädlicher Fruktose – vollgepumpt. Auch in vermeintlich unverdächtigen Produkten wie Pizza, Wurst, Müsli, Ketchup oder Joghurt steckt reichlich Zucker. Er ist in drei von vier Produkten der Nahrungsmittelindustrie enthalten. Getränke wie Limonaden, Fruchtsäfte, Cola oder Eistee sind besonders süß abgemischt. Wer sie regelmäßig trinkt, hält den Insulinspiegel ständig auf Trab.

Für die Industrie ist die Strategie klar. Zucker ist billig. Zucker streckt die verkaufbare Menge. Zucker konserviert. Und Zucker macht die darauf geeichten Verbraucher nahezu süchtig. Wer nicht selbst kocht, hat keine Chance, dem Fruktoseschub zu entkommen. Seit den 1970er Jahren ist der weltweite Zuckerverbrauch kontinuierlich gestiegen, parallel dazu die Rate von Übergewichtigen und Fettleibigen und mit leichter zeitlicher Verzögerung auch die Zahl der Diabeteskranken. Heute konsumieren die Deutschen durchschnittlich täglich 70 Gramm des Süßmachers, das entspricht einer Menge von 23 Zuckerwürfeln. Junkies schaffen leicht die doppelte Menge.

Hinzu kommt ein weit verbreitetes Snacking-Verhalten. Der Mensch isst nicht mehr dreimal am Tag, sondern eher sechs- oder siebenmal. Hier noch ein Keks, dort ein Energieriegel: Mit jeder kleinen Zwischenmahlzeit wird neues Insulin ausgeschüttet, der Stoffwechsel kann sich nicht erholen. Wird durch häufigen Genuss von zuckerhaltigen und Weißmehlprodukten der Insulinspiegel

hoch gehalten, wirkt das wie eine Mastkur: »Das Insulin«, so erklären es die Diabetes-Experten Kerstin Kempf und Stephan Martin, »signalisiert den Fettzellen fest verschlossen zu bleiben, da ja genügend schnell verfügbare Energie in Form von Zucker vorhanden ist. Ein Fettabbau ist für den Körper somit nicht notwendig und selbst dann, wenn nur wenig gegessen wird, leider auch nicht möglich.«[2]

»Macht Insulin fett?«, fragt der kanadische Arzt und Autor Jason Fung in seinem Bestseller »The Obesity Code«.[3] Seine Antwort heißt: »Ja.« Man kann den Effekt durch direkte Insulingaben auslösen. Zuviel Insulin treibt das Körpergewicht auch bei bisher schlanken Personen unweigerlich nach oben. Angesichts dieses Mechanismus wäre die zentrale Botschaft gegen Adipositas, den Konsum von Insulinpuschern, also leicht verfügbaren Kohlenhydraten in Form von Zucker, Nudeln, Weißbrot und Softdrinks deutlich zu reduzieren.

In der mit Emphase geführten Ernährungsdiskussion scheint die Botschaft allmählich anzukommen. Die Fetthysterie, die unsere Nahrungsfette über Jahrzehnte irrtümlich als potente Dickmacher verteufelte, verfliegt langsam. Zucker und Kohlenhydrate sind stärker ins Visier geraten, vor allem seitdem Diätformen mit reduzierten Kohlenhydraten gute Erfolge zeitigen. Auch die WHO rät in ihren Ernährungsempfehlungen den Zuckerkonsum zu reduzieren: »Ernährungsphysiologisch braucht der Mensch überhaupt keinen Zucker. Wir empfehlen die Zuckeraufnahme unter 10 Prozent der Gesamtenergiezufuhr zu halten; und sie auf 5 Prozent zu reduzieren, um weiteren gesundheitlichen Nutzen zu erzielen.«

Ein typisch nebelverhangener WHO-Satz: Eigentlich müsste man beim Zuckerkonsum auf 5 Prozent runtergehen, aber man traut sich angesichts mächtiger Nahrungsmittelkonzerne dann doch nicht so richtig und empfiehlt erst einmal nur 10 und erst im Nebensatz dann doch 5 Prozent. Auch die deutsche Verbraucherschutzministerin Julia Klöckner (CDU) hat nicht den Mut, sich mit der Zuckerindustrie anzulegen. Während Länder wie Mexiko und in diesem Jahr auch Großbritannien eine Zuckersteuer erheben, zieht sich Klöckner auf die »Reduzierung der Kalorien« als Strategie gegen Fettleibigkeit zurück. Auch eine klare Kennzeichnung stark zuckerhaltiger Lebensmittel wie etwa in Chile *(siehe Seite 102/103)* ist mit Klöckner nicht zu machen. Die Kennzeichnung wäre aber notwendig, damit der versteckte Zuckergehalt in vielen Lebensmitteln überhaupt erkannt werden kann. Wer etwa »gesunden« Vitaminsaft trinkt, wird überrascht sein, wie viel Zucker er damit in sich reinkippt.

Die Änderung von Ernährungsgewohnheiten ist schwierig, erst recht, wenn Suchtverhalten eine Rolle spielt und die Industrie an den Dickmachern glänzend verdient. Doch die Botschaft ist nicht mehr aufzuhalten. »Je mehr Zucker ich zu mir nehme, desto dicker werde ich«, heißt die einfache Formel, die der Diabetologe Stephan Martin seinen Patienten mit auf den Weg gibt. Das ist zwar sehr verkürzt, dafür aber leicht zu merken.

1 who.int/news-room/fact-sheets/detail/obesity-and-overweight.
2 »Süßes Gift«, *Der Spiegel*, Nr. 15/2018.
3 Jason Fung, *The Obesity Code. Unlocking the Secrets of Weight Loss,* Vancouver (Greystone Books) 2016.

Freispruch fürs Fett

Butter, Sahne und Schmalz sind gesünder als gedacht

Von Ulrike Gonder

Fett lässt alles, was wir essen, besser schmecken, Fett zu essen macht zufrieden.« Solche unbefangen positiven Sätze übers Fett gibt es nur wenige. Dieser hier stammt von der australischen Starköchin Jennifer McLagan, die ein ungewöhnliches Kochbuch über die Vorzüge tierischer Fette geschrieben hat, »weil es neben unzähligen Kochbüchern zum Thema Fettsparen, Abnehmen und Kochen ohne Fett keines gibt, das uns erzählt, wie wir Fett genießen können«.[1]

In den Medien schneidet das Fett in Sachen Gesundheit heute meist schlecht ab. Dass Fett fett macht, scheint sich als ewiges Vorurteil in unserer Gesellschaft weiter zu behaupten. Haben wir nicht alle gelernt, dass bestenfalls die ungesättigten, rein pflanzlichen Fette gesund sind? Dass Butter, Sahne, Schmalz und Speck dagegen unsere Arterien verstopfen? Die Margarineindustrie profitiert bis heute von dieser Mär, zu der neuerdings auch die Protagonisten der veganen Ernährung das Ihre beitragen. Und auch von medizinischer Seite wird nach wie vor vielfach behauptet, Fett sei eine der Hauptursachen für Übergewicht, Arteriosklerose und Krebs. So manche ernährungsmedizinische Karriere gründet sich auf der Verteufelung des Fetts.

Dabei sollte spätestens seit 2006 bekannt sein, dass Fett von diesen Vorwürfen freigesprochen werden muss. Damals veröffentlichte die Deutsche Gesellschaft für Ernährung (DGE) ihre erste evidenzbasierte – das heißt: nach zuvor festgelegten, wissenschaftlichen Kriterien erstellte – Auswertung zum Thema Nahrungsfette und Zivilisationsleiden. Daraus geht hervor, dass kein nachweisbarer Zusammenhang zwischen erhöhtem Fettkonsum und Diabetes, Übergewicht, Krebs, hohem Blutdruck, koronaren Herzerkrankungen oder Schlaganfällen besteht. In der aktualisierten Leitlinie von 2015[2] sieht es nicht anders aus: Die Schuld an den sogenannten Zivilisationskrankheiten ist den natürlichen, nicht gehärteten Fetten nicht anzulasten.

Anstatt die frohen Botschaften unters essende Volk zu bringen, schwiegen sich die Bonner Ernährungsexperten der DGE jedoch lange aus. Erst Ende des Jahres 2017 veröffentlichte die Fachgesellschaft ihre neuen »zehn Regeln« zur Ernährung. Die Warnung vor Eiern und Milchfett sind darin endlich verschwunden. Dies geschah jedoch nahezu geräuschlos und schlug sich auch nicht in einer Änderung der offiziellen Nährstoffempfehlungen nieder. Warum so zögerlich, wenn man doch der Wissenschaft verpflichtet ist, wie die Bonner gern betonen?

Der schwedische Arzt und Forscher Uffe Ravnskov hat fast sein ganzes berufliches Leben einer ehrlichen und differenzierten Betrachtung des Fetts gewidmet. Er weist schon seit Jahrzehnten darauf hin, dass ein erhöhter Spiegel des als gefährlich eingestuften LDL-Cholesterins (im Gegensatz zum »guten« HDL-Cholesterin) nur

unter bestimmten Umständen ein Risikofaktor für Herzkrankheiten ist. Ihn ursächlich mit Herzversagen in Verbindung zu bringen, sei unbegründet, ihn gar direkt auf den Verzehr von Butter, Käse oder Eiern zurückzuführen, die als Treiber des LDL-Cholesterins gelten, schlicht abwegig. Ravnskov vergleicht die Bekämpfung des Cholesterins in Sachen Herzgesundheit mit dem Versuch, ein Verbrechen verhindern zu wollen, indem man die Zeugen beseitigt.

Das »böse« LDL-Cholesterin stand lange als der Herzkiller schlechthin in Verruf. Dank Professor Ronald Krauss vom Oakland Childrens´ Hospital Research Institute in Berkeley weiß man jedoch seit mehr als zehn Jahren, dass unser Blut verschieden große LDL-Partikel mit unterschiedlichem Gefahrenpotenzial enthält. Krauss fand heraus, dass nur die kleinen, dichten Partikel den Blutgefäßen gefährlich werden können.[3] Sie entstehen vor allem bei stark übergewichtigen Personen, die fettarm und kohlenhydratreich essen. Die größeren und fluffigeren Partikel sind dagegen harmlos. Ihr Anteil steigt, wenn weniger Kohlenhydrate und dafür mehr Fette verzehrt werden. Auch neuere wissenschaftliche Übersichtsarbeiten geben Ravsnkov und Krauss recht. Sie kommen zu dem Schluss, dass sich allein ein erhöhter Cholesterinwert aufgrund von starkem Fettkonsum nicht eignet, um allgemeine Aussagen über die Herz- und Gefäßgesundheit zu treffen.

Stimmen wie diese, die sich schon früh für eine Rehabilitierung des Fetts starkmachten, wurden über Jahrzehnte ignoriert oder bekämpft, wie die US-Journalistin Nina Teicholz in ihrem Buch »The Big Fat Surprise«[4] darlegt. In einer umfassenden Meta-Analyse nahmen auch Rajiv Chowdhury und sein Team an der Universität Cambridge die üblichen Fettempfehlungen zur Verhütung von Herzerkrankungen unter die Lupe. Auch ihr Ergebnis ist eindeutig: Die wissenschaftlichen Daten stützen die alten Empfehlungen zur Fettvermeidung nicht.[5] Es sei weder belegt, dass gesättigte Fettsäuren dem Herzen schaden, noch dass ungesättigte vor Herzkrankheiten schützen. Mit anderen Worten: Es ist nicht automatisch gesünder, die »bösen« Fette wie Butter, Sahne, Kokosfett, Schmalz oder Speck einfach durch Pflanzenöle zu ersetzen. Im Gegenteil: Die in Sonnenblumen-, Maiskeim- oder Distelöl dominierenden Omega-6-Fettsäuren können – im Übermaß genossen – dazu führen, dass im Körper mehr Cholesterin oxidiert und mehr entzündungsfördernde Stoffe entstehen. Die Ernährungsempfehlungen müssten demnach dringend überarbeitet werden.

Mehr als 20 Langzeitstudien und auch die neuen Meta-Analysen haben Fette im Allgemeinen und die gesättigten Fettsäuren im Besonderen in Bezug auf das Herz- und Gefäßrisiko inzwischen freigesprochen, ebenso in Sachen Diabetes und Übergewicht. Es gibt also kein erhöhtes Risiko durch Butter, Sahne und Co, sofern der Mensch genug Gemüse isst und generell nicht zu viel zu sich

»Stop! Kennen Sie
Ihre Blutfettwerte?«
Aufklärungsplakat des
US-amerikanischen
Gesundheitsministeriums.

■ US NATIONAL LIBRARY OF MEDICINE

nimmt. Und auch daran sind nicht in erster Linie die Fette schuld, sondern vielmehr die Kohlenhydrate, die via Insulin immer neuen Hunger schüren und die Fettverbrennung hemmen. Die entscheidende Frage ist also: Wie sieht die Ernährung insgesamt aus, welche Anteile haben Fett, Eiweiß, Kohlehydrate und insbesondere der Zucker?

Ronald Krauss hat seine Entdeckungen stets mit Vorsicht an die Öffentlichkeit gebracht – aus Angst vor einem Karriereknick. »Die Leute wollen davon nichts hören«, sagt Krauss. »Sie glauben es einfach nicht, halten es für esoterisch.« Jedenfalls wollten Teile des Medizin-Establishments ihre Einschätzung zum LDL-Cholesterin nicht ändern. Das war 2008. Seither ist Bewegung in die Fettdebatte gekommen. Sowohl unter Verbrauchern und Patientinnen, als auch unter Therapeutinnen und Ernährungsberatern hat sich herumgesprochen, dass sich mit einer nährstoffreichen, fettliberalen und kohlenhydratreduzierten Ernährung gute Ergebnisse erzielen lassen: für die Figur, gegen Diabetes, Bluthochdruck, Fettstoffwechselstörungen und dergleichen mehr.

An wirklich schädlichen Fetten bleiben letztlich nur die durch industrielle Teilhärtung erzeugten Trans-Fettsäuren übrig, worauf die deutsche Pharmazeutin und Fettforscherin Johanna Budwig schon in den 1950er Jahren gekommen war. Ihr verdanken wir die Erkenntnis, dass es Omega-6- und Omega-3-Fettsäuren gibt und eben diverse trans-ungesättigte Fettsäuren. Weil Budwig aus ihrer

Einschätzung der Trans-Fettsäuren keinen Hehl machte und sich mit der Margarineindustrie anlegte, fanden ihre Forschungsergebnisse aber kaum Resonanz. Die spätere Anerkennung ihrer Arbeit erlebte sie nicht mehr. Inzwischen haben die USA die Trans-Fettsäuren weitgehend aus der Lebensmittelproduktion verbannt, Dänemark und die Schweiz haben Obergrenzen eingeführt. Eine dänische Forschergruppe konnte wenig später vermelden, dass mit der gesetzlichen Obergrenze von 2 Prozent Trans-Fettsäuren die Sterblichkeit an koronaren Herzkrankheiten zurückgegangen ist.[6] Und das ganz ohne Verzicht auf Butter, Sahne und Ei. •

1 Jennifer McLagan, »Fat. An appreciation of a misunderstood ingredient, with recipes«, Berkeley (Ten Speed Press) 2008.
2 DGE-Leitlinie Fett: dge.de/modules.php?name=St&file=w_leitlinien und dge.de/fileadmin/public/doc/ws/ll-fett/v2/Gesamt-DGE-Leitlinie-Fett-2015.pdf.
3 Ronald M. Krauss u. a., »Separate effects of reduced carbohydrate intake and weight loss on atherogenic dyslipidemia«, American Journal of Clinical Nutrition, 2006, sowie persönliches Interview.
4 Nina Teicholz, The big fat surprise. Why butter, meat & cheese belong in a healthy diet, New York (Simon & Schuster) 2014.
5 Rajiv Chowdhury u. a., »Association of dietary, circulating, and supplement fatty acids with coronary risk: A systematic review and meta-analysis«, Annals of Internal Medicine, 2014.
6 Arne Astrup u. a., »Effect of fats on cardiovascular disease prevention in Denmark«, Ugeskrift for Laeger, 2014.

Wo die Milch Rikscha fährt

In den reichen Ländern werden Nahrungsmittel verschwendet, in den armen Ländern gefährden Parasiten und schlechte Infrastrukturen die Ernte

Von Birgit Albrecht und Valentin Thurn

Die Zahl hat erstaunlich viele Nullen. Weltweit gehen nach Schätzungen der Welternährungsorganisation FAO Jahr für Jahr rund 1,3 Milliarden Tonnen Lebensmittel verloren. Das entspricht etwa einem Drittel der essbaren Menge der für Menschen produzierten Nahrung. Hinter der abstrakten Zahl verbergen sich vielfältige Ursachen und große Unterschiede von armen zu reichen Ländern. Schon die von Experten vorgenommene Unterscheidung in Nahrungsmittelverschwendung und -verlust zeigt die verschiedenen Gesichter des Problems. Frisch geerntete Bananen, die beim Transport vom Lastwagen fallen, weil der Laster überladen und unzureichend gesichert und weil die Straße extrem holprig ist, gehören in die Kategorie »Verlust«. Wenn die Bananen in der Küche eines deutschen Haushalts herumliegen, leicht anbräunen und deshalb weggeworfen werden, obwohl sie eigentlich noch gut essbar sind, dann ist das »Verschwendung«. Auch in den Supermärkten landen Bananen schnell im Abfallcontainer, sobald sie erste Reifeflecken zeigen.

In den reichen Industrieländern Europas und Nordamerikas werden 95 bis 115 Kilogramm Lebensmittel pro Kopf und Jahr verschwendet. In den Ländern des südlichen Afrikas, Süd- und Südostasiens sinkt diese Ziffer auf 6 bis 11 Kilogramm. Allerdings werden dort auch nur halb so viele Lebensmittel pro Kopf hergestellt. Armut und eine ohnehin knappe Versorgung verhindern in den Ländern des Südens, dass Lebensmittel weggeworfen werden, die noch essbar sind. Hinzu kommt, dass die ärmeren Haushalte kleinere Mengen einkaufen, weil das Geld fehlt. Oft reicht der Einkauf nur für eine Mahlzeit, und es bleibt nichts übrig. Betrachtet man nur das südliche Afrika, dann ist dessen gesamte Nahrungsmittelproduktion genauso groß wie die Nahrungsmittelverschwendung der Industrieländer. Es lohnt sich, die Unterschiede in den Statistiken genauer anzusehen.

In den Entwicklungsländern gehen 40 Prozent der Nahrungsmittelverluste auf das Konto der »Nachernte-Phase«. Die Ernte verdirbt, noch bevor sie in den Handel oder zum Konsumenten gelangt. Meist sind Parasiten, Schädlings- und Pilzbefall dafür verantwortlich. Doch die eigentlichen Ursachen sind eine schlechte, unhygienische und ungeschützte Lagerung und fehlende »schnelle« Vermarktungsmöglichkeiten. Die Nahrungsmittel bleiben zu lange in alten Schuppen und Speichern liegen, wo sie, in dem oft feuchtwarmen Klima, schimmeln, faulen und kontaminiert werden. Typischerweise sind

beim Getreide, wie etwa beim Reis, die Verluste besonders hoch. Die Nacherteverluste stehen im Fokus von Informationskampagnen und teilweise recht simplen, aber wirksamen Schutzmaßnahmen. Auf Pfosten gestellte Getreidespeicher mit Metallböden könnten zum Beispiel Ratten und Mäuse besser fernhalten.

Das warme Klima in vielen Ländern des Südens lässt bestimmte Nahrungsmittel schneller verderben, erst recht wenn eine gute Infrastruktur mit entsprechenden Kühlketten fehlt. Ein anschauliches Beispiel dafür sind die Milchtransporte in Bangladesch, die zu Teilen immer noch per Rikscha erfolgen. Das verlängert den Zeitraum, in dem die Milch ungekühlt hohen Temperaturen ausgesetzt ist. Ein weiteres spezifisches Thema der Entwicklungsländer ist die vorzeitige Ernte. Wenn der Hunger groß und die Kasse der Erzeuger leer ist, wird oft zu früh geerntet. Das geht nicht nur zu Lasten der Qualität. Ein Teil der Ernte kann dann schlicht ungenießbar sein.

Ganz anders verläuft die Ernte in den reichen Industrieländern. Die Überproduktion von Nahrungsmitteln ist weit verbreitet und eine wesentliche Ursache für die Verschwendung. Übermengen sind in vielen Sektoren ein Dauerproblem, sie werden oft zu Tierfutter verarbeitet, manchmal eingelagert, vielfach vernichtet. Dann verschenkt die Überproduktion doch an die Armen, sagen gutmeinende Beobachter. Doch der Export zu Billigpreisen zerstört, wie man aus vielfacher Erfahrung weiß, die Marktstrukturen der Entwicklungsländer. Beispiel Hühnerfleisch: In Europa werden vor allem die Brustfilets der Masthähnchen gegessen. Die übrig bleibenden Teile werden gern nach Afrika transportiert und dort billig verkauft. Das treibt die lokalen Hühnerfarmen in den Ruin.

Typisch für Länder mit hohem oder mittlerem Einkommen ist das Aussortieren großer Mengen von angeblich marktuntauglichen Nahrungsmitteln aus ästhetischen Gründen und wegen der Handelsnormen. Um den Qualitätsstandards des Handels zu genügen, die sich vor allem an Größe und Aussehen orientieren, werden zum Beispiel bei der Kartoffelernte Jahr für Jahr gewaltige Mengen aussortiert. Bestenfalls werden sie noch als Tierfutter verwendet, oft werden sie einfach weggeworfen. Auch bei anderen Gemüsesorten und Früchten führen die Qualitätsvorgaben des Handels direkt in den Abfallcontainer. Für Karotten liegt eine relativ zuverlässige Abschätzung vor. Nach einer Stichprobe bei britischen Farmern werden zwischen 25 und 30 Prozent der Karotten verworfen. Zu klein, zu dick, zu dünn, zu krumm, zu blass. Interessanterweise zeigen Untersuchungen, dass die Konsumenten durchaus bereit wären, auch kleinere und krumme Möhren zu kaufen. Doch der Handel mag ihnen nur makellose Exemplare zumuten. Krumme Möhren

Milchtransport in Rangpur, Bangladesch. Täglich wird die Produktion des Dorfs per Rikscha in die Molkerei gefahren. April 2013. ■ RACHEL CORNER

und Gurken sind vor allem für Transport und Lagerung unpraktisch. Wenn sie schön gerade und gleich lang sind, wird das Handling erleichtert. Qualität und Geschmack spielen für die Handelsnormen oft gar keine Rolle. Sie sind nur dazu da, um das Agieren auf globalisierten Märkten zu erleichtern.

Nach Zahlen der EU-Kommission sind die prozentualen Anteile der Lebensmittelabfälle in Europa wie folgt verteilt: 42 Prozent im Haushalt, 39 Prozent bei der Herstellung, 14 Prozent in der Gastronomie und 5 Prozent im Groß- und Einzelhandel. Damit liegen die Haushalte an erster Stelle.[1]

Der japanische Umweltforscher Kohei Watanabe hat Mülltonnen in England, Deutschland, Österreich, Japan und Malaysia unter-

---

Angesichts schwindender Ressourcen setzt sich zunehmend die Einsicht durch, dass ein Großteil unserer Lebensmittelverschwendung unnötig und vermeidbar ist

---

sucht und ist zu dem Ergebnis gekommen, dass der Anteil essbarer Lebensmittel darin überall rund 10 Prozent beträgt. Wo immer das System Supermarkt in einer Gesellschaft ankommt, beginnt eine Entfremdung zwischen Konsumenten und Erzeugern, die die Verschwendung begünstigt.

Bis in die 1970er Jahre haben die Menschen in den Industrieländern 40 bis 50 Prozent ihres Einkommens für Essen ausgegeben – heute sind es nur noch 10 bis 20 Prozent. In der Hektik des Alltags kaufen viele nur einmal in der Woche ein: Am Samstag wird der Kühlschrank vollgestopft, aber in den nächsten Tagen kommt man spät nach Hause, isst dann doch nur einen Döner um die Ecke oder lässt sich eine Pizza bringen. Und schon vergammelt das frische Gemüse. Im Supermarkt bekommen wir zu jeder Tages- und Jahreszeit alles, was wir gerade haben wollen: noch um Mitternacht frisches Brot und im Winter Erdbeeren. Das appetitlich arrangierte Überangebot verführt uns, mehr zu kaufen, als wir verwerten. Vieles wandert vom Kühlschrank umstandslos in den Mülleimer. Weil es schnell gehen muss, greifen wir gern zu Convenience Food mit kurzer Haltbarkeit. Was von den vorportionierten Mengen übrigbleibt, wird entsorgt.

Eine Lösung wird es nur geben, wenn in der Produktionskette alle zusammenarbeiten. Kein Händler kann etwas verändern, wenn seine Kunden nicht mitziehen. Die Verbraucher können kein Signal über ihre Kaufentscheidung setzen, wenn der Supermarkt überhaupt keine krummen Gurken anbietet. Und wenn Supermärkte die Müllproblematik einfach an ihre Zulieferer weiterreichen, indem sie sich *just in time* beliefern lassen, ist auch nichts erreicht, weil dann bei den Speditionsfirmen nur umso mehr Überschüsse anfallen.

Wie man die ganze Produktionskette anspricht, zeigte ausgerechnet das für ein ausgeprägtes Umweltbewusstsein nicht gerade bekannte Großbritannien. Schon die frühere Labour-Regierung hatte ein »Waste & Resources Action Programme« ins Leben gerufen. Detaillierte Studien zur Ressourcenverschwendung wurden vorgelegt und Kampagnen gestartet. Die Unternehmen blieben nicht verschont, die Regierung drohte mit gesetzlichen Regulierungen. Mit Erfolg: Die Lebensmittelhersteller verpflichteten sich zu einer Müll-

reduzierung um 5 Prozent in zwei Jahren. Und tatsächlich schafften Industrie und Handel die angepeilte Zielmarke.

Eigentlich müsste der Handel schon aus betriebswirtschaftlichen Gründen daran interessiert sein, die Verschwendung zu begrenzen. Doch um den Kunden perfekt aussehende Produkte anzubieten, wird besonders bei frischer Ware kräftig aussortiert. Sobald ein Blatt welk ist, wird der ganze Salat weggeworfen. Wenn nur ein einziger Pfirsich schimmelt, wandert oft die ganze Packung in die Tonne. Die Arbeitszeit der Angestellten darauf zu verwenden, einzelne Obst- und Gemüsestücke auszusortieren, ist für den Händler zu teuer. Die entsorgte Ware ist natürlich eingepreist.

Milchprodukte und Käse werden schon vor Ablauf des Mindesthaltbarkeitsdatums aus den Regalen entfernt. Das meiste davon wäre noch genießbar, sogar über das Datum hinaus. Eine einfache Prüfung – hingucken, riechen – würde reichen, um das festzustellen. Die Hersteller nutzen natürlich den Verbraucherschutz als Vorwand für immer kürzere Haltbarkeitsfristen.

Die niederländische Supermarktkette Jumbo hatte eine geniale Idee: Wer ein Produkt mit einer Ablauffrist von ein oder zwei Tagen im Regal entdeckt, darf seinen Fund umsonst mitnehmen. So wird die Optik umgedreht: Die Kunden suchen nicht mehr nach Produkten mit möglichst langem Haltbarkeitsdatum, sondern nach solchen, die sonst aussortiert und vernichtet würden – und erledigen nebenher das Durchstöbern der Regale, für das normalerweise die Angestellten des Supermarkts zuständig sind.

Ein besonders dramatisches Beispiel ist das Brot. Bäckereien werfen durchschnittlich 10 bis 20 Prozent ihrer Tagesproduktion weg und liefern die Reste im besten Fall an eine Tafel oder einen Tierfutterhersteller. Mit den 3 Millionen Tonnen Brot, die in Europa jedes Jahr auf dem Müll landen, könnte ganz Spanien versorgt werden.

Weltweit werden jährlich rund 1,3 Milliarden Tonnen Nahrungsmittel umsonst produziert. Die Welternährungsorganisation FAO kommt zu dem Schluss, dass es effizienter sei, »in der gesamten Wertschöpfungskette Verluste zu begrenzen, als mehr zu produzieren«. Damit rückt sie von ihrer früheren Position ab, das Hungerproblem einer wachsenden Weltbevölkerung könne nur durch Produktionssteigerungen gelöst werden.

Die Verschwendung im globalen Norden verschärft das Hungerproblem im globalen Süden. Auf der einen Seite können Landwirte in Afrika, Asien und Lateinamerika aufgrund der Handelsnormen nicht die gesamte Ernte nutzen. Auf der anderen Seite erhöht die Wegwerfkultur der Industrieländer den Preisdruck auf dem Weltmarkt. Denn wenn wir mehr konsumieren – und sei es nur für die Mülltonne –, steigt die Nachfrage und damit der Preis auch für Grundnahrungsmittel wie Weizen, Mais und Reis. Diese Preise sind in den vergangenen Jahren immer wieder so in die Höhe geschossen, dass sich Millionen Menschen in ärmeren Ländern den Einkauf kaum noch leisten können.

Die Verschwendung von Essen ist auch eine Verschwendung von Ressourcen. Lebensmittel werden mit einem enormen Energieaufwand erzeugt. Das Stockholm International Water Institute hat errechnet, dass ein Viertel des gesamten Wasserverbrauchs der Erde für die Produktion von Lebensmitteln vergeudet wird, die am Ende vernichtet werden.[2] Hinzu kommt, dass ein Drittel der Klimagase von der Landwirtschaft verursacht wird. Man wird die Abfälle nie auf null herunterfahren können, aber die EU hält eine Halbierung des Lebensmittelmülls für durchaus realistisch. Ohne große Einbußen beim Lebensstandard könnten die Industrieländer damit ungefähr so viele Klimagase einsparen, als würden sie jedes zweite Auto stilllegen.

Angesichts schwindender Ressourcen setzt sich zunehmend die Einsicht durch, dass ein Großteil unserer Lebensmittelverschwendung unnötig und vermeidbar ist. Auch die FAO fordert, die Verluste und die Verschwendung von Nahrungsmitteln in den nächsten Jahren zu halbieren.

Beim Fischfang und -konsum gäbe es zum Beispiel viel zu tun. Eine oft übersehene, gravierende Verschwendung ist der Beifang und Rückwurf von Millionen Tonnen unerwünschter Fische. Heute fange ein einziges großes Schiff der EU so viel Fisch wie ein traditioneller senegalesischer Fischer in 50 Jahren einbringt, war auf einer Berliner Fachtagung von Brot für die Welt zu hören. »Wir haben früher an jedem Tag und eigentlich immer Fisch gegessen«, beschrieb die Senegalesin Mariame Racine Sow die traditionelle Ernährung in ihrer Heimat. Allerdings seien die Fischmengen, die auf dem Teller lagen, klein gewesen und mit Reis kombiniert worden. Die kleinen Schwarmfische, wie etwa die Sardinen, seien im Senegal über Jahrzehnte in so großer Menge gefischt worden, dass es sie oft kostenlos gab. Auch die Ärmsten hätten Zugang zu dieser Ressource gehabt. Vorbei! Seit die ausländischen Trawler die afrikanischen Küsten abfischen, ist der Reichtum verschwunden. Mit dem industriellen Fang haben sich aber auch die Beifang- und Rückwurfmengen, die es in den Netzen der Kleinfischer sehr viel seltener gab, dramatisch erhöht.

Die weggeworfenen Beifänge machen trotz strengerer Regeln in einigen Ländern und Regionen weiterhin erhebliche Mengen aus. Die letzte große Studie der FAO stammt noch aus dem Jahr 2005 und beziffert die Menge der über Bord gehenden Fische, die nicht vermarktet werden, auf jährlich 7,3 Millionen Tonnen. Inzwischen bewertet die FAO diese Abschätzung als »vermutlich zu gering«. Greenpeace geht von 30 Millionen Tonnen aus. Im aktuellen Weltfischereibericht 2016 der FAO heißt es: »Weltweit sind die Fischverluste nach dem Fang ein großes Problem. 27 Prozent des angelandeten Fischs landen im Abfall. Rechnet man die Beifänge und Rückwürfe dazu, dann gehen 35 Prozent aller Fänge verloren.« Bei einigen Fischarten, so der Bericht, »kann der Beifang das Mehrfache der Menge des gefangenen ›Zielfischs‹ ausmachen.« Kleine Fische, Jungfische und kommerziell schwer verwertbare werden aussortiert und halbtot oder tot über Bord geworfen.

Mit der Einführung eines Rückwurfverbots, die in der EU schrittweise erfolgt, könnte sich die Lage verbessern. Aber illegale Rückwürfe sind schwer zu überwachen. Die neue Gesetzeslage verlangt, dass die Fänge der Arten, die einer Fangregelung unterliegen, auch angelandet werden müssen, auch wenn der Fang unerwünscht ist und für den Fischer keinen kommerziellen Wert hat. Der Fischer, der wirtschaftlich rentabel arbeiten muss, soll durch diesen marktorientierten Ansatz dazu veranlasst werden, die Selektivität seiner Fanggeräte zu optimieren, um insbesondere unerwünschte Beifänge an Jungfischen zu vermeiden. Damit die Fischer die Grenze ihrer Fangquoten nicht zu schnell mit unerwünschtem Beifang erreichen, werden von der Industrie neu entwickelte »schlaue Netze« propagiert, die die Fischarten angeblich schon während des Fangs sortieren können.

Und die gute Nachricht? Zumindest sind Nahrungsmittelverluste und -verschwendung seit Jahren ein großes Thema geworden. In vielen Ländern der Welt haben Politik und Zivilgesellschaft Kampagnen initiiert. In den Entwicklungsländern sind vor allem Investi-

tionen in die Infrastruktur, in Verteilsysteme und Kühlketten notwendig, um die Verluste einzudämmen. Hier verhindert die Armut zwar die Verschwendung von Lebensmitteln, doch gleichzeitig ist sie die wichtigste Ursache für die hohen Nahrungsmittelverluste.

In den reichen Ländern, sagt die FAO, wären Erfolge leicht möglich, wenn sich »bei der Lebensmittelindustrie, bei Erzeugern, Händlern und Konsumenten das Bewusstsein schärfen« würde. Was die FAO nicht sagt: Die Industrie zeigt bisher nur wenig Interesse, die Verschwendung aufzuhalten, weil sie ganz einfach mehr verdient, wenn mehr gekauft und weggeworfen wird. Mit ihren XXL-Großpackungen verschlimmert sie das Problem gezielt, ohne dass ordnungspolitisch eingegriffen wird.

Die vielen Initiativen aus der Zivilgesellschaft gehen währenddessen mit Fantasie und guten Ideen voran. Privathaushalte und Supermärkte stellen ausgemusterte Lebensmittel zur Verfügung. In öffentlichen Kühlschränken wird Ausschussware gelagert. Und schlecht gewachsenes Gemüse, das aus der Norm fällt, haben findige Frauen jahrelang in einem Berliner Spezialladen verkauft.

Hinter der 2012 gegründeten deutschlandweiten Initiative »Lebensmittelretten.de« steht die Idee, Lebensmittel, die in Biosupermärkten aussortiert werden, vor der Mülltonne zu retten und kostenlos weiterzugeben. Inzwischen gibt es feste Kooperationen mit zahlreichen Biosupermärkten, die ihre aussortierten Waren zur Verfügung stellen. Verteilt werden die geretteten Lebensmittel über die Internet-Plattform Foodsharing.de. Sie ermöglicht es Privatpersonen wie Ladenbesitzern, bundesweit über eine interaktive Datenbank nicht verbrauchte Lebensmittel kostenlos abzugeben oder zu tauschen. Wer Lebensmittel sucht, findet auf einer Landkarte die eingestellten Angebote und kann sie nach Kontaktaufnahme abholen. Nach der jüngsten Statistik von foodsharing.de sind die Berliner mit 2840 Tonnen geretteter Lebensmittel seit Gründung der Initiative Spitzenreiter unter den Foodsharing-Aktivisten vor Köln und Hamburg. 39 000 Foodsaver machen mit, 4400 Betriebe kooperieren und rund 15 000 Tonnen Lebensmittel wurden bisher vor der Mülltonne bewahrt.

Außerdem stehen zum Beispiel im Berliner Stadtgebiet sogenannte Fairteiler, das sind rund 20 Kühlschränke. Zwei davon sind öffentlich und rund um die Uhr zugänglich, die übrigen befinden sich in privaten Geschäften. Dort können Lebensmittel eingestellt werden, die in privaten Haushalten nicht verbraucht werden. Wenn ein Urlaub ansteht, mal wieder zu viel gekauft wurde oder plötzlich drei Päckchen Butter im Kühlschrank liegen, weil die Absprache beim WG-Einkauf nicht geklappt hat, kann geholfen werden. Das Angebot wird rege genutzt, und sogar Touristen wurden an den Rettungsstellen schon gesichtet. Es tut sich was. Aber es braucht alle Akteure, um wirklich nachhaltige Erfolge zu erzielen. ●

1 Welternährungsorganisation FAO, Informationen zu Lebensmittelverlusten und -verschwendung. Key facts on food loss, fao.org/save-food/resources/keyfindings/en.
2 Jan Lundqvist, Charlotte de Fraiture und David Molden: »Saving Water – From Field to Fork – Curbing Losses and Wastage in the Food Chain«, *Siwi Policy Brief,* Stockholm (Siwi) 2008.

Erstmals erschienen in *Le Monde diplomatique* vom Mai 2014, aktualisiert und ergänzt durch Recherchen von Birgit Albrecht.
© 2014 *Le Monde diplomatique,* Berlin

Maggi statt Soumabala

In Afrika verändern sich Ernährung und Lebensstile. Diabetes und andere Krankheiten des Nordens suchen den Kontinent heim

Von Frédéric Le Marcis

Diabetes, Herz-Kreislauf-Erkrankungen und andere nichtübertragbare Krankheiten (Non-Communicable Diseases, NCDs) traten früher vor allem in westlichen Industrieländern auf. Inzwischen haben sie längst auch die armen Länder im globalen Süden erreicht. In Afrika werden ab 2030 wahrscheinlich mehr Menschen daran sterben als an Aids.[1] Weil Aids neben Malaria, Gelbfieber und anderen Infektionskrankheiten aber nach wie vor stark verbreitet ist, leiden viele Staaten unter einer doppelten Belastung.

Im Senegal habe es Diabetes schon immer gegeben, berichtet der Diabetologe Saïd Norou Diop. Aber seit zehn Jahren sei die Erkrankungsrate geradezu explosionsartig gestiegen.[2] 2012 starben weltweit mehr als 38 Millionen Menschen an Diabetes und NCDs. 80 Prozent von ihnen, also 29 Millionen Menschen, starben innerhalb Afrikas in Ländern mit niedrigem oder mittlerem Bruttonationaleinkommen wie Senegal, Kamerun, der Republik Kongo oder Gabun.[3]

Eine wesentliche Rolle spielt neben der Armut die rasante Urbanisierung des Kontinents. Zur Zeit der Entkolonisierung in den 1960er Jahren lebten 15 Prozent der afrikanischen Bevölkerung in Städten – heute sind es fast 38 Prozent. In der Stadt sind die Menschen nicht nur mehr Umweltgiften ausgesetzt. Sie verändern auch ihre Essgewohnheiten. Sie konsumieren deutlich mehr Fleisch, Fett und Salz, sie trinken gezuckerte Limonaden und Alkohol, sie essen Snacks, und sie rauchen. Vor allem der Konsum zuckerhaltiger Nahrungsmittel hat rasant zugenommen. Die Weltgesundheitsorganisation (WHO) will die Zuckeraufnahme auf 5 Prozent der täglichen Kalorienmenge senken. Denn ein hoher Konsum von Zucker und einfachen Kohlehydraten aus Weißmehlprodukten verändert den Insulinstoffwechsel und hat deshalb eine Schlüsselrolle bei Diabetes.

Die mangelnde gesundheitliche Prävention und Aufklärung in afrikanischen Staaten wird häufig kritisiert. Man sollte jedoch nicht übersehen, welch entscheidende Rolle die europäische Agrarindustrie für die Ernährungsgewohnheiten spielt. Sie überflutet die afrikanischen Märkte mit minderwertigen Billigprodukten. Ein Beispiel ist der Ersatz des Soumabala, eines traditionellen Gewürzes auf Basis von Néré-Samen, durch Maggi-Würfel, die sich dank geschickter Werbekampagnen gut verkaufen. Dagegen helfen nur staatliche Eingriffe. Die Regierungen könnten die Verbreitung bestimmter Produkte beschränken, über die Gesundheitsrisiken informieren und unabhängige Gutachten einholen.

2017 schätzten deutsche Wissenschaftler die globalen Folgekosten von Diabetes mellitus auf 1300 Milliarden Dollar.[4] Die WHO warnt denn auch vor den wirtschaftlichen Einbußen durch NCDs, die die Gesundheitssysteme und Arbeitsmärkte durch krankheitsbedingte Ausfälle belasten und den gesellschaftlichen Zusammenhalt gefährden. Laut WHO sind für die meisten Todesfälle in Afrika Herz-Kreislauf-Erkrankungen verantwortlich (17,3 Millionen pro Jahr), gefolgt von Krebs (7,6 Millionen), chronischen Atemwegserkrankungen (4,2 Millionen) und Diabetes (1,3 Millionen). Man schätzt, dass in den ärmsten Ländern Afrikas 75,1 Prozent der Diabetesfälle gar nicht diagnostiziert werden.[5] In Ländern mit geringem oder mittlerem Bruttonationaleinkommen – wie etwa Gabun, Südafrika oder Kenia – hat der große Einsatz gegen Aids, Tuberkulose und Malaria den Kampf gegen NCDs fatalerweise gebremst. Als wichtiger Risikofaktor kommt in Afrika die Mangelernährung hinzu, die wegen der Folgeschäden für die Entwicklung der Kinder gefürchtet ist.[6]

Aber auch Übergewicht macht anfällig für Herz-Kreislauf-Erkrankungen und ist eine zentrale Ursache für Diabetes. In Ländern mit geringem oder mittlerem Nationaleinkommen leidet der Nachwuchs schon im Mutterleib an Mangelernährung. Nach der Geburt ist die Ernährung nährstoffarm, zu süß, zu salzig, zu einseitig. Mangelernährung und Übergewicht gehen oft Hand in Hand.[7]

Seit über 20 Jahren warnt die WHO vor dieser Entwicklung. Vor 15 Jahren wiederholte die Organisation ihren Aufruf, die Anstrengungen zu verdoppeln, und unterstrich noch einmal die gesundheitlichen Folgen falscher Ernährung. Die wachsende Ungleichheit zwischen dem Norden und dem Süden, aber auch zwischen den Armen und den Eliten des Südens bleibt eklatant. Die Eliten lassen sich in marokkanischen oder europäischen Kliniken behandeln, während die breite Bevölkerung oft keinen Zugang zur Gesundheitsversorgung besitzt. Ende der 1980er Jahre kam eine weitere Gefahr dazu: Nach der Entdeckung von HIV und den Kampagnen gegen die Aidsepidemie kümmerte man sich in Afrika kaum noch um die Behandlung von Diabetes und anderen nichtübertragbaren Krankheiten. Solche vertikalen Gesundheitsprogramme – die sich auf eine Krankheit konzentrieren und dafür eine komplette medizinische Infrastruktur bis in die Dörfer aufbauen – gehen immer auf Kosten anderer Erkrankungen.

Dank der WHO stehen NCDs nun wieder auf der Agenda. Mit immer neuen Ebola- oder Zika-Epidemien kann sich das aber schnell wieder ändern. Die reichen Länder des Nordens engagieren sich vor allem dann für die weltweite Gesundheitsversorgung, wenn sie ein eigenes Risiko befürchten. Wären Diabetes, Malaria oder die Müttersterblichkeit ansteckend, sähe die Gesundheitsversorgung auf unserem Planeten ganz anders aus.

»Der Hühnertanz«: Werbung für einen neuen Maggi-Hühnerbrühwürfel, Lagos, Nigeria, April 2014. ■ SISIYEMMIE.COM

Auch in Afrika tritt bei den Diabetes-Erkrankungen der Typ 2 am häufigsten auf. Die Stoffwechselerkrankung schreitet schleichend voran und kann dazu führen, dass Insulin gespritzt werden muss. Die Gesundheitssysteme der am wenigsten entwickelten Länder verfügen meist nicht über die nötigen Diagnose- und Behandlungsinstrumente, wie etwa die Bestimmung des Langzeitblutzuckers, um Komplikationen zu verhindern. In schweren Fällen hilft manchmal nur noch eine Amputation der unteren Gliedmaßen. Die Ärmsten haben auch nicht das Geld, um die empfohlene Diät einzuhalten.

Die senegalesische Regierung unterstützt deshalb die Initiative m-diabète der WHO und der Internationalen Fernmeldeunion, die via Mobiltelefon – 83 Prozent der Bevölkerung besitzen ein Handy – über die Krankheit aufklärt und Ratschläge gibt: von der Ernährung über die Fußpflege bis hin zum Umgang mit der Krankheit während des Ramadans.

Angesichts fehlender Mittel in den Gesundheitssystemen des Südens hängt der Kampf gegen NCDs auch vom guten Willen der Geberländer ab. Die reichen Länder des Nordens müssen gemeinsam mit den betroffenen Staaten den epidemiologischen Wandel anerkennen und bekämpfen. Man wird diese Krankheiten nur langfristig in den Griff bekommen.

Seit Ende der 1980er Jahre hat man die Mess- und Diagnoseinstrumente entwickelt, um die Epidemie des Diabetes zu erkennen. Dennoch wurde sehr viel weniger unternommen als im Kampf gegen Aids. Um gegen Diabetes und andere NCDs vorzugehen, braucht es die nötigen diagnostischen und therapeutischen Mittel. Man muss aber auch gegen die gesellschaftliche Ungleichheit kämpfen, ein gerechteres und wirksameres Gesundheitssystem auf-

bauen. Und die betroffenen Staaten müssen sich gegen die Lobby der Lebensmittelindustrie wehren, die Afrika mit süßen Limonaden und anderen schädlichen Nahrungsmitteln überschwemmt, die die Ausbreitung solcher Krankheiten fördern.

»Im Gegensatz zur herrschenden Meinung«, heißt es in einem WHO-Bericht, »sollte der Altersdiabetes als besondere Bedrohung der Volksgesundheit gelten, und zwar ebenso für Gemeinwesen in Entwicklungsländern der Dritten Welt wie für benachteiligte Minderheiten in den industrialisierten Ländern.« Bleibt die Hoffnung, dass nicht wieder neue Ebola- und Zika-Epidemien den kaum begonnenen Kampf gegen NCDs ausbremsen und der Aufruf zu einer weltweiten politischen Lösung nicht ungehört verhallt. ●

Aus dem Französischen von Sabine Jainski

1 Nasheeta Peer u. a., »Diabetes in the Africa region: An update«, in: *Diabetes Research and Clinical Practice*, Nr. 103, Februar 2014.
2 »Le diabète africain, une maladie à part«, *Destination santé*, 17. Juni 2014, destinationsante.com.
3 Zitiert bei Adama Ly, »Cancers et autres maladies non transmissibles: vers une approche intégrée de santé publique«, in: *Journal africain du cancer/African Journal of Cancer*, Bd. 4, Nr. 3, Midrand, Südafrika, 2012.
4 Christian Bommer u. a., »The global economic burden of diabetes in adults aged 20–79 years: A cost-of-illness study«, 26 April 2017.
5 Jessica Beagley u. a., »Global estimates of undiagnosed diabetes in adults«, in: *Diabetes Research and Clinical Practice*, Nr. 103, Februar 2014.
6 Adama Ly, »Politiques internationales et maladies non transmissibles: actes manqués et objectifs de développement durable«, in: *Journal africain du cancer/African Journal of Cancer*, Bd. 7, Nr. 3, Midrand, Südafrika, August 2015.
7 WHO, *Bulletin of the World Health Organisation*, Nr. 11, Genf 2015.

Erstmals erschienen in *Le Monde diplomatique* vom März 2017, gekürzt und aktualisiert.

Otto Moralverbraucher

Wir sollen durch verantwortungsvolles Einkaufen Ernährung und Landwirtschaft
auf Kurs bringen. Kann das funktionieren?

Von Ursula Hudson

Manchmal – das gebe ich gern zu – bin auch ich eine ratlose Verbraucherin. Dann stehe ich wie viele andere vor der Ladentheke, sondiere das Angebot und kann mich nur schwer entscheiden: Die Auberginen sehen richtig gut aus, aber die stammen bestimmt von einer dieser modernen Hybridsorten ab, die makellos glänzen und nach nichts schmecken. Die Tomaten sind aus Bioanbau, aber sie kommen aus den riesigen Gemüseplantagen Andalusiens. Nee, lieber nicht! Und die Zuckerschoten? In ihre Plastikbox eingeschweißt, sind sie unverkennbar Opfer einer Verpackungsorgie. Zehn Schritte weiter, an der Fischtheke, wird vor allem Zuchtfisch aus Aquakultur angeboten, das ist nun wirklich nicht mein Ding. Wenn schon Fisch, dann bitte nicht aus dem Netzkäfig. Die Koteletts am Fleischerstand sind schön marmoriert, endlich einmal, aber sie kommen aus konventioneller Haltung. Vielleicht doch lieber Hühnersuppe?

Das Einkaufen von Lebensmitteln, eigentlich ein großes Vergnügen, kann ganz schön schwierig sein. Wie viele Flugstunden hat die Ananas hinter sich? Wie wurde dieses Hähnchen gehalten? Hat man den Spargelstechern aus Osteuropa diesmal den Mindestlohn bezahlt? Und wie steht's eigentlich um den Kabeljau? Haben sich die Bestände in der Nordsee erholt?

Man kann niemals alle ethischen und moralischen Aspekte bei der Lebensmittelwahl mitdenken, aber man hat ja seinen inneren Kompass. Selbst wenn ich die Moralkeule zu Hause im Waffenschrank lasse, gibt es beim Einkauf rote Linien: Superschnäppchen, die den Erzeuger mit absurden Dumpingpreisen um seinen fairen Lohn bringen, sind ein No-go. Wenn die Leberwurst billiger ist als Hundefutter und die Milch weniger kostet als Mineralwasser, hört der Spaß auf. Dann ist ein Lebensmittelsystem aus den Fugen geraten.

Am schönsten ist der Einkauf direkt beim Erzeuger: auf Wochen- und Bauernmärkten, in den Hofläden oder bei den Food-Assemblies, das sind Treffpunkte, bei denen ausgesuchte Erzeuger regelmäßig ihre Produkte anliefern. Nachfragen, fachsimpeln, die Produzenten persönlich kennenlernen, eine Beziehung aufbauen – das ist was anderes, als im Supermarkt ins Regal zu greifen. Aber seien wir ehrlich: Der Alltag sieht oft anders aus, der bewusste Einkauf kann richtig anstrengend sein. Der nächste Hofladen ist weit weg, der Wochenmarkt ist oft nur samstags eine Option, und der Bioladen hat vielleicht nur eine begrenzte Auswahl. Dagegen ist der Supermarkt ständig geöffnet, das Angebot ist riesig, die Wege sind kurz, die Preise günstig. Wenn die Zeit knapp ist, wenn Arbeit und Termine drücken, wenn der Sohn quengelt und die Tochter noch zum Yoga gefahren werden muss, fällt es schwer, längere Wege zu absolvieren, um nachhaltig einzukaufen.

Dennoch gehört es heute zu den Selbstverständlichkeiten im kulinarischen Diskurs, dass wir die VerbraucherInnen in die Pflicht nehmen. Jahr für Jahr untersucht das Umweltbundesamt das ökologische Bewusstsein der Nation und die Bereitschaft, Konsumgewohnheiten im rauen Alltag mit entsprechendem Engagement umzustellen. Ebenso fordern unzählige Ratgeber und auch die NGOs einen der Vernunft und Nachhaltigkeit gehorchenden Konsum. Die Hoffnung, die hinter diesen Forderungen steht, ist uns vertraut: Die

Verbraucher sind machtvoll, zusammen eigentlich unschlagbar. Wenn sie als kollektiver Akteur das Richtige tun, können sie gemeinsam Großes vollbringen und die Industrie auf den richtigen Kurs zwingen. Gern wird das Bild vom schlafenden Riesen bemüht. Wehe, wenn der aufwacht und zur Tat schreitet. Denn der private Konsum von König Kunde macht bekanntlich mehr als die Hälfte unseres Bruttoinlandprodukts aus.

Würde zum Beispiel niemand mehr die mit absurden Zuckermengen gesüßten Limonaden kaufen, müssten die Abfüller ein besseres und gesünderes Produkt anbieten. Dasselbe gilt für jene hochprozessierten Industrieprodukte, die mit Zusatzstoffen und Geschmacksverstärkern vollgepumpt sind. Das gilt auch für die Kalbsleberwurst ohne Kalb, für Vanilleeis ohne Vanille oder für Karottensaft aus Orangen; oder für jenen Himbeer-Rhabarber-Saft, der neben Wasser, Kunstaroma und Zucker ganze 0,1 Prozent Saft aus den bezeichneten Quellen enthält. Leider lassen sich viele Verbraucher täuschen oder legen keinen Wert auf Qualität. Deshalb gibt es Konsumverweigerungen nur in Ausnahmefällen.

Es werden also weiter gefälschte, ungesunde und minderwertige Lebensmittel gekauft, Produkte mit zu vielen Food-Miles und schlechtem ökologischen Fußabdruck; Fleisch von gequälten Puten mit regelmäßigen Antibiotika-Kuren, Räucherfisch vom bedrohten Aal, Spargel aus beheizten Gewächshäusern, Hähnchen-Nuggets aus industrieller Massenhaltung. Alles angeblich schwer lecker. Und vieles auch noch spottbillig. Egal welchen Preis die Gesellschaft bezahlt. Sollen wir deshalb resignieren? Sollen wir aufhören, vom mündigen, kritischen Konsumenten zu träumen? Macht doch was ihr wollt, kauft doch euer Billigschnitzel, bis es euch im Hals stecken bleibt? Das wäre zynisch. Und tatsächlich erreichen wir ja viele Verbraucher, die unsere Empfehlungen dankbar annehmen. Und: Es gibt auch immer wieder erstaunliche Erfolge.

Erinnern Sie sich noch an die Käfigbatterien unserer Legehennen? Weniger als ein DIN-A4-Blatt für jedes Geschöpf? Nach langen Kämpfen landete diese Haltungsform auf dem Komposthaufen der Geschichte. Nicht dass die heute dominierende Bodenhaltung oder die »Komfortkäfige« für Kleingruppen das Nonplusultra wären. Aber es gab eine echte Revolution im Hühnerstall, und die Verbraucher hatten daran durch ihre täglichen Kaufentscheidungen und ihre Empathie für die gequälten Hühner wesentlichen Anteil.

Die Ansprache an die Konsumenten ist aber auch deshalb wichtig und unverzichtbar, weil sie zugleich in den politischen Raum eindringt. Und dort Spuren hinterlässt. Umgekehrt sind die an die Politik gerichteten Forderungen natürlich auch immer an die Verbraucher adressiert. Der gern in den Raum gestellte Gegensatz zwischen Top-down und Bottom-up, also zwischen Veränderungen, die von oben von der Politik oder von unten von den Verbrauchern angestoßen werden, ist ein künstliches Konstrukt. Es geht – in demokratischen Gesellschaften – immer beides zusammen. Es braucht für neue Entwicklungen Pioniere, unerschrockene Vorreiter, Leuchttürme, kluge Konsumenten. Es braucht Kommunikation und politischen Drive, Bewegung oben und unten. Wenn es unten brodelt, müssen sie oben Dampf ablassen. Und ohne politische Weichenstellungen von oben, läuft das Engagement unten ins Leere.

Ein aktuelles Beispiel sind die geschredderten Küken. 45 Millionen männlicher Eintagsküken werden in deutschen Brütereien kurz

Einkaufswagen in Bursa, Türkei, Mai 2011.
POLYCART [CC BY 2.0]

nach dem Schlüpfen getötet, weil nur die weiblichen Tiere, die Hennen, Eier legen. Wenn Politik und Justiz nun aufgefordert werden, das unsägliche Gemetzel zu beenden, dann erreicht dieser Aufruf auch die Verbraucher. Und die Hühnerhalter sowieso. Die Verbraucher werden damit nicht nur über eines der schaurigsten Kapitel der Massentierhaltung aufgeklärt. Sie können sich seit einigen Jahren auch dafür entscheiden, die wenigen Betriebe zu unterstützen, die auch die männlichen Tiere aufziehen. Als Ausgleich für die unrentable Aufzucht der »Brüder« sind die Eier der »Schwestern« etwas teurer.

Wenn die Medien über solche Initiativen und das Zweinutzungshuhn berichten, dann richtet sich solch ein Bericht vorrangig an die

●···

Es geht nicht nur um die äußere optische Qualität. Lebensmittel haben auch eine innere ethische Qualität, die sich auf den gesamten Herstellungsprozess bezieht

···

Verbraucher. Er wirkt aber ebenso in die politische Arena hinein. Weil die LeserInnen auch Bürger und Wählerinnen sind, die mit anderen Organisationen vernetzt sind. Weil auch Lehrer, Erzieherinnen, Politiker, Lebensmittelhändlerinnen und Gastwirte solche Berichte lesen und ihre Empörung über das Kükenschreddern weitertragen.

Zu den erfreulichen Entwicklungen im Lebensmittelsektor zählen neben dem Trend zur Regionalität das breitere vegetarische Angebot bis zu den dörflichen Wirtshäusern, in denen sonst das Schnitzel breitflächig über den Tellerrand wabert. Der Höhepunkt des Fleischverzehrs, »Peak Meat«, könnte in einigen Industrieländern tatsächlich überschritten sein. Längst stellen auch die Supermärkte reichlich Veggie-Food in die Regale.

Die Verbraucher haben diese Entwicklung wesentlich mit angeschoben. Gerade junge Leute ernähren sich zunehmend vegetarisch, teilweise auch vegan. Als Folge ist der Fleischverzehr in Deutschland leicht zurückgegangen, er liegt jetzt ziemlich genau bei 60 Kilo pro Kopf und Jahr.[1] Das gilt allerdings nicht für die Fleischproduktion. Die deutsche Agrarindustrie konnte den Rückgang des Fleischkonsums nicht nur durch stärkere Exporte ausgleichen, sondern sogar überkompensieren. Für Klima und Umwelt, für bessere Haltungsformen wurde also trotz des Rückgangs der Verbrauchsziffern nichts gewonnen. Das Beispiel zeigt deutlich die Grenzen der Verbrauchermacht. Exportbeihilfen aus der Politik sind manchmal eben durchschlagender als Konsumentscheidungen vieler Verbraucher.

Auch der Bioboom und das Aufblühen der ökologischen Landwirtschaft in den vergangenen Jahren zeigen beispielhaft, wie politische Initiativen und Verbraucherverhalten zusammenwirken. »Bio« braucht auch heute noch politischen Anschub durch Förderung und Umstellungshilfen der Bauern, durch Zielvorgaben und nicht zuletzt durch ein öffentliches Klima, das die Vorzüge einer bäuerlichen Landwirtschaft ohne Pestizid-, Dünger- und Arzneimittelorgien sowie eine artgerechtere Tierhaltung klar benennt. Und natürlich braucht Bio auch Käufer, die bereit sind, für die umwelt- und klimafreundlicher hergestellten Lebensmittel mehr zu bezahlen. Wir

Deutschen gehören übrigens zu jenem knausrigen Dutzend europäischer Länder, die mit am wenigsten für Lebensmittel ausgeben.

Gerade das Beispiel Bio zeigt die Steifnackigkeit der oft beschworenen Verbrauchermacht. Sobald nämlich der Preisabstand zwischen biologisch und konventionell erzeugten Lebensmitteln zu groß ist, werden die Ideale geopfert und mehrheitlich lieber günstigere Lebensmittel eingekauft. Das gilt vor allem für Fleisch. Anders als bei Milchprodukten, Obst und Gemüse dümpelt der Verkauf von Biofleisch noch immer in Nischenregionen und erreicht bei Schweinefleisch gerade mal die Einprozentmarke.[2] Das würde sich ändern, sobald die Haltungsvorschriften auch in konventionellen Betrieben anspruchsvoller wären und einer Billigproduktion auf Kosten der Tiere und der Umwelt Grenzen gesetzt wären. Auch bei diesem Thema sieht man, wie Politik und Verbraucherverhalten zusammenwirken.

Die große Mehrheit der Deutschen will eine bessere Tierhaltung und äußert die Bereitschaft, mehr Geld auszugeben, damit es den Tieren besser geht. Wie können wir diese Menschen beim Wort nehmen und sie ermuntern, ihr Budget für Lebensmittel zu erhöhen und lieber woanders zu sparen? Für ein superelastisches Motorenöl, das im Bauch unseres Autos verschwindet, geben wir ohne zu mucken 30 oder 40 Euro aus. Der Motor braucht das! Für ein Öl, das für unseren eigenen Bauch bestimmt ist, darf es dann die Billigware für 2,99 Euro sein. Der Magen braucht es nicht.

Dennoch: Wir können dem Verbraucher trotz allem nicht mit Zwang, Druck und Predigten kommen. Otti und Otto Moralverbraucher – das funktioniert nicht. Strenge Vorschriften, was er und sie und die Kinder gefälligst zu essen haben, sind so beliebt wie Fußpilz. Wer sich bevormundet fühlt, macht gern das Gegenteil dessen, was er tun sollte. Auch die Versuche, mit Steuern oder Gesundheitszuschlägen das Essverhalten zu beeinflussen, sind oft genug gescheitert. Es bleibt meist nur das Bohren dicker Bretter, das Argumentieren, Vorleben, die Freude am Guten, das Charisma der Qualität. Und natürlich muss die Politik die »Rahmenbedingungen« setzen. Manchmal braucht es auch gute Ideen.

Ein pfiffiger Berliner Gastronom hatte solch eine Idee. Weil in seinem Restaurant häufig beachtliche Portionen vom halben Grillhähnchen oder von der Haxe liegen blieben, wies er seine Bedienungen an, grundsätzlich und ohne Aufforderung der Gäste ein Doggybag an den Tisch zu bringen und zu ermuntern, die Reste einzupacken. Hemmungen der Gäste, die nicht kleinlich oder geizig erscheinen wollten, sind seitdem elegant überwunden. Ergebnis: Deutlich mehr Reste werden mitgenommen. Dadurch haben sich die Entsorgungskosten des Gastwirts spürbar reduziert. Alle gewinnen. In Frankreich wurde eigens ein Doggybag-Gesetz verabschiedet, Restaurants müssen neuerdings eine Schachtel vorhalten.

Lebensmittelverschwendung ist eines der typischen Themen, bei denen klar wird, dass nur das Zusammenspiel aller Akteure Erfolge verspricht. Die Verschwendung in den Industrienationen summiert sich nach Aussagen der Welternährungsorganisation FAO auf 680 Milliarden Dollar im Jahr.[3] Studien zeigen eindrucksvoll, dass nicht nur die Verbraucher, sondern bereits die Erzeuger und in der Folge Transporteure, Verarbeiter, Händler und Supermärkte in der Verantwortung stehen. Bei der Karottenernte sortieren die Bauern 25 bis 40 Prozent »fehlerhafter« Exemplare aus, weil sie Risse, kleine Fraß- oder Faulstellen, Grünköpfigkeit und andere Mängel zeigen oder weil sie schlecht gewachsen sind und nicht der makellosen Musterkarotte entsprechen.[4] Bei der Lagerung, Distribution und Lebensmittelverarbeitung fallen weitere Verluste an. Die Verbraucher, aber auch Restaurants, Kantinen und Mensen stehen am Ende der Versorgungskette.[5]

Die vielen Kampagnen der Zivilgesellschaft sind Teil des ehrgeizigen Vorhabens, die Lebensmittelverschwendung zu halbieren. Ohne die Politik läuft das nicht. Wir benötigen bessere Daten über Lebensmittelabfälle in der gesamten Kette, nationale Ziele für die Vermeidung, Maßnahmen gegen Überproduktion, ein anderes Mindesthaltbarkeitsdatum und vieles mehr. Moralische Appelle an die Verbraucheradresse greifen auch hier zu kurz. Und natürlich müssen wir die Wertschätzung von Lebensmitteln erhöhen. Die Achtung der Esskultur und der kulinarischen Traditionen ist Teil dieser Wertschätzung. Ernährung als volles Unterrichtsfach in Schulen ist überfällig, um Kompetenz und Respekt im Umgang mit Nahrungsmitteln zu stärken.

Jeder Haushalt kann die Verschwendung in der eigenen Küche reduzieren. Aber erst die gesellschaftliche Anstrengung wird nachhaltige Erfolge bringen. Denn die Marktlogik und die Machtverhältnisse, Werbung und Preisgestaltung, Verpackungsgrößen und anderes mehr setzen individuellen Strategien enge Grenzen.

Verantwortungsvolles Handeln wird von der Lebensmittelindustrie immer wieder unterlaufen. So sind zum Beispiel die unzähligen Labels, Siegel und Qualitätszeichen oft nichts anderes als Marketingtricks. Glaubt man den Qualitätsversprechen im Handel, dann gibt es heute nur noch hochwertige Lebensmittel aus natürlicher Umgebung, artgerechter Tierhaltung und von bestem Geschmack. Das ist die Botschaft, die uns in jedem Supermarkt empfängt. Etiketten und Verpackung versenden in Sekundenbruchteilen ihre Botschaften, um den Kunden zu fangen. Dazu werden selbst verliehene Gütesiegel verwendet. Das Biozeichen ist zwar geschützt, aber Begriffe, die das Produkt in einen ähnlich ökologisch-natürlichen Kontext rücken, sind es nicht. Natürlich grast die auf Milchpackungen abgebildete Kuh auf der saftigen Wiese. Das Huhn pickt im Freiland, das Schwein wälzt sich wohlig im Dreck. Verlogene Aussagen auf Verpackungen werden von der Lebensmittelaufsicht toleriert, schließlich, so wird argumentiert, wisse doch jeder, dass die Milch nicht direkt von der Kuh kommt, sondern pasteurisiert, homogenisiert und hocherhitzt in riesigen Abfüllstationen verarbeitet wird. Weil der Verbraucher alles weiß, ist auch alles erlaubt. So werden wir bei jedem Einkauf für dumm verkauft, »Consumer Confusion« ist eher die Regel als die Ausnahme.

Gleichzeitig hat das ständige Qualitätsversprechen den Begriff »Qualität« entwertet. Es geht nämlich nicht nur um die äußere optische Qualität. Lebensmittel haben auch eine innere ethische Qualität, die sich auf den gesamten Herstellungsprozess bezieht, auf die Tierhaltung und auf die Bezahlung aller beteiligten Personen.

Auch monströse Massentierhaltungen vergeben heute ganz selbstverständlich Qualitätszeichen und -siegel. Vergangenes Jahr hat die Bundesregierung das Tierwohllabel für Großbetriebe aufgelegt – ein einziges Täuschungsmanöver. Oder: Was taugt das Qualitätszeichen Extra vergine für Olivenöl? Ein Paradebeispiel für verlogene Qualitätsversprechen. Die Praxis zeigt: Der Mercedes unter den Olivenölen ist zur Regel geworden. Nahezu alle Öle sind heute Extra vergine, doch die Qualität ist höchst unterschiedlich. Viele Öle sind ranzig und müssten eigentlich aus dem Verkehr gezogen werden, der Mercedes entpuppt sich oft als verrostetes Moped.

Um die Kompetenz der Verbraucher zu stärken, damit sie bei der Lebensmittelauswahl zwischen »Gut und Böse« unterscheiden und durch ihr Alltagsverhalten tatsächlich das Lebensmittelsystem posi-

tiv beeinflussen, brauchen wir ein ehrlicheres Bezeichnungsrecht. Solange aus Sägemehl hergestelltes Erdbeeraroma als »natürliches Aroma« im Packungsaufdruck stehen darf, solange sollten wir uns nicht über verwirrte Verbraucher wundern. Und erst wenn die Milch von natürlich gehaltenen Kühen mit regelmäßigem Weidegang auch als Weidemilch leicht erkennbar ist und sich vom gleichen Produkt von Turbo-Sojakühen aus ganzjähriger Stallhaltung gut erkennbar absetzt, wird der Verbraucher in die Lage versetzt, auszuwählen. Dann kann er tatsächlich mit seiner Kaufentscheidung dafür sorgen, dass nicht noch mehr Kühe aus unseren Landschaften verschwinden; dass statt Gras und Heu noch mehr brasilianisches Soja im Kuhmagen landet, für dessen Herstellung ganze Urwälder verschwinden.[6]

Natürlich sollten die Verbraucher auch selbst ihre Kompetenz stärken. Wer sich für den Anfang nur ein einziges Lebensmittel aussucht, bei dem er es etwas genauer wissen will, der wird schnell dazulernen. Auch regelmäßiges Selberkochen ist ein guter Kursus und Akt der Selbstbehauptung. Wer selbst einkauft und kocht, der weiß nicht nur, was er isst. Der macht sich auch lebensmittelschlau und entwickelt womöglich eine Leidenschaft für authentische Erzeugnisse. Der ist ein wenig gefeit gegen die Entwertung von Lebensmitteln als reine Wirtschaftsware, die mancherorts wie Ziegelsteine produziert werden.

Verantwortungsvoll einkaufen und mitgestalten? Ja, soweit wir das können. Doch eine einseitige Verantwortungszuschreibung an die Verbraucher halte ich für problematisch. Politik, Handel, Gastronomie und die Ernährungsindustrie sind machtvolle Player. Wenn wir das Ernährungssystem verändern wollen – und das müssen wir! – dann können das nicht allein die Verbraucher richten. Deren Einkaufstasche nachhaltiger zu füllen, ist eine gesellschaftliche Aufgabe. Eine mächtige Wirtschaftsbranche lässt sich nicht durch freiwillige Kaufentscheidungen umkrempeln. Dass jeder Einzelne einen kleinen Teil der Verantwortung trägt, wird damit nicht bestritten. Politisches und gesellschaftliches Engagement sind dabei aber genauso wichtig wie individueller nachhaltiger Konsum. Dass es in jedem Fall sinnvoll ist, bei der Wahl der Lebensmittel genauer hinzuschauen, dafür gibt es gleich mehrere Gründe. Erstens schmeckt es besser, zweitens hat man ein gutes »Gefühl« im Bauch und Kopf, und drittens gilt, um es mit Worten des Aufklärers, Künstlers und Journalisten Jürgen Dahl zu sagen: Wer zu Hause verantwortungsbewusst handelt, der wird »vielleicht nicht die Welt retten, dafür aber die eigene Würde«.　　　　　●

1　Deutsches Fleischerhandwerk, Pro-Kopf-Verzehr 2016, fleischerhandwerk.de/presse/pressemitteilungen/weniger-schwein-dafuer-mehr-rind-und-gefluegel-auf-dem-teller.html.

2　Bund Ökologischer Lebensmittelwirtschaft, Bio-Branche 2017, boelw.de/fileadmin/media/pdf/Themen/Branchenentwicklung/zdf_2017/boelw_zdf_2017_web.pdf.

3　Welternährungsorganisation FAO: Informationen zu Lebensmittelverlusten und -verschwendung (Key facts on food loss), fao.org/save-food/resources/keyfindings/en.

4　Kathrin Klockgether und Walter Dirksmeyer, »Lebensmittelverluste in der Gemüseproduktion«, Thünen-Institut, März 2017, refowas.de/images/refowas_dgg_2017.pdf.

5　EU-Kommission, »Measures Addressing Food Waste – Regarding The Review Of EU Waste Management Targets«, Brüssel 2014, ec.europa.eu/environment/eussd/pdf/ia.pdf.

6　J. W. Reijs u. a., »Grazing dairy cows in North-West Europe«, Universität Lei Wageningen 2013, Studie zum Rückgang der Weidehaltung, library.wur.nl/WebQuery/wurpubs/fulltext/265 398.

Mit diesem Text beschreibt Ursula Hudson als Vorsitzende von Slow Food Deutschland das grundsätzliche Dilemma der Verbraucherverantwortung aus Sicht einer NGO im Ernährungssektor.

Der Fluch der Avocado

Exotische Lebensmittel werden als »Superfood« verkauft –
mit erheblichen Nebenwirkungen in den Erzeugerländern

Von Kristina Simons

Abnehmen, Depressionen heilen, Erkältungen, Alzheimer und Krebs bekämpfen – die Liste der Wundertaten, die sogenannte Superfoods vollbringen sollen, ist lang. Manchen wird zwar eine katastrophale Umweltbilanz bescheinigt, doch ihren Siegeszug konnte das bisher nicht aufhalten.

Es ist noch nicht lange her, da stand beim Mittagessen in einigen Berliner Cafés auf jedem dritten Tisch ein Glas mit einer seltsam grünen Flüssigkeit. Es war flüssiges Weizengras, das es als Saft oder als Smoothie gibt, in jedem Fall zu einem saftigen Preis. Basis für das Getränk ist die junge Weizenpflanze, die nach sieben bis zehn Tagen geerntet wird. Man zieht das Weizengras entweder selbst und entsaftet dann die Pflanze, oder man kauft Weizengraspulver und rührt es mit Wasser an. Lecker ist das nicht. Doch Weizengras soll 60-mal mehr Vitamin C enthalten als Orangen, 11-mal mehr Calcium und 30-mal mehr Vitamin B1 als Rohmilch, 5-mal mehr Eisen und 50-mal mehr Vitamin E als Spinat sowie 5-mal mehr Magnesium als Bananen.

Weizengras – eine Pflanze mit Superkräften? Eher nicht. Die Nährwertangaben sind nicht gerade falsch, sie beziehen sich allerdings auf eine Menge von 100 Gramm. Nach dem Auspressen bleibt von der Pflanze aber nur ein winziger Schluck Saft übrig. Um auf die Nährwerte von 100 Gramm zu kommen, müsste die Konsumentin sehr viel Weizengrassaft trinken – deutlich mehr, als ihren Geschmacksnerven guttut. Immerhin: Weizengras ist ein heimisches Produkt. Damit unterscheidet es sich ganz wesentlich von anderen Superfoods wie Quinoa, Gojibeeren oder Avocado, die erst den langen Weg aus Südamerika, Asien oder Südafrika nach Deutschland antreten müssen und schon deshalb eine miserable Ökobilanz aufweisen.

Weizengras ist ein typisches Beispiel für ein Lebensmittel, das plötzlich als Superfood Schlagzeilen macht. Das Gras war lange Zeit so beliebt wie, sagen wir, Sauerampfer oder Löwenzahn. Jetzt ist es plötzlich in die Kategorie Wundernahrung aufgestiegen.

Ein anderes Beispiel ist das Pseudogetreide Quinoa, mit dem der Superfood-Trend erst richtig losging. Pseudo, weil es echtem Getreide ähnelt, botanisch jedoch zu den Gänsefußgewächsen zählt. In der Andenregion ist das »heilige Mutterkorn der Inkas« seit mehr als 6000 Jahren eines der Hauptnahrungsmittel. »Deshalb verbinden viele mit Quinoa etwas Exotisches mit heilenden Kräften, das hat eine große Anziehungskraft«, sagt Wilfried Bommert. Der Agrarwissenschaftler ist Vorstandsmitglied des Instituts für Welternährung.

Tatsächlich hat Quinoa einen hohen Eiweißgehalt und enthält essenzielle Aminosäuren, viele Ballaststoffe, Mineralstoffe, Vitamine und wichtige Fettsäuren, unter anderem Linolsäure und Omega-3-Fettsäuren. Außerdem ist Quinoa glutenfrei und deshalb besonders bei Menschen mit einer Glutenunverträglichkeit beliebt. Für die arme Bevölkerung in den traditionellen Anbaugebieten sind die nährstoffreichen Körner bis heute wesentlicher Bestandteil ihrer Ernährung und wichtig für Wohlergehen und Gesundheit.

Die Quinoamode hat für die alte Quinoawelt vor allem negative Folgen. Denn inzwischen ist das Arme-Leute-Essen der Andenbevölkerung weltweit begehrt: Allein zwischen 2007 und 2013 haben sich die Quinoa-Exporte vervierfacht. Als die Vereinten Nationen 2013 zum »Internationalen Jahr der Quinoa« ausriefen, erreichten sie neue Rekordwerte. Die meisten Quinoafelder liegen in Peru und Bolivien. Die beiden lateinamerikanischen Staaten exportieren ihre Ernte vor allem in die Vereinigten Staaten, nach Kanada, Europa, Israel und Brasilien.

Die Kehrseite des globalen Quinoabooms: Die Menschen vor Ort können ihren Bedarf teilweise nicht mehr decken. Obwohl es allein in Bolivien 3000 verschiedene Unterarten des Korns gibt, landet fast ausschließlich weiße Quinoa mit ihren großen Körnern in den Regalen der hiesigen Bioläden und Supermärkte. Dadurch nimmt die Sortenvielfalt auf den Äckern ab. Und: Der Preis für Quinoa ist dramatisch gestiegen.

Verbraucher in Deutschland zahlen für ein Kilogramm heute im Schnitt 8 Euro. Die Kleinbauern profitieren davon jedoch nicht. »Sie erhalten hochgerechnet etwa 7 Prozent des Preises, den wir für Quinoa im Laden bezahlen«, sagt Wilfried Bommert. Zugleich kann sich die lokale Bevölkerung das Lebensmittel kaum noch leisten.

Mit dem höheren Preis und dem gestiegenen Produktionsvolumen steigt auch der Wettbewerbsdruck. »Viele Kleinbauern können den Exportbedarf nicht mehr bedienen und werden von Großbauern und Investoren verdrängt, die industriell produzieren und auch Preisschwankungen aushalten können«, so Bommert. Mittlerweile wird Quinoa auch in den USA, in Indien und China angebaut, das führt zu einem weiteren Preisverfall für die Bauern in den ursprünglichen Anbaugebieten. Hinzu kommt, dass sich problematische Anbaumethoden immer stärker verbreiten, um die Nachfrage bedienen zu können. »Die Intensivierung forciert den Einsatz von Düngemitteln und bringt einen extrem hohen Wasserverbrauch mit sich«, sagt Bommert. »Die Pflanzen werden mit Grundwasser bewässert, und die ansässige Bevölkerung leidet gleichzeitig unter Wasserknappheit.«

Avocado-Sämling *(Persea americana)*.

Quinoa ist nicht das einzige importierte Superfood, das den Wassermangel in den Erzeugerländern verschärft. Eine Paradefrucht ist die Avocado. Seit 2008 hat sich der Import von Avocados allein nach Deutschland mehr als verdreifacht. Schon meldet die *Süddeutsche Zeitung* unter Berufung auf das Statistische Bundesamt neue Bestmarken.[1] Um sagenhafte 22 Prozent gegenüber dem Vorjahr habe 2017 der Absatz von Avocados in Deutschland zugenommen: auf 57 Millionen Kilo. Damit gehöre das Land der Krauts und Kartoffelköpfe zu den am schnellsten wachsenden Märkten für Avocados. Der Chef der World Avocado Organization, Xavier Equihua, spricht von einem regelrechten »Siegeszug«. In Berlin haben inzwischen die ersten zwei Avocado-Restaurants eröffnet.

Der Anbau der mexikanischen Riesenbeere führt in Mittel- und Südamerika sowie in Südafrika zu einem bedrohlichen Trinkwassermangel. Um ein Kilo Avocado – das entspricht etwa drei Früchten – zu produzieren, werden rund 1000 Liter Wasser verbraucht. Zum Vergleich: Für ein Kilo Tomaten, das Lieblingsgemüse der Deutschen, gibt die Internetseite virtuelles-wasser.de einen Wasserverbrauch von durchschnittlich 184 Litern an. Die Avocado schneidet deutlich schlechter ab. »Außerdem werden zunehmend Monokulturen kultiviert, und den Böden wird die Fruchtbarkeit geraubt«, kritisiert Bommert.

Insbesondere in Mexiko werden inzwischen ganze Wälder illegal gerodet, um Platz für Avocadobäume zu machen, beklagt die dortige Agrar- und Umweltorganisationen Gira. In verschiedenen deutschen Medien wurde ausführlich über den problematischen Wasserverbrauch der Avocadoplantagen berichtet. Dem Image der Pflanze und der Nachfrage nach ihren Früchten hat das kaum geschadet. Die grüne Butterbirne gilt als wahres Gesundheitselixier. Die Deutschen verzehren sie im Bewusstsein, sich und ihrer Gesundheit etwas Gutes zu tun. Selbst in der Naturheilkunde ist die Avocado dank ihrer wertvollen Inhaltsstoffe eine gern verordnete Gesundheitsspeise geworden. Superfood eben.

Der Begriff Superfood ist weder wissenschaftlich noch lebensmittelrechtlich definiert. Es handelt sich eher um eine Marketingidee. Immer wieder kommen neue Produkte dazu, andere fallen heraus. »Im Allgemeinen werden unter Superfood besonders nährstoffreiche Lebensmittel zusammengefasst, vor allem aus dem Bereich Obst und Gemüse«, erläutert Antje Gahl von der Deutschen Gesellschaft für Ernährung (DGE). Dazu gehören neben Weizengras vor allem Açaibeeren, Algen, Amaranth, Avocado, Chiasamen, Gojibeeren, Kokosmehl, Mandelmehl, Matchatee, Moringa und Quinoa.

Die Frauenzeitschrift *Elle* zählt auch Reishi-, Chaga- und Shatavaripilze, Yamswurzel, Maniok, Guarana sowie Basilikumsamen und Wassermelonenkerne zu den Superfood-Trends des Jahres 2018.

Erstmals aufgetaucht ist der Begriff Superfood im Jahr 2009 in einem US-amerikanischen Ernährungsratgeber. Dort war der Artikel »Superfoods: The Food and Medicine of the Future« veröffentlicht worden, wie Harald Seitz vom Bundeszentrum für Ernährung (BZfE) recherchiert hat. Auf dem deutschen Markt treten Superfoods verstärkt seit 2015 in Erscheinung. Laut einer Studie der Marktanalysten von Mintel stieg die Anzahl der eingeführten Lebensmittel- und Getränkeprodukte, die als Superfood, Superfruit und Supergrain bezeichnet werden, zwischen 2011 und 2015 weltweit um 202 Prozent.[2] »Superfood wurde schnell als Marketingidee übernommen – schlicht, weil sich damit Geld machen lässt und die Verkaufszahlen in die Höhe schießen«, erläutert Seitz.

Mit dem Begriff Superfood sei ein populärer Inhalt in ein werbewirksames Wort gepackt worden, sagt Agrarwissenschaftler Bommert. »Alles, was super ist, ist besser als gewöhnlich.« Davon profitieren in erster Linie Handel und Hersteller, auch weil der Begriff Orientierung gibt. »Verbraucher sind oftmals überfordert mit dem Informationsdschungel rund um Lebensmittel und deren Erzeugung«, erklärt Harald Seitz. Die vielen, teils widersprüchlichen Informationen machten die tägliche Essensentscheidung schwer und verunsicherten die Leute. »Da hilft der ›Leuchtturm Superfood‹ – man kann vermeintlich nichts mehr verkehrt machen.«

Was ist eigentlich super an Superfood? Ohne Frage sind die Produkte reich an bestimmten Nährstoffen. Chiasamen zum Beispiel haben einen hohen Gehalt an Kalzium, Antioxidantien und Ballaststoffen. Und die Açaibeere strotzt nur so vor Proteinen, Antioxidantien, Kalzium und Vitaminen. Gerade die Kombination verschiedener Mineralstoffe und Vitamine komme bei den Menschen gut an, sagt Wilfried Bommert. »Das tun Kartoffeln allerdings auch. Die sind für mich sowieso das Superfood Nummer eins.« Bei den meist exotischen neuen Superlebensmitteln würden zudem häufig viel höhere Nährstoffmengen zugrunde gelegt, als unter Alltagsbedingungen tatsächlich aufgenommen werden, ergänzt Antje Gahl von der DGE.

Zu verdanken sind die gesundheitsfördernden Wirkungen vor allem den sogenannten sekundären Pflanzenstoffen, auch bioaktive Substanzen genannt.[3] Bestimmte sekundäre Pflanzenstoffe können die Wahrscheinlichkeit verringern, an Krebs zu erkranken. Andere sollen sich positiv auf das Herz-Kreislauf-System auswirken. »Aber nur selten kann man hier einen Bezug zu einem bestimmten Obst

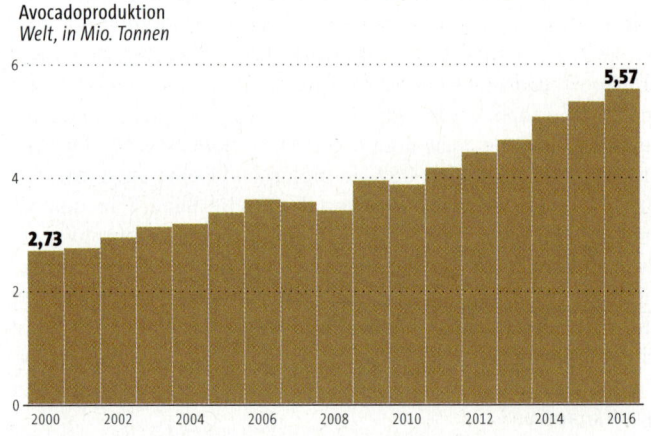

Avocadoproduktion
Welt, in Mio. Tonnen

2,73 ... 5,57

2000 2002 2004 2006 2008 2010 2012 2014 2016

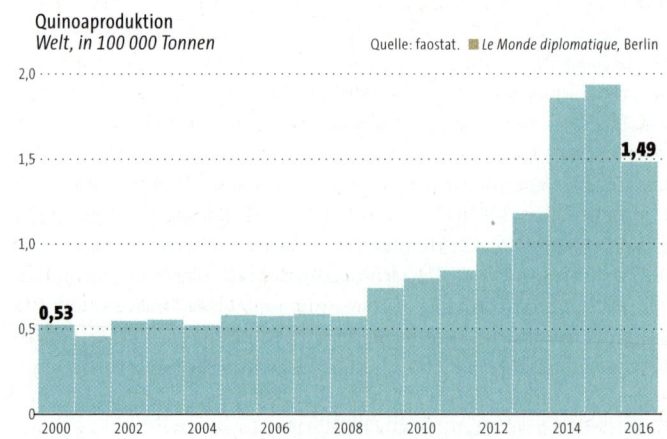

Quinoaproduktion
Welt, in 100 000 Tonnen

Quelle: faostat. ■ *Le Monde diplomatique*, Berlin

0,53 ... 1,49

2000 2002 2004 2006 2008 2010 2012 2014 2016

oder einer Gemüseart herstellen oder gar einen einzelnen Inhaltsstoff dafür verantwortlich machen«, betont Iris Lehmann vom Max-Rubner-Institut (MRI).

Auf vielen Superfood-Verpackungen wird zudem mit hohen Orac-Werten geworben. Orac steht für Oxygen-Radical-Absorption-Capacity. Der Wert gibt an, wie antioxidativ die Nahrungsmittel wirken, sprich: wie gut können sie die »freien Radikalen« binden, die im Verdacht stehen, das Gewebe altern zu lassen und schlimmstenfalls Krebs zu verursachen. Überdurchschnittlich gut schneidet hier die Açaibeere ab mit einem Orac-Wert von 39 127 pro 100 Gramm Pulver. Aus dem Wert kann allerdings nicht direkt auf eine gesundheitsfördernde Wirkung geschlossen werden. »Tatsache ist, dass Orac ein Laborwert ist, eine lebensmitteltechnologische Möglichkeit, etwas zu messen«, sagt Harald Seitz. »Das hat allerdings wenig bis gar nichts mit der physiologischen Wirkung im Körper zu tun.« Wie der Körper was in welcher Form und in welchen Mengen aufnehmen und verwerten könne, stehe in den Sternen. »Die Formel ›viel hilft viel‹ ist hier völlig fehl am Platz.«

Auch wenn Superfood-Produkte einige gesundheitsfördernde Stoffe enthalten: Superkräfte besitzen sie nicht, schon weil kein Lebensmittel allein alle lebensnotwendigen Nährstoffe enthält. Gesundheitsfördernd sei vielmehr eine ausgewogene und abwechslungsreiche Ernährung, erklärt Antje Gahl. Von Superfood-Lebensmitteln sind also keine Wunder zu erwarten. Effekte wie Antiaging, Schutz vor Krebs oder Herz-Kreislauf-Erkrankungen und eine Anregung des Stoffwechsels seien »größtenteils wissenschaftlich nicht belegt«.

Auch die Verbraucherzentralen weisen darauf hin, dass die meisten Aussagen in Sachen Superfood von gewerblichen Anbietern oder Interessengruppen stammen. »Dabei überwiegen Anekdoten und Erfahrungsberichte. Scharlatanerie ist weit verbreitet. Gesicherte Daten zu Enzymgehalten oder den Mengen einzelner sekundärer Pflanzenstoffe fehlen in der Regel.«[4]

Nicht ausreichend erforscht sind auch die womöglich negativen Wirkungen bestimmter Superfood-Produkte. Was passiert eigentlich bei großen Verzehrmengen? »Beispielsweise sollten pro Tag nicht mehr als 15 Gramm Chiasamen gegessen werden, und auch bei Nahrungsergänzungsmitteln auf Basis von Superfoods ist Vorsicht geboten«, warnt Antje Gahl. Getrocknete Algen seien wegen ihres extrem hohen Jodgehalts für Menschen mit einer Schilddrüsenerkrankung ebenfalls nicht ungefährlich, ergänzt Seitz.

Die Verbraucherzentralen warnen generell vor Superfood in Kapselform. Dabei werden bestimmte Inhaltsstoffe der Pflanze extrahiert und in Pillenform angeboten. Durch die Aufkonzentration bestimmter reizender oder toxischer Stoffe könne es zu gesundheitlichen Problemen kommen. So ist beispielsweise *Moringa oleifera* eine in afrikanischen und asiatischen Ländern wertvolle Nahrungspflanze. Hierzulande kommt sie meist als Moringablattpulver vor allem in Form von Nahrungsergänzungsmitteln auf den Markt. Wissenschaftler des Chemischen und Veterinäruntersuchungsamts Stuttgart fanden darin wiederholt Pestizidrückstände – in neun von elf Proben. Selbst Produkte, die als Ökoware deklariert waren, enthielten chemisch-synthetische Pflanzenschutzmittel.[5]

Superfood, das in anderen Erdteilen angebaut wird, muss aus Transport- und Lagerungsgründen meist getrocknet oder zu Pulver verarbeitet werden – auf Kosten zahlreicher Nährstoffe. Zum Teil sorgen erst weitere Verarbeitungsschritte in den Importländern dafür, dass dieses Superfood überhaupt genießbar wird. Dazu gehö-ren beispielsweise Extraktion, Trocknung, Zugabe von Zucker oder Aromen. »Der positive Effekt ist dann oft dahin«, sagt Harald Seitz. »Ganz abgesehen vom schlechten ökologischen Fußabdruck bei Exportwaren aus fernen Ländern.«

Hinzu kommt, dass die meisten Superfood-Produkte deutlich teurer sind als heimische Erzeugnisse, die ähnlich viele gute Inhaltsstoffe enthalten. 100 Gramm Açaibeeren kosten als Pulver oder Kapseln 15 Euro und mehr, 500 Gramm getrocknete Gojibeeren um die 16 Euro. Deutschland ist aber kein Vitaminmangelland, weshalb wir auch keine exotischen Früchte brauchen, um unseren täglichen Nährstoffbedarf zu decken. Heimische Alternativen zu Chiasamen mit ihrem hohen Gehalt an Ballaststoffen und wertvollen ungesättigten Omega-3-Fettsäuren sind beispielsweise Leinsamen, Rapsöl und auch Nüsse. Statt sündhaft teuren Gojibeeren tun es auch Paprika, Rosenkohl, Spinat, Brokkoli und einfache Milchprodukte. Oder Orangen und schwarze Johannisbeeren. Letztere haben übrigens mehr Vitamin C und achtmal weniger Kalorien als Gojibeeren. Wichtige Nährstoffe der Açaibeeren sind auch in Heidelbeeren, Sauerkirschen, schwarzen Johannisbeeren, Holunder und einigen roten Traubensorten sowie in grünem Gemüse enthalten. »Davon werden in der Regel auch größere Mengen verzehrt als von der teuren Beere, die in ihrem Heimatland Brasilien als Saft oder Püree, in unseren Breiten aber vorrangig als Pulver und Nahrungsergänzungsmittel angeboten wird«, bilanziert Antje Gahl.

Nach Zahlen des Marktforschungsinstituts IRI Information Resources ging der Gesamtumsatz von Superfoods 2017 – nach teils dreistelligen Wachstumsraten im Vorjahr – erstmals zurück: um 9,2 Prozent. Kommen die Verbraucher langsam zur Besinnung? »Viele greifen wieder auf heimische Alternativen wie Leinsamen zurück – Stichwort Regionalität«, sagt IRI-Expertin Katharina Feuerstein. Außerdem seien Superfoods mittlerweile in vielen Produkten bereits enthalten, müssten also nicht mehr unbedingt separat gekauft werden.

Inzwischen bekommen auch heimische Produkte werbewirksam den trendigen Stempel Superfood aufgedrückt – obwohl die gesundheitsfördernde Wirkung von Grünkohl, roter Bete oder Leinsamen schon lange bekannt ist. Selbst die gute alte Kartoffel, Inbegriff teutonischer Ernährung mit allerdings stark rückläufigen Verbrauchsziffern, wird neuerdings gern mal zum Superfood aufgewertet. Die Süßkartoffel gehört schon länger zu erlauchtem Kreis.

Jetzt hat der Bund für Lebensmittelrecht und Lebensmittelkunde (BLL), der Spitzenverband der deutschen Lebensmittelwirtschaft, erstmals ein eigenes Superfood-Quintett kreiert. Nach dieser Einstufung gehören auch Blaubeeren, Brokkoli oder das urdeutsche Sauerkraut zu den besonders wertvollen Nahrungsmitteln. Wenn jetzt vielleicht noch Bier als Superfood klassifiziert würde – dann wären eigentlich alle ziemlich zufrieden.

1   sueddeutsche.de/stil/essen-und-trinken-avocado-die-bittere-wunderfrucht-1.4043316.
2   de.mintel.com/pressestelle/super-wachstum-fuer-superfoods.
3   Max Rubner-Institut, »Die Tausendsassas der Ernährung. Sekundäre Pflanzenstoffe - Bioaktive Substanzen«, online abrufbar unter mri.bund.de → Veröffentlichungen → Verbrauchermedien beziehungsweise mri.bund.de/fileadmin/MRI/Verbrauchermedien/ MRI-Booklet_IGW17-Erw-web.pdf.
4   klartext-nahrungsergaenzung.de, Projekt der Verbraucherzentralen, abrufbar unter projekte.meine-verbraucherzentrale.de/DE-VZ/superfood-1.
5   ua-bw.de/pub/beitrag.asp?subid=0&Thema_ID=2&ID=2434&Pdf=No&lang=DE.

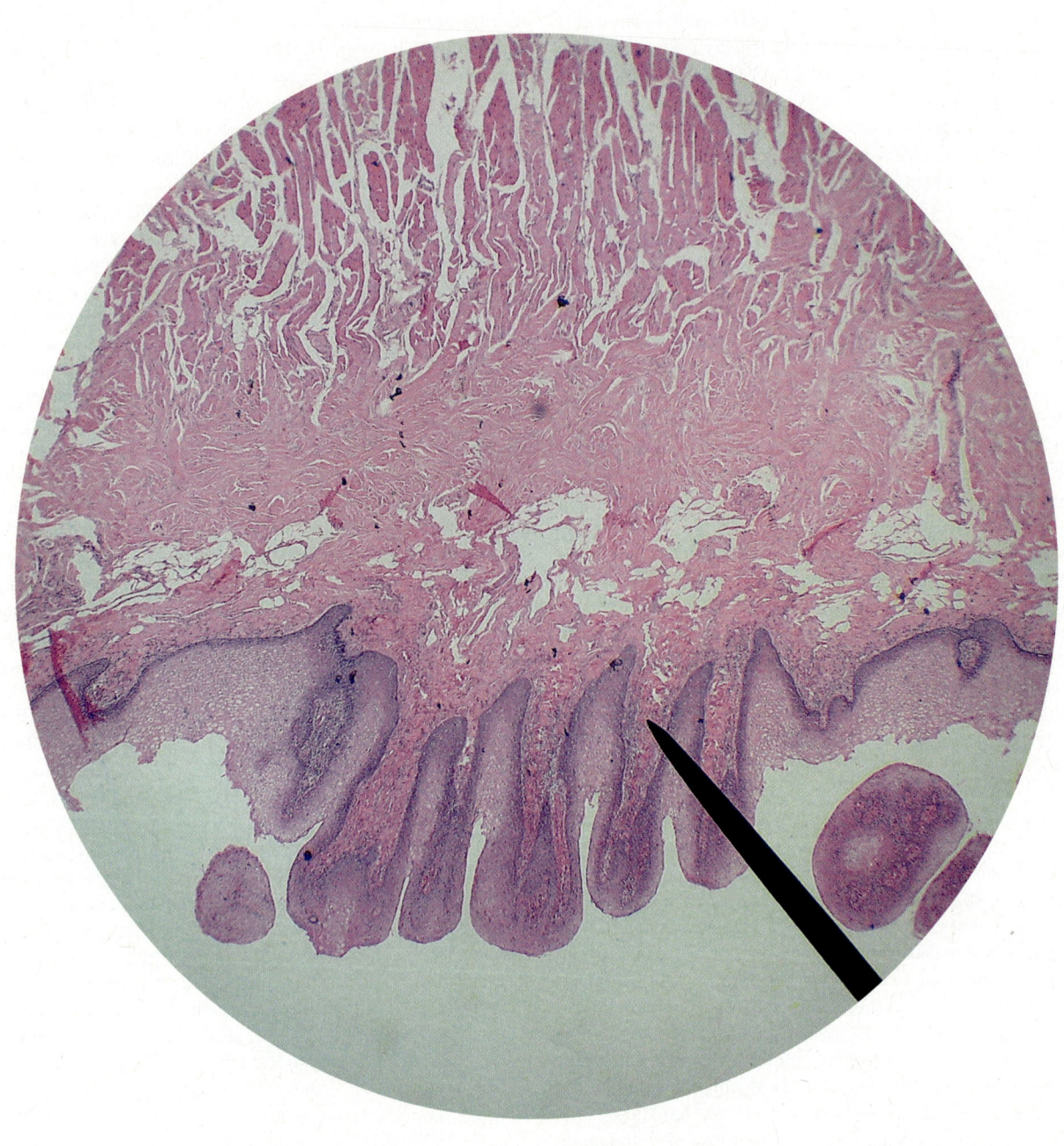

Schmeckt doch, oder?

Essen liefert nicht nur Energie. Über die sozialen Dimensionen des Geschmacks

Von Kristina Vaillant

Wenn Babys an der Brust der Mutter saugen oder im Arm gehalten werden und an der Milchflasche nuckeln, dann stillen sie nicht nur Hunger und Durst, sie schmecken. Man sieht es ihnen an. Neben der körperlichen Nähe bereitet ihnen auch der Geschmack der Milch Wohlbehagen und Genuss. Was sie genau schmecken, danach können wir die Babys nicht fragen. Aber dass Muttermilch süß ist, weiß jeder. Sie enthält Milch-Oligosaccharide, komplex aufgebaute Zuckermoleküle, deren physiologische Funktion für Wissenschaftler lange ein Rätsel war. Heute geht man davon aus, dass sie das Immunsystem der Kinder stärken. Die Zusammensetzung der Muttermilch variiert ständig, nicht nur während der gesamten Stillperiode, sondern auch während der etwa halbstündigen Stillmahlzeit. Es ist zu vermuten, dass sich auch der Geschmack verändert.

Essen ist gleichbedeutend mit Schmecken. Die Aufnahme von Nahrung und die sinnliche Erfahrung des Schmeckens lassen sich nicht voneinander trennen. Das Schmecken ist eine Sinneserfahrung, die, wenn man sie mit anderen vergleicht, an Intensität eigentlich kaum zu übertreffen ist. Denn anders als beim Sehen, Hören oder Tasten, nehmen wir die Umwelt nicht nur wahr. Durch das Essen verleiben wir uns einen Teil davon ein. Die Grenze zwischen innen und außen ist aufgehoben. Unser Mahl wollen wir am liebsten auch nur mit den Menschen teilen, die uns nahestehen oder denen wir unsere Gastfreundschaft anbieten.

Und das, was auf den kulinarischen Seiten jeder Illustrierten zu lesen ist, trifft tatsächlich zu. Essen und Schmecken sind ein Fest der Sinne. Alle der mindestens fünf Sinne arbeiten zusammen. Bevor wir einen Bissen in den Mund nehmen, sehen wir uns die Nahrung an. Missfällt uns der Anblick – haben die Erdbeeren schon weiche, faule Stellen oder wellt sich der Schinken auf dem Brot, weil er trocken ist – dann lassen wir das Essen stehen. Sieht es appetitlich aus und verspricht Genuss, greifen wir zu. Was dann physiologisch passiert, ist ein komplexes Zusammenspiel der verschiedenen Sinneswahrnehmungen. Zusammen mit dem visuellen Sinn übernimmt als Erstes der Geruchssinn. Bis zu 30 Millionen Rezeptorzellen in der Riechschleimhaut, mit der die obere Nasenhöhle ausgekleidet ist, registrieren die Geruchsmoleküle, die das Essen ausströmt. Allein eine Erdbeere hat bis zu 300 Aromastoffe, beim Wein sollen es mehr als 1000 verschiedene Aromamoleküle sein. Im Mund angekommen, löst die Nahrung Empfindungen durch das Abtasten mit der Zunge aus. Wenn die Kruste des Brots kracht oder der Apfel angebissen und zermahlen wird, ist auch der Hörsinn beteiligt. Ist der Bissen weich oder hart, knusprig oder cremig? Macht er Geräusche im Mund? Im Mund tasten wir die Nahrung nicht nur, wir riechen sie auch wieder, um sie zu schmecken. Die flüchtigen Duftmoleküle werden durch den Druckausgleich beim Schlucken erneut an die Geruchsrezeptoren in der Nase herangeführt, diesmal nicht von vorn, sondern von hinten, »retronasal« nennen das die Geschmacksforscher. Schließlich spielen noch die Geschmackssinneszellen mit, von denen sich mehrere tausend in den Geschmacksknospen auf der Zunge, am Gaumen und im Rachen befinden. Sie registrieren mit ihren Rezeptoren die fünf Grundgeschmacksrichtungen süß, salzig, sauer und bitter sowie eine würzig-herzhafte, die als *umami* bezeichnet wird, was auf Japanisch so viel wie schmackhaft heißt. Der Umami-Geschmack wird chemisch gesehen durch Glutamate hervorgerufen, wie sie gegartes Fleisch oder getrocknete Pilze enthalten. Diese zusätzliche Geschmacksrichtung wurde bereits zu Beginn des 20. Jahrhunderts von einem japanischen Forscher beschrieben. Es dürfte nicht die letzte Entdeckung sein. Schon wird diskutiert, ob es auch eigene Sensoren für fettig, für scharf oder für metallischen Geschmack gibt.

Die Wahrnehmung des Geschmacks selbst entsteht erst im Gehirn. Die Reize, die die verschiedenen Sinneszellen in Mund, Nase, Auge und Ohr erreichen, werden als elektrische Signale von den Nervenzellen ins Gehirn weitergeleitet. Dort entsteht der Geschmackseindruck – zusammengesetzt aus den verschiedenen Sinneswahrnehmungen.

Die ersten Rezeptoren für den Geruchssinn wurden Anfang der 90er Jahre entdeckt, wofür die beiden US-Forscher Richard Axel und Linda B. Buck 2004 den Nobelpreis erhielten. Fast zehn Jahre später, im Jahr 2000, folgte der erste Rezeptor in den Geschmackssinneszellen: der für den Umami-Geschmack, nachgewiesen von einem Team der University of Miami School of Medicine. Erst danach wurden auch die Rezeptoren für die anderen vier Geschmacksrichtungen identifiziert. Mittlerweile weiß man auch, dass salzige und saure Reize in den Geschmackssinneszellen anders verarbeitet werden als bittere und süße und dass die biologische »Ausstattung« mit Geschmacksrezeptoren von Mensch zu Mensch stark variiert. »Die Sinnesrezeptoren für die auditive und die visuelle Wahrnehmung sind dagegen schon seit 100 Jahren bekannt«, sagt Kathrin Ohla vom Forschungszentrum Jülich, die sich als Psychologin auf die Erforschung des Geschmackssystems spezialisiert hat.

Das Beispiel der Muttermilch zeigt, dass Menschen am Beginn ihres Lebens darauf geeicht sind, Süßes zu bevorzugen. Zucker bietet das, was Säuglinge brauchen, was sie satt macht: schnell verfügbare Kohlenhydrate. Diese Geschmacksvorlieben von Babys haben Wissenschaftler auch in Experimenten nachgewiesen. Wie Ohla berichtet, wurden die Reaktionen von Säuglingen anhand ihres Ge-

Mikroskopaufnahme einer menschlichen Zunge. Unten im Bild sogenannte pilzförmige Papillen. In den Aussparungen zwischen den Papillen befinden sich die Geschmacksorgane, die Geschmacksknospen. ▆ COLUMBIA UNIVERSITY HISTOLOGY LABORATORY MANUAL

sichtsausdrucks beobachtet, wenn sie mit flüssigen Lösungen verschiedener Geschmacksrichtungen gefüttert wurden: Süßer Geschmack – keine Überraschung – erzeugte zufriedene Gesichter, bei bitterem Geschmack zogen die kleinen Probanden ein unglückliches Gesicht, und sauer machte sie nicht etwa lustig, wie es das Sprichwort besagt, ihre Gesichtszüge drückten Unwohlsein aus. Umami löste dagegen angenehme Empfindungen aus, während die Kleinen auf salzigen Geschmack mit Gleichgültigkeit reagierten. Trotzdem werden die Kinder, selbst wenn sie sprechen könnten, nicht erklären können, was umami ist, es sei denn, sie wachsen in Japan auf, wo der Begriff umami als Geschmacksattribut zur Alltagssprache gehört.

●

Weil Geschmack Teil der Identität ist, kann die soziale Abgrenzung so weit gehen, dass sich Ekel regt, wenn sich zwei Menschen nahekommen, die nicht das gleiche Essen mögen

»Unsere Geschmackspräferenzen sind extrem plastisch, Geschmacksempfinden und Geschmackspräferenzen verändern sich schnell«, sagt Ohla, »deswegen lernen Kinder auch schnell, Salziges zu mögen.« Wissenschaftler sprechen von *acquired taste* – erworbenem Geschmack im Gegensatz zum angeborenen. Die Zuckerindustrie setzt für ihre Kampagne unter dem Motto »Schmeckt richtig!« auf die angeborene Vorliebe für die Geschmacksrichtung süß und missbraucht den Vergleich mit der Muttermilch, um für ihr als Dickmacher heftig kritisiertes Produkt zu werben. Vielen gilt Zucker mittlerweile als Suchtstoff, der »vermischt mit Fett triebhaftes Fressen auslösen kann«, wie der *Spiegel* über das »süße Gift« schreibt. Zucker sei nahrhaft und bringe Lebensfreude, kontert die Industrie.[1]

Dass Geschmacksvorlieben im Lauf des Lebens erlernt werden, hat jeder schon selbst erfahren. Babys, die den Gemüsebrei zunächst ausspucken, lernen irgendwann, ihn zu mögen. Weil sie den Brei immer wieder vorgesetzt bekommen und andere beobachten, die das »Erwachsenenessen« genießen. Das Gleiche gilt für den Bittergeschmack. Es muss unzählige Teenager geben, die ihr erstes Bier als scheußlich empfanden und die es trotzdem getrunken haben, ohne sich den leichten Ekel anmerken zu lassen. Weil das Biertrinken zum Leben offenbar dazugehört, lernt man es zu mögen. Es ist keine Frage des Geschmacks, sondern der kulturellen Zugehörigkeit.

Es gibt physiologische Erklärungen dafür, wie wir schmecken und auch warum wir zu Beginn unseres Lebens allem Süßen den Vorzug geben. Aber folgt unser Geschmack auch im Laufe des Lebens den biologischen Notwendigkeiten? Haben wir vor allen Dingen Appetit auf Nahrung, die der Körper verlangt, die er braucht? Die Geschmacksforscherin Ohla hat dazu eine klare Ansage: »Unserer Präferenz für Salz im Essen oder für Süßes und Fettiges geht weit darüber hinaus, was physiologisch notwendig ist. Wir essen es, weil es uns schmeckt.« Warum aber schmeckt uns etwas, wenn es rein ernährungsphysiologisch gesehen unsinnig ist? Und warum finden wir andere Speisen abstoßend, obwohl sie nahrhaft und womöglich gesund sind?

»Gesellschaften sind so, wie sie essen«, mit diesen Worten leitet die Soziologin und Ernährungswissenschaftlerin Eva Barlösius ihr Grundlagenwerk über die Soziologie des Essens ein.[2] Sie macht damit klar: Essen ist in erster Linie ein soziales Phänomen. Das heißt nicht, dass sie die physiologische Sinneswahrnehmung negiert. Aber, so Barlösius, »die Sinne sind nicht nur dazu da, Empfindungen zu registrieren, sie geben auch Orientierung«.

Essen und Geschmack definieren auch die soziale Stellung. Der französische Soziologe Pierre Bourdieu untersuchte im Detail die soziale Ausdifferenzierung des Geschmacks. Die Zeitschrift *Journal Culinaire* schreibt dazu: »In den geschmacklichen Präferenzen materialisieren sich die sozialen Unterschiede. In der Kenntnis und Präsentation eines sozial ›höheren‹ Geschmacks erweist sich der Mensch als Angehöriger einer höheren Schicht und erzielt gegenüber den Unterschichten Distinktionsgewinne.« Dem Luxusgeschmack hafte aber in einer vielfach sozialdemokratisch geprägten Öffentlichkeit ein moralisches Negativum an. Wer die Sterneküche liebt, ist demnach ein verdächtiger Zeitgenosse.[3]

In unseren Ernährungsgewohnheiten und unseren Vorlieben beim Essen drückt sich beides aus: Natur und Kultur. Entlang dieser Grenzlinie verläuft auch die wissenschaftliche Kontroverse: Sind unsere Essgewohnheiten nur eine kulturelle Überformung körperlicher Notwendigkeiten? Ist die Vielfalt der Küchen Ausdruck eines genetischen Anpassungsprozesses an die Umgebung, in der Menschen leben? Oder steht die Küche als vermittelnde Instanz genau zwischen Natur und Kultur, wie es der französische Strukturalist Claude Lévy-Strauss postulierte, weil für die Zubereitung von Speisen natürliche Produkte verarbeitet und genießbar gemacht werden? Genauso wie Menschen mit der Sprache Lauten eine Struktur geben und dadurch Bedeutung herstellen, verleihen wir Rohstoffen mit dem Herstellen von Speisen und dem Essen einen Sinn.

»Wie uns etwas schmeckt, das ist an Menschen, an Orte und auch zeitlich gebunden«, sagt Barlösius. Was sie damit meint, kennt jeder Reisende, wenn er aus dem Urlaub zurückkommt. Was unter der südlichen Sonne so herrlich schmeckte, löst daheim kaum noch Begeisterung aus. Ganz ähnlich kann es einem mit den Empfehlungen kulinarischer Meinungsführer gehen. Gerade beim Wein wird mit scheinbar objektiven Geschmacksbeschreibungen ein Degustationserlebnis heraufbeschworen, das allzu oft in einer Enttäuschung endet, weil die Geschmäcker nun mal verschieden und die wortgewaltigen Weinbeschreibungen am Ende doch nur suggestive Verführung sind.

Die soziale Eingebundenheit zeigt sich nicht nur in individuellen Erfahrungen, sondern auch in gesellschaftlichen Entwicklungen von weit größerer Tragweite. Wenn zum Beispiel wertvolle Lebensmittel vom Speisezettel verschwinden, weil sie als Arme-Leute-Essen in Verruf geraten sind. So gibt es Gemüsesorten in Afrika, für die sich lange niemand interessierte: etwa das Blattgemüse African Nightshade, das mehr als viermal so viel Vitamin C enthält wie Spinat; oder die Blätter des Fuchsschwanzgewächses Amaranth, die zehnmal so viel Kalzium bieten wie die gleiche Menge eines Kohlkopfs. »Seit der Kolonialzeit haben viele afrikanische Länder diese traditionellen Gemüsesorten ignoriert«, schreibt der kenianische Agrarwissenschaftler Eric Obedy Gido in seiner Promotionsschrift zum Nachfrageverhalten kenianischer Verbraucher. Die Folge: Das traditionelle Blattgemüse wird vorwiegend für den Eigenbedarf angebaut und hauptsächlich von der armen, ländlichen Bevölkerung gegessen. Es gilt als altmodisch und wird als Essen für Arme verspottet.

Mit African Nightshade, Amaranth oder Spider Plant, wie eine andere traditionelle Sorte heißt, will man in Kenia die grassierende

Mangelernährung bekämpfen und die Zunahme von Diabetes und Bluthochdruck-Erkrankungen eindämmen. Dass viele Kenianer vor allem die teureren, exotischen Gemüsesorten bevorzugen, hat nach Ansicht des Agrarökonomen Wolfgang Bokelmann vom Institut für Agrar- und Gartenbauwissenschaften der Humboldt-Universität in Berlin, der die Promotion des Kenianers im Rahmen des deutsch-afrikanischen Forschungsprojekts »Hortinlea« begleitet, auch mit der Verstädterung zu tun.[4] »Immer mehr junge Menschen gehen in die Städte. Das Wissen darüber, wie man die traditionellen Gemüsesorten zubereitet, wird nicht weitergegeben.« Inzwischen greift die Stadtbevölkerung wieder verstärkt zum traditionellen Blattgemüse. Eric Obedy Gido führt das darauf zurück, dass die Gemüsesorten seit einigen Jahren als schmackhaft und gesund auf Messen angepriesen und die Zubereitung über Kochwettbewerbe und Kochshows verbreitet wird. Und: Amaranth gilt in den Ländern des Nordens seit einigen Jahren als »Superfood«.

Traditionelle Gemüsesorten wieder populär zu machen, ihnen ein neues Image zu verleihen, ist ein langfristiges Vorhaben. Essgewohnheiten wandeln sich nur langsam – auch wenn das der prinzipiellen Veränderbarkeit des Geschmacks zu widersprechen scheint. Denn Essen ist nicht nur mit starken Gefühlen verknüpft, mit sozialen Regeln und Gebräuchen. Essstile korrespondieren häufig mit sozialen Ungleichheiten, schreibt Eva Barlösius, aber die soziale Distinktion, die sie beinhalten, werde in der Regel nicht sozioökonomisch begründet, sondern mit dem Geschmack. Eine wohlhabende Kenianerin aus Nairobi wird die Tatsache, dass bei ihr zu Hause Blattsalat mit Tomaten statt des traditionellen Blattgemüses auf den Tisch kommen, kaum damit begründen, dass sie kein Arme-Leute-Gemüse kauft, sondern dass ihr der Salat besser schmeckt – genauso wie ein junger Berliner den Filterkaffee, den er bei seiner Oma immer verschmäht hat, als schmackhaft loben wird, nachdem er ihn in einem Hipster-Café neu entdeckt hat. Bei der Frage, wie ich mich kleide, wie ich meine Wohnung einrichte, liegt es auf der Hand, dass es um Geschmack geht. Wohnen ist mehr, als ein Dach über dem Kopf zu haben, und sich zu kleiden mehr, als sich nur zu bedecken. Genauso ist essen mehr, als nur satt zu werden. Geschmack kommt von schmecken, aber als ästhetisches Urteil wird er auch auf andere Lebensbereiche angewendet. Und weil Geschmack Teil der Identität ist, kann die soziale Abgrenzung so weit gehen, dass sich Ekel regt, wenn sich zwei Menschen nahekommen, die nicht das gleiche Essen mögen.

Eine Veganerin berichtet, die »Omnivoren«, mit denen sie liiert war, hätten sich nach dem Essen die Zähne putzen oder ganz viel Wasser trinken müssen, bevor sie sie küssen durften. Inzwischen kann sie sich eine intime Beziehung mit »fleischfressenden« Männern nicht mehr vorstellen.[5] Ekel vor manchem Geschmack ist stark kulturell und sozial bestimmt. Die Heuschrecken sind ein gutes Beispiel dafür. Dort, wo sie in dichten Schwärmen über die Felder her fallen, werden sie meist auch gegessen und als nahrhaft geschätzt. Die durch den Einfall der Insekten erlittenen Nährstoffverluste werden somit teilweise wieder ausgeglichen. In unseren Breiten sind die Heuschrecken dagegen mit Ekel besetzt. Eine solch starke Abneigung kann auch genetisch grundiert sein. Etwa wenn Asiaten, die keine Milchprodukte vertragen, weil ihnen das Laktase-Enzym fehlt, Ekel gegenüber dem Geschmack von Milch empfinden.

Geschmacksforschung ist eine junge Disziplin. In der Hierarchie der Sinne steht das Schmecken ganz unten. Das gilt für die Naturwissenschaften ebenso wie für die Geisteswissenschaften. Immanuel Kant, schreibt die Soziologin Barlösius, habe das Schmecken wie das Riechen dem »unteren Erkenntnisvermögen« zugeordnet, weil beide Sinne die Gefühle stark berühren. Beim wissenschaftlichen Blick auf das Essen haben sich die Naturwissenschaften und die medizinische Sichtweise durchgesetzt. Essen ist demnach ein bewusster, nach den Kriterien der Ernährungswissenschaft gestalteter kognitiver Prozess. Essen und Ernährung gelten als Zuführung von Brennstoff für den Organismus. Geschmack, Lust und Freude müssen hinter die ernährungsphysiologisch wichtigen Nährstoffe zurücktreten.

Andererseits setzt eine kulinarische Gegenbewegung ganz bewusst auf das Geschmackserlebnis. Ausgehend von der wissenschaftlichen Neuentdeckung des Geschmackssinns seit den neunziger Jahren plädiert der kanadische Wissenschaftsjournalist Bob Holmes für die Kultivierung dieses »vernachlässigten Sinns«.[6] Wir sollten das Sprechen über Geschmackserfahrungen einüben, so wie wir auch Worte finden für das, was uns an einem Musikstück oder einem Buch gefällt oder missfällt. Die Voraussetzungen für die Entwicklung unseres Geschmackssinns seien mit der riesigen Auswahl an Nahrungsmitteln aus aller Welt in den gut gefüllten Regalen der Supermärkte und den Wochenmärkten in den Innenstädten so gut wie nie zuvor. Das mag für einen Teil der Menschheit zutreffen. Die Frage ist jedoch, ob das Reden über Geschmack nicht eher der sozialen Abgrenzung dient und ob der Geschmackssinn ein teures Drei-Gänge-Menü mit vielen Zutaten braucht, um aufzublühen. Was bedeutet Geschmack, wenn sich Menschen von Speisen ernähren, die vorwiegend aus einer einzigen Grundzutat zubereitet werden? Dieser Frage ist der Ethnologe Gerd Spittler am Beispiel des Hirsebreis nachgegangen, den die Kel Ewey Tuareg im Norden Nigers morgens, mittags und abends essen.[7] Sein Resümee: Mit seinen erlesenen Zutaten und seiner aufwändigen Zubereitung ist auch das einfache Mahl »Ausdruck des feinen Geschmacks«. ●

1 schmecktrichtig.de.
2 Eva Barlösius, *Soziologie des Essens. Eine sozial- und kulturwissenschaftliche Einführung in die Ernährungsforschung*, 3. Auflage, Weinheim/München (Beltz Juventa Verlag) 2016.
3 Nadine Dietz und Werner Mlodzianowski, »Wer hat den besten Geschmack? Vergleichende Betrachtungen zur Geschmacksforschung«, *Journal Culinaire*, Nr. 4.
4 Horticultural Innovation and Learning for Improved Nutrition and Livelihood in East Africa (Hortinlea), hortinlea.org.
5 tagesspiegel.de/weltspiegel/essen-trinken/koennen-vegetarier-fleischesser-lieben-liebe-geht-durch-den-magen/11 535 112-2.html.
6 Bob Holmes, *Geschmack: Gebrauchsanleitung für einen vernachlässigten Sinn*, München (Riemann Verlag) 2016.
7 Gerd Spittler, »Das einfache Mahl. Kost der Armen oder Ausdruck des feinen Geschmacks«, in: Kunst- und Ausstellungshalle der BRD (Hg.), *Geschmackssache*, Göttingen 1996, S. 140-158.

Das Flüstern des Reiskorns

Die Paella ist das bekannteste spanische Gericht. Valencia ist ihre Heimat,
das Fischerdorf El Palmar ihr Geburtsort

Das Paella-Restaurant La Pepica
in Valencia, Spanien, Juli 2013.
■ SUZY BENNETT | ALAMY

Von Dieter Fahrian

Ehre dem Paella-Sieger! Die Urkunde sieht aus, als hätte der spanische König persönlich Hand angelegt. Es wimmelt vor Wappen, Kronen, Schnörkeln auf gerolltem Pergament. Fehlt nur noch die öffentliche Ausrufung: »Hiermit sei verkündet, dass der Paella-Koch Francisco Serrano Marco den landesweiten Paella-Wettbewerb Spaniens gewonnen hat!«

Auch 44 Jahre nach seinem großen Sieg platzt der kugelrunde Restaurantbesitzer vor Stolz, wenn er an damals denkt, als er noch jung war, schlank und der Beste von allen. »Das war noch ein richtiger Paella-Wettbewerb«, sagt er, »nicht so wie heute, wo manche Teilnehmer zu dumm sind, den Kochlöffel zu halten.« Heute gebe es an jeder Straßenecke Paella-Wettbewerbe, alles nur für die Touristen. Seit dem Triumph von 1974 wird Francisco Serrano Marco nachgesagt, dass in seinem Restaurante Cañas y Barro eine der besten Paellas Spaniens entsteht. An guten Tagen, wenn der Laden brummt, trägt die Küchencrew schon mal 80 Pfannen an die Tische. Offiziell sind sie alle vom Meister persönlich zubereitet, denn Paella ist Männersache. Das gilt erst recht an diesem ganz besonderen Ort. Denn Franciscos Restaurant liegt in El Palmar vor den Toren Valencias. Hier, an der großen Küstenlagune La Albufera, befindet sich der Geburtsort dieses Reisgerichts, das zu Spaniens Identität gehört wie Stierkampf und Flamenco.

El Palmar wirkt wie der aufgeräumte Vorgarten der Metropole. Kleine Würfelhäuser, die kühle Eleganz gekachelter Hauswände, dann wieder reetgedeckte Fischerhäuser, die eine weiße Zementmütze auf dem Dachfirst tragen. Hinter den Häusern leuchtet das üppige Grün der Reisfelder, in denen Kraniche wie eingeschlagene Pfähle stehen und von dicken Kröten träumen. In den Kanälen, die

sich durchs Dorf ziehen, schaukeln vertäute Boote. Alles wirkt beschaulich – aber nur bis zum Wochenende. Dann droht die Invasion der Valencianer. Die unternehmen Bootstouren, scheuchen die Vögel im Schilf auf und essen hinterher die obligatorische Paella – hier an ihrer Wiege.

Wenn Valencia die Heimat der Paella Valenciana ist, dann ist El Palmar das Epizentrum. Hier wurde die Paella erfunden und zum Leben erweckt. Hier, am größten See Spaniens, liegt das bedeutendste Reisanbaugebiet des Landes. Landarbeiter, die auf den Feldern schufteten, haben den Dreifuß aufgestellt, die große Pfanne draufgesetzt und das erste goldgelbe Durcheinander angerichtet. »Hey Pepe, sammel noch etwas Holz!« »Manolo, wo sind die Kaninchenkeulen, und hol noch ein paar Bohnen aus dem Garten!« Auf historischen Bildern sieht man stämmige Arbeiter in rauer Kluft, die sich um schwarze Pfannen scharen, in denen ein Reisgemenge andächtig vor sich hin simmert. Damals, im 16. und 17. Jahrhundert, ahnte noch niemand, dass dies einmal die berühmteste Speise ganz Spaniens werden sollte. Ausgerechnet das einfache Essen der Feldarbeiter.

Männer wollen Feuer machen! So ist auch die Urpaella ein Gericht, das draußen auf offener Flamme zubereitet wurde. Beim Picknick wird das noch heute so gemacht. Bei Paella-Wettbewerben werden in Valencia ganze Straßenzüge gesperrt und große Holzfeuer entzündet. Ursprünglich brannten die Äste des Orangenbaums und der Kiefer unter der Reispfanne. »Man kann jedes Holz nehmen«, sagt Paella-Koch Francisco, aber niemals den Feigenbaum. Der bringe bitteren Geschmack in den Reis. »Aber Sie können auf das Raucharoma auch verzichten und zu Hause auf dem Gasherd eine anständige Paella machen.« Der Alte redet gern Klartext, sein Sohn Francisco Serrano Dasí, der jetzt das Restaurant in El Palmar führt, ist eher diplomatisch.

Was gehört nun tatsächlich in eine Paella? Francisco senior überlegt nicht lange: Typisch und traditionell wäre es, in die Pfanne zu geben, was man gerade zur Verfügung hat. Die Landarbeiter hatten Hühner und Kaninchen, einen kleinen Gemüsegarten und vor allem: Reis! Und sie sammelten ein paar Schnecken. Deshalb gehören in die echte Paella neben dem hier wachsenden Reis der Sorte »Bomba« einige Stücke Kaninchen- und Hühnerfleisch, eine Handvoll Schnecken, ein paar grüne und weiße Bohnen, etwas Tomate und als Gewürze und Farbgeber Paprikapulver, Safran, Salz, ein Zweig Rosmarin. Ganz am Anfang, wenn der Paellero das Fleisch im heißen Öl anbrät, lässt er eine Knoblauchzehe mitziehen.

Das alles, philosophiert jetzt der Senior, sollte man sehr lässig handhaben. »Die Paella ist ein wenig verhext; wenn man sich zu viel Mühe mit ihr gibt, dann misslingt sie.« Als er noch ein kleiner Junge war, habe man gelegentlich auch das Fleisch der Ratte verwendet, wenn nichts anderes da war. Während der Sohn entsetzt die Augen schließt, findet der Vater Gefallen am Thema Ratte. Das seien ja keine Stadtratten gewesen, die Müll gefressen hätten. Nein, das seien hochköstliche Landratten aus den Kanälen der Albufera gewesen. Die hätten sogar dem Priester des Orts ausgezeichnet geschmeckt. Also bitte, bloß nichts gegen Ratten!

Seit 47 Jahren bestehe jetzt das Restaurant, versucht der Junior einen abrupten Themenwechsel. Dann überlegen Vater und Sohn gemeinsam, was definitiv nicht in eine traditionelle Paella hineingehört: keine Oliven, keine Paprika, kein Schinken, keine fetten Fische. Und vor allem niemals Fisch und Fleisch zusammen. Denn für eine Fischpaella muss ein eigener Sud gekocht werden, der dem Reis zugegeben wird. Da sind sich die beiden einig: Fisch und Fleisch zusammen wäre der GAU. Aber wie ist überhaupt der Fisch in die Paella gekommen? Als Antwort genügt der Blick in die Landschaft. Das Meer ist fünf Minuten entfernt, der See liegt direkt vor der Haustüre.

Dennoch galt eine Paella mit Fisch und Meeresfrüchten lange als Touristenfutter. Manche Kenner rümpfen noch heute die Nase. Doch auf den Speisekarten der Restaurants hat sich das Gericht gründlich gewandelt. Es hat jene kulinarische Wandlung vollzogen, die man auch bei der italienischen Pizza beobachten konnte. Aus der einfachen Urpizza Margherita entstand mit wachsendem Wohlstand eine beliebig mit Salami, Schinken, Käse, Meeresfrüchten und Gemüse überladene Luxusvariante. Nicht anders erging es der Paella, aus der immer öfter eine mit teuren Zutaten aufgerüstete Edelpaella geworden ist. Paellas mit Hummer und Garnelen werden für bis zu 30 Euro in einigen Restaurants an der Strandpromenade Valencias angeboten.

Der Stadtstrand Valencias, breit wie ein Flugzeugträger, wird von unzähligen Restaurants gesäumt. Alle zehn Schritte eine andere Paella. Gleich in einem der ersten Häuser, im berühmten Pepica, hat einst Hemingway seine Reispfannen gegessen. Doch das Restaurant hat viel von seinem Glanz verloren. Gehen wir lieber nebenan ins Marcelina. Acht verschiedene Paellas stehen auf der Karte. Das Hühnerfleisch ist etwas trocken, die Artischockenachtel sind leicht lederig, aber der Reis ist mustergültig. So muss er schmecken. Plötzlich versteht man das Prinzip Paella. Der Reis saugt mit der Flüssigkeit die Aromen aller Zutaten auf und vereint sie zu etwas Neuem. So ist die Paella immer mehr als die Summe ihrer Zutaten. Und mit jedem Bissen schmeckt sie besser.

Die Paella-Esser im Marcelina sind gespalten. Die Hälfte isst traditionell, die anderen ordern Paellas mit Tintenfisch, Muscheln, Langusten oder einem Mix aus Fisch und Fleisch. Anything goes an der schicken Strandpromenade, wo die Gecken ihre neuen Tattoos spazieren tragen und junge Spanierinnen mit Stilettos wie Störche übers Pflaster staksen.

»Die Paella prostituiert sich«, zürnt der alte Francisco über die neuen Paella-Moden, inzwischen gebe es sogar tiefgefrorene Paella. Oder die Paella to go. Die wird an der Markthalle von Valencia, dem großartigen Mercado Central, angeboten. Morgens gekocht, wird das Gericht stundenlang warmgehalten, bis es endlich für 3 Euro auf dem Pappteller eines Touristen endet. Vater und Sohn Francisco schaudert es wohlig.

Dabei ist gerade die Markthalle eine kulinarische Kathedrale. Hier holen die Köche frischen Seehecht, Wolfsbarsch und anderes Meeresgetier. Frisch gefangen und noch erstaunt über den eigenen Tod, liegen die Fische glitzernd auf den Verkaufstheken. Daneben Hühnerköpfe, Melonen und Schmalzgebäck, Schweinehintern und Mandeltörtchen. Über allem schwingen sich Jugendstilornamente in luftige Höhen. Am Ausgang der Halle werden Paella-Pfannen verkauft. Das größte Exemplar misst eineinhalb Meter und könnte ein halbes Fußballstadion ernähren.

Die beiden Franciscos in El Palmar servieren uns die Paella im Kleinfamilienformat. Eine kleine Pfanne für zwei! »So muss eine authentische Paella aussehen!«, sagt der Junior. Als einziges Entgegenkommen an den Zeitgeist duldet er etwas Ente im Reis. Und schon reden wir über die Seele der Paella: über das berühmte Socarrat! Spanier können stundenlang darüber streiten. Es geht um die am Pfannenboden angesetzte Kruste mit ihrem unwiderstehlichen Geschmack. Socarrat darf nie verbrannt schmecken, er darf auch nicht zu trocken sein. Er muss gerade so ein bisschen angeknuspert sein, also leicht angesetzt. Wie Goldsucher tauchen die Esser auf den Pfannenboden und häufeln sich gebräunte Reiskonglomerate auf den Teller. Röstaromen fliegen wie Vögel über unseren Tisch.

Aber wie schafft es Francisco, die Paella zum richtigen Zeitpunkt vom Herd zu ziehen, ohne dass sie anbrennt? Der Koch fasst sich ans Ohrläppchen: Er koche mit den Ohren. Die sehen alles! Er horche an der Pfanne und erkenne am Flüstern des Reiskorns den richtigen Aggregatzustand. »Es muss anfangen, ein wenig zu knistern, aber nicht zu viel«, sagt er. Die ersten zehn Minuten kocht er auf großer Flamme, dann auf kleiner. Und lauscht. Und lauscht. Auf keinen Fall umrühren!

Und was ist mit dem Safran? Warum wird über die teuren Gewürzfäden, die Farbe ins Spiel bringen, so selten geredet? Weil der Safran längst durch Farbstoffe ersetzt wird. Vater Francisco redet ganz offen darüber. »Die Touristen wollen goldgelbe Paellas, das können ein paar Safranfäden nicht leisten.« Das Täuschungsmanöver durch ein wenig »Colorante« ist für spanische Köche die Regel.

Die Köche, das sind in Franciscos Restaurant Cañas y Barro zwei Frauen, die an den Pfannen längst die Regie übernommen haben. Ohnehin sollte man mit der Mär vom Männergericht endlich aufräumen. Die besten Paellas Spaniens werden Tag für Tag zu Hause von Millionen spanischer Hausfrauen gekocht. Ohne großes Trara. ●

Vorsicht – süß und fettig!

Chile ist weltweit Vorreiter bei der Kennzeichnung ungesunder Lebensmittel

Von Tim Dorlach

Unter Gesundheitsexperten besteht Konsens: Um die weltweit immer häufiger auftretenden Krankheiten wie Diabetes, Krebs und Herz-Kreislauf-Erkrankungen wirkungsvoller zu bekämpfen, müsste der Verkauf von Lebensmitteln strenger reguliert werden.[1] Ungesunde Ernährung und daraus oft folgendes Übergewicht sind zentrale Risikofaktoren für die sogenannten nichtübertragbaren Krankheiten (Non-Communicable Diseases, NCDs). Sie sind mittlerweile die häufigste Todesursache in der globalen Statistik. 2015 starben weltweit 56 Millionen Menschen, von denen 71 Prozent (40 Millionen) einer nichtübertragbaren Krankheit erlagen. Besonders betroffen sind die Entwicklungs- und Schwellenländer.[2]

Ungesunde Ernährung zeichnet sich durch zu viel Zucker, Salz und bestimmte Fette aus, die in Kombination oft in stark verarbeiteten Lebensmitteln, wie zum Beispiel in industriell hergestellten Fertiggerichten, vorkommen. Eine ungesunde Ernährung ist aber nicht nur das Ergebnis individueller Entscheidungen – wie die Nahrungsmittelindustrie immer wieder behauptet –, sie ist auch strukturell bedingt. Durch die Industrialisierung und Globalisierung des Nahrungsmittelmarkts hat das Angebot an ungesunden, aber billigen Lebensmitteln stark zugenommen. Insbesondere Kinder werden schon in frühen Jahren an den Konsum von Junkfood und anderen ungesunden Lebensmitteln gewöhnt, nicht zuletzt durch gezielte Werbung. Da die Ernährungsindustrie global agiert und wenige Konzerne ein riesiges Firmenimperium aufgebaut haben, verfügt sie über eine gewaltige Marktmacht mit entsprechendem politischem Einfluss. Die Verbraucher sind beim Einkauf oft überfordert, aber niemand würde für die Prävention zukünftiger Krankheiten auf die Straße gehen und protestieren. Die Regulierung der Nahrungsmittelindustrie ist daher politisch besonders schwierig.

Während in Deutschland Verbraucherschutzministerin Julia Klöckner (CDU) einer klaren Kennzeichnung von Lebensmitteln durch die viel zitierte Ampel eine Absage erteilt hat, haben sich in den letzten Jahren vor allem lateinamerikanische Länder zu Vorreitern auf diesem Feld entwickelt. Mexiko führte zum Beispiel 2014 eine Softdrinksteuer ein. Und Ecuador setzte im gleichen Jahr eine verpflichtende Ampelkennzeichnung durch. Das weltweit strengste Lebensmittelkennzeichnungsgesetz gilt seit 2016 aber in Chile.[3] Enthält zum Beispiel ein verpacktes Lebensmittel mehr als 10 Gramm Zucker pro 100 Gramm, muss dies auf der Vorderseite mit einem achteckigen Kennzeichen des Gesundheitsministeriums – »Hoher Zuckergehalt«– versehen werden. Chile entschied sich für das achteckige Stoppschild, nachdem eine Studie gezeigt hatte, dass die Warnung in dieser Form und Farbe am einfachsten zu verstehen war. Gleichzeitig startete das Gesundheitsministerium eine Informationskampagne unter dem Motto »Wähle Lebensmittel mit weniger Warnzeichen – und wenn sie gar keine haben, umso besser«.

Die klare Kennzeichnung war nur ein erster Schritt. Auf Basis der Warnzeichen werden Verkauf und Bewerbung ungesunder Lebensmittel nun aktiv eingeschränkt. So dürfen gekennzeichnete Produkte zum Beispiel nicht mehr in Schulen verkauft oder in Schulkantinen verarbeitet werden. Besonders innovativ sind Chiles Werbeeinschränkungen. Kampagnen, die sich an Konsumenten unter 14 Jahre richten, sind tabu. Deswegen enthält etwa das McDonald's Happy Meal in Chile kein Spielzeug mehr, und auf den Verpackungen von stark zuckerhaltigen Frühstückscerealien fehlen die beliebten Zeichentrickfiguren. Zwischen 6 und 22 Uhr darf im Fernsehen und Kino auch keine Werbung für gekennzeichnete Produkte ausgestrahlt werden.

Die globale Nahrungsmittelindustrie, in Chile vertreten durch den Verband Alimentos y Bebidas de Chile, hat versucht, die Einführung der neuen Regeln zu verhindern. Besonders deutlich wurde dies, als die Industrie die Legitimität des Gesetzes in einer Medienkampagne attackierte. Eine zentrale Forderung der Industrie war es, kritische Nährstoffe, wenn überhaupt, pro Portion statt pro 100 Gramm zu berechnen. Durch die Definition besonders kleiner Portionen hätte dies zu weniger Kennzeichnungen geführt. Vor chilenischen Gerichten laufen derzeit noch mehrere Verfahren, in denen Nahrungsmittelkonzerne klagen. Sie argumentieren zum Beispiel, dass durch die Verbote von Zeichentrickfiguren auf gekennzeichneten Verpackungen ihre geistigen Eigentumsrechte eingeschränkt würden. Gleichzeitig propagiert die Industrie ein eigenes Kennzeichnungsmodell, das in Chile unter den Initialen GDA bekannt wurde und den Inhalt ungesunder Nährstoffe neutraler darstellt und nicht direkt als abschreckende Warnung interpretiert wird. Studien zeigen, dass Konsumenten das Industriemodell weniger gut und erst nach längerem Hinsehen verstehen.[4]

So stellt sich die Frage, wie es Chile geschafft hat, sich gegen die einflussreichen Interessen der globalen Nahrungsmittelindustrie durchzusetzen und ein gesundheitspolitisch so wegweisendes Gesetz einzuführen. Dabei war Chile bisher eher für seine neoliberalen Reformen der 1970er und 1980er Jahre bekannt. Eine wichtige Voraussetzung war dabei, dass das Gesetz unabhängig von der Nahrungsmittelindustrie entwickelt wurde. Die Industrie durfte im Rahmen öffentlicher Anhörungen lediglich ihre Positionen ausführlich vortragen. Außerdem wurde die Verantwortung für das Projekt Lebensmittelkennzeichnung von Anfang an dem Gesundheitsressort übertragen und nicht dem Ressort Landwirtschaft. Das Landwirtschaftsministerium hat in Chile, wie in den meisten anderen Ländern, eher die Förderung der Agrar- und Lebensmittelindustrie im Auge als die Gesundheitsförderung.

Frühstückscerealien in einem Supermarkt, Valparaíso, Chile, April 2017. ■ HERNÁN MADRID PRUZZO

Entscheidend war aber die nachhaltige Unterstützung durch das Parlament und die Regierung. Guido Girardi, der Senator, der das Gesetz entworfen und ins Parlament eingebracht hatte, ist von Beruf Kinderarzt und wusste daher, dass akuter Handlungsbedarf besteht. Als Senatspräsident hatte er auch den politischen Einfluss, um eine Mehrheit im Parlament zu organisieren. Michelle Bachelet, unter deren Präsidentschaft das Gesetz entwickelt und implementiert wurde, ist ebenfalls ausgebildete Kinderärztin. Nach der Amtsübernahme von Sebastián Piñera und seiner Rechtsregierung im März 2018 macht Senator Girardi aus der Opposition heraus weiter Druck. Nach dem Motto »Angriff ist die beste Verteidigung«, brachte er zuletzt wiederholt eine Steuer auf gekennzeichnete Lebensmittel ins Spiel.

Das chilenische Modell besitzt eine große Strahlkraft. Von Argentinien, Brasilien, Peru und Uruguay bis hin zu Israel und Kanada haben zahlreiche Länder begonnen, Varianten der chilenischen Regulierung zu entwickeln. Dies ist politisch zwar überall ein Kraftakt, aber das Beispiel Chile bietet Gesetzgebern in aller Welt nun eine technische und politische Blaupause und zeigt, dass es möglich ist, sich gegen den Einfluss der Lebensmittelindustrie durchzusetzen. Außerdem beweist Chile, dass sich mit einer Lebensmittelkennzeichnung durchaus politisch punkten lässt. 77 Prozent aller Chilenen befanden in einer Umfrage, dass das Gesetz in die richtige Richtung gehe. Selbst der unbeliebteste Teil des Gesetzes, die Werbeeinschränkungen, traf dennoch bei 57 Prozent der Befragten auf Zustimmung.

Auch internationale Organisationen wie die Weltgesundheitsorganisation und die Ernährungs- und Landwirtschaftsorganisation der Vereinten Nationen benutzen Chile zunehmend als Modell für ihre eigenen Politikempfehlungen. Einflussreiche private Stiftungen, wie die des Milliardärs und früheren Bürgermeisters von New York, Michael Bloomberg, unterstützen ebenfalls die Verbreitung und Weiterentwicklung des chilenischen Vorzeigemodells.

Die EU und die USA versuchen dagegen, unter dem Einfluss der dort ansässigen globalen Lebensmittelkonzerne, die Entwicklung zu einer strengeren Regulierung aufzuhalten. Die Europäische Union entschied sich 2011 nicht nur gegen eine EU-weite Einführung einer »Lebensmittel-Ampel«, sondern untersagte den Mitgliedstaaten auch entsprechende einzelstaatliche Maßnahmen.[5] Die USA haben zuletzt versucht, Lebensmittelkennzeichnungen zum Thema der Nafta-Neuverhandlungen zu machen. Per Handelsabkommen sollte verhindert werden, dass Kanada und Mexiko dem chilenischen Vorbild folgen.[6]

⚫

1 »Diet, nutrition and the prevention of chronic diseases«: Report of the joint WHO/FAO expert consultation, WHO Technical Report Series, No. 916, Genf: WHO.

2 Frédéric Le Marcis, »Verfluchte Zivilisation: Die Krankheiten des Nordens suchen Afrika heim«, Le Monde diplomatique, 9. März 2017.

3 Gesetz 20606 (veröffentlicht am 6. Juli 2012) und Dekret 13 des Gesundheitsministeriums (veröffentlicht am 26. Juni 2015).

4 Alejandra Arrúa und andere, »Warnings as a directive front-of-pack nutrition labelling scheme: Comparison with the Guideline Daily Amount and traffic-light systems«, Public Health Nutrition 20.13 (2017): 2308–2317.

5 Verordnung Nr. 1169/2011 des Europäischen Parlaments und des Rats vom 25. Oktober 2011.

6 »In Nafta Talks, U.S. Tries to Limit Junk Food Warning Labels«, New York Times, 20. März 2018.

Die weltgrößte Biokiste

In Südkorea setzt das Projekt »Hansalim« Maßstäbe für die Solidarische Landwirtschaft

Hansalim-Produkte in Geschenkverpackungen für die traditionelle Chuseok-Feier.　■ HANSALIM

Von Valentin Thurn, Gundula Oertel und Christine Pohl

Wer zu neuen Ufern aufbrechen will, braucht Navigationshilfen. In ruhigem Fahrwasser Kurs auf ein Ziel zu halten und die richtungsentscheidenden Wendepunkte nicht zu verpassen, erfordert wegweisende Mittel. Leuchttürme können solche Wegweiser sein. Man sieht sie gut, selbst aus der Ferne. Und ihr weitreichendes Leuchten hilft, Klippen zu umschiffen und eine sichere Hafeneinfahrt zu finden. Im übertragenen Sinn und um im Bild zu bleiben, könnten »Leuchttürme der Ernährungswende« auch der »Ernährungsstrategie-Flotte« beim zielsicheren Navigieren helfen. Zu den exemplarischen Projekten, die aus unserer Sicht besonders gut zur ernährungsstrategischen Kursbestimmung beitragen können, zählt die weltgrößte solidarische Landwirtschaft »Hansalim« in Südkorea. Zum Projekt Hansalim gehören 2 000 Bauern, die 1,5 Millionen Verbraucher versorgen.

In Deutschland ist die »Solidarische Landwirtschaft« (SoLaWi) noch ein kleines Pflänzchen. Die meisten der heute rund 150 Gruppen wurden hierzulande erst in den letzten zehn Jahren gegründet und haben meist weniger als 100 Mitglieder. Wie groß solche Verbraucher-Erzeuger-Gemeinschaften werden können, zeigt das Beispiel Hansalim in Südkorea. Sie versorgt 1,5 Millionen Menschen und ist damit das größte Projekt der Solidarischen Landwirtschaft der Welt! Ihre Mitglieder sind auch nicht einfach nur Verbraucherinnen und Verbraucher, sie sind die Eigentümer von Hansalim. Die gesamte Eigentümergemeinschaft, die auch den Verwaltungsrat der SoLaWi wählt, ist in 803 Gruppen, verteilt über alle 22 Provinzen Südkoreas, organisiert.

Hansalim wurde in der Not gegründet, als die südkoreanische Landwirtschaft Ende der 1980er Jahre in der Krise war. Die Öffnung der Märkte für Importe führte zu sinkenden Preisen, Landflucht und jährlich rund 1500 Suiziden bei Kleinbauern, die schlicht nicht mehr weiterwussten. Eine kleine Gruppe von Bauern und Widerstandskämpfern gegen die damalige Diktatur beschloss, eine Alternative aufzubauen: »Han-Salim« heißt »alles Lebendige bewahren«. Die Vision der Gründer: gerechte Preise für die Bauern, Stadt und Land enger verknüpfen, Ernährungssouveränität und Respekt vor allem Lebendigen.

Hansalim-Bauer -Hansalim-Bäuerin wird man nicht einfach so. Bevor man aufgenommen wird, müssen sich zuvor erst einmal mindestens fünf Biobauern zu einer Kooperative zusammenschließen und mindestens ein Jahr lang zusammenarbeiten. Sie teilen die Maschinen und absolvieren eine Einführung in die Hansalim-Prinzipien. Konsumentinnen und Konsumenten zahlen anfänglich rund 35 Euro pro Jahr, schließen sich ebenfalls zu Kooperativen zusammen und besuchen gemeinsam eine kurze Einführungsveranstaltung.

Hansalim startete 1986 als Kooperative mit einem winzigen Bioladen in Seoul, der Hauptstadt Südkoreas. Die Gründer wollten eine Alternative zur anonymen Verteilung von Lebensmitteln über die Supermärkte schaffen und eine Antwort auf die ökologische Krise geben. Die alternative Neugründung war (und ist) ökonomisch extrem erfolgreich: Heute sind es 72 Ladengeschäfte allein in Seoul und über 200 im ganzen Land. In diesen können die Mitglieder die Erzeugnisse zu zuvor mit den Erzeugern gemeinsam vereinbarten Festpreisen kaufen.

Im Jahr 2016 wurden Lebensmittel im Wert von 380 Millionen US-Dollar verkauft, Tendenz steigend. Hansalim verteilt sie über die eigenen Läden im ganzen Land. Die ökonomische Basis dieses großen gemeinwohlorientierten Unternehmens stellen die Mitgliedsgebühren der 540 000 Haushalte dar: 52 Millionen US-Dollar sind eine sichere Grundlage für die 2159 Hansalim-Bauern und -Bäuerinnen aus 112 Dörfern, die insgesamt 42 Millionen Quadratmeter (etwa 6000 Fußballfelder) Land bewirtschaften. Und ebenso für die 2745 Lebensmittelhandwerker, die verarbeitete Lebensmittel liefern.

In ihrem Buch »Was Erbsen hören und wofür Kühe um die Wette laufen« fragt sich Florianne Koechlin, die Südkorea 2017 mit einer kleinen Delegation der Zukunftsstiftung Landwirtschaft besuchte: Wie schaffte es die Solidarische Landwirtschaft Hansalim, trotz des großen Erfolgs an ihrer ursprünglichen Version eines gerechten Landwirtschaftsmodells festzuhalten? Vom selben Ausgangspunkt, von dem zum Beispiel auch die schweizerische Supermarktkette COOP vor über 100 Jahren als Bauernkooperative ausging, die sich seitdem aber immer weiter von der solidarischen Idee und von der Bauernschaft entfernt hat. Heute vertritt COOP nicht mehr die Interessen der Bauern, sondern drückt genauso rücksichtslos die Erzeugerpreise wie alle anderen Handelsriesen.

Den Slogan der Gründer verwendet Hansalim dagegen auch heute noch zu Recht: »Unsere Bauern, unsere Umwelt, unsere Gerichte«. Die Hansalim-Mitarbeiterin Moon Ji-Young betont den engen Kontakt zwischen den Konsumentinnen und Konsumenten einerseits und den ländlichen Produzenten und Produzentinnen andererseits: »Am Anfang der Saison einigen sich beide Seiten über Preis und Menge, unabhängig von geltenden Marktpreisen. Das sind oft harte Verhandlungen, die mit einem fairen Kompromiss enden müssen. Die Bauernbetriebe erhalten so garantierte Abnahmepreise und damit Sicherheit.« Auch sonst sind die Anforderungen hoch: Es dürfen keine Produkte aus anderen Ländern importiert werden, es gibt nur Lebensmittel der laufenden Erntesaison in den Hansalim-Läden, und die Länge der Transportwege ist bei losen Angeboten am Regal oder Warenkorb gekennzeichnet beziehungsweise auf der Verpackung angegeben. Wenn Menschen aus der Stadt die Bauernbetriebe auf dem Land besuchten, fährt Moon Ji-Young fort, lernen sie die Bauern und Bäuerinnen kennen, die ihr Essen produzieren. »Die Lebensmittel erhalten ein Gesicht. Und die Lebensmittel erhalten einen Ort – den Ort, wo das Lebensmittel entstanden ist.«

Als Florianne Koechlin den Bauern Ju Hyeng-ro besuchte, stellte sie fest, dass zwischen den Reisbüscheln viele schwarze Schnecken hängen. Sie fragte den Bauern, doch der lachte nur: Er habe die Schnecken selbst ausgesetzt, sie würden den ungebetenen Krautwuchs vertilgen, der sonst mit den Reispflanzen um Nährstoffe und Platz konkurriere. So kann Hansalim seinen pestizidfreien Bioreis als »Schneckenreis« verkaufen. Andere Bauern halten Enten in den Reisfeldern, die die unerwünschte krautige Spontanvegetation noch effizienter zurückhalten. »Entenreis« gibt es allerdings nur noch selten in den Regalen, weil die Bauern während der Vogelgrippe-Epidemie 2016 ihre Enten schlachten mussten und den meisten ein erneuter Start zu riskant erscheint.

Ju Hyeng-ro verkauft seine Lebensmittel direkt an Hansalim, wobei ihm 76 Prozent des Verkaufspreises als Entgelt garantiert werden. Transport-, Verarbeitungs- und Verpackungskosten bezahlen zwar die Bauern selbst, doch auch nach Abzug dieser Kosten bleiben den Bauern immer noch 60 bis 70 Prozent übrig, weil der Zwischenhandel wegfällt. Das stellt das Geschäftsmodell des Handels auf den Kopf. Denn üblicherweise sind die Verhältnisse dort genau andersherum. Im Durchschnitt bleiben 50 bis 70 Prozent des Verkaufspreises bei den Händlern.

Hansalim-Laden, Seoul, September 2016.
■ HANSALIM.KR

Hansalim kann die Preise auch deshalb moderat gestalten, weil es seine Kosten gering hält. Viele der Kampagnen werden von ehrenamtlich Aktiven getragen, die Läden sind nicht so aufwändig eingerichtet wie gewöhnliche Supermärkte und die Kooperative arbeitet nicht gewinnorientiert. Die Entscheidungen darüber, was im nächsten Jahr angebaut werden soll und was die Bauern dafür bekommen, werden in Versammlungen von Bauern, Verbrauchern und Angestellten gemeinsam getroffen. Im Gegensatz dazu steigen und fallen die Preise auf den offenen Märkten regelmäßig, manchmal, etwa wenn sich das Wetter oder die Stimmung an den Warenterminbörsen ändert, auch sehr plötzlich.

Erklärtes Ziel von Hansalim ist es, möglichst viele Nahrungsmittel in Südkorea selbst zu erzeugen und die Importabhängigkeit zu verringern. Dazu wurde das Label »Lokales Lebensmittel« eingeführt. Besonders stark war die Abhängigkeit beim Tierfutter, das fast ausschließlich aus importiertem Getreide stammte. So wurde ein Programm aufgelegt, erneut südkoreanische Gerste als Tierfutter aus dem Land zu verwenden. Mit Erfolg: Heute wird Futtergerste in Südkorea auf immerhin 330 Hektar Fläche angebaut. In Goesan baute Hansalim zudem eine Fabrik, um Tierfutter aus landwirtschaftlichen Resten heimischer Produktion herzustellen. Reste, die nicht so verwendet werden können, mischt man mit dem Mist der Tiere und gibt sie an andere Hansalim-Bauern als Dünger weiter.

Auch anderes Getreide soll möglichst aus Korea kommen. 2014 konnte so die Getreide-Selbstversorgungsquote des Landes auf 24 Prozent gehoben werden. Immer noch unglaublich niedrig, doch wenigstens beim Reis war man sehr viel erfolgreicher und liegt heute mit 95 Prozent schon nahe am Ziel der Selbstversorgung – und das in einem der am dichtesten besiedelten Ländern der Erde. Hansalim wirbt dafür, dass nur koreanischer Reis verkauft wird, nicht nur wegen der Krisensicherheit, sondern auch, weil Reisfelder ein guter Hochwasserschutz sind, für Nachschub beim Grundwasser sorgen und die Atmosphäre säubern. Dabei wird auch auf alte, loka-

WAS MACHT DIE STADT SATT?

Woher werden in einem zukunftsfähigen Ernährungssystem die Lebensmittel stammen, die täglich in unseren Städten verzehrt werden? In der Theorie liegt der Ausweg in einer konsequent lokalen Lebensmittelwirtschaft, die in erster Linie Menschen in ihrer Nähe versorgt. Unser jetzt noch überwiegend industriell geprägtes Anbausystem, das unter ständigem Wachstums- und Preisdruck steht und zu immer mehr Export in ferne Märkte zwingt, könnte so endlich der Vergangenheit angehören. Doch die große Frage ist, ob und wo die jeweiligen örtlichen Gegebenheiten eine systematisch geplante Relokalisierung der Nahrungsproduktion und -versorgung tatsächlich zulassen. Und welche Änderungen des Konsumstils dazukommen müssen. Anfang 2018 veröffentlichte der Stadtplaner und Agrarwissenschaftler Ingo Zasada vom Leibniz-Zentrum für Agrarlandschaftsforschung im brandenburgischen Müncheberg gemeinsam mit Forscherinnen und Forschern aus Großbritannien, den Niederlanden und Italien Ergebnisse einer großangelegten Untersuchung. Im Fokus stand dabei die regionale Selbstversorgungskapazität von London, Rotterdam, Mailand und Berlin. Zasada und seine Kollegen wollten wissen, was genau die Voraussetzungen sind, unter denen die Einwohner der genannten Großstädte sich stärker mit regional erzeugten Lebensmitteln ernähren könnten. Wie viel Agrarfläche wäre nötig, um Berlin, Mailand, Rotterdam oder London zu versorgen? Und wie viel im Jahr 2050, wenn deutlich mehr Menschen in diesen Metropolen leben?

Die Ausgangslage erwies sich in allen vier Regionen als gut vergleichbar. Überall hat das globalisierte Nahrungssystem dafür gesorgt, dass nur ein Bruchteil der Lebensmittel, die in der Stadt konsumiert werden, vom nahen Land stammt. In allen Befragungen geben die Verbraucher der regionalen Herkunft ihrer Nahrungsmittel den Vorzug. Aber in der Realität werden ihnen die meist weitgereisten Produkte in ihrem Einkaufskorb einfach ungefragt aufgezwungen. Dabei wäre es allein schon deshalb vernünftiger, Nahrungsmittel dort zu produzieren, wo sie auch verbraucht werden, weil nicht zuletzt ihr Transport den Klimawandel beschleunigt. In einem ersten Schritt sichtete die Forschungsgruppe nationale Statistiken, die Auskunft über urbane Ernährungsgewohnheiten sowie aktuelle Verbrauchsdaten zu Obst und Gemüse, Milchprodukten, Fleisch, Getreide und mehr geben. Daraus ermittelte sie für jede der vier Regionen die Anbaufläche, die pro Person zur Ernährung beansprucht wird. Daten über die jeweilige Agrarproduktion, deren Ertrag von Klima, Boden und anderen lokalen Faktoren abhängt, flossen ebenso in die Berechnungen ein wie Flächenanteile für Lebensmittel, die nicht mit Rohstoffen aus europäischen Anbauregionen erzeugt werden können – zum Beispiel Kaffee, Tee oder Schokolade. Auch der mengenmäßige Lebensmittelverbrauch pro Kopf und Jahr unterschied sich in den untersuchten Städten kaum: Er liegt aktuell im Schnitt bei rund 1000 Kilogramm. Dennoch werden dafür an die vier verschiedenen Regionen ganz unterschiedliche Flächenansprüche gestellt. In Berlin sind es unter gegenwärtigen Bedingungen 2052 Quadratmeter Ackerfläche, die beansprucht werden, in London 1862, in Mailand 2093 und in Rotterdam 1718. Die Differenzen erklären die Forscher mit den verschiedenen Ernährungsstilen.

Aus diesen Zahlen ergibt sich die Gesamtfläche, die zur Deckung des Nahrungsbedarfs der jeweiligen Stadtbevölkerung

le Sorten geachtet, die zudem die eigenständige Saatgutvermehrung erlaubt, welche einschlägig bekannte Konzerne wie Monsanto auch in Südkorea so gern vollständig zugunsten ihres hybriden, gentechnisch veränderten Lizenzsaatguts verdrängen würden.

In den Hansalim-Läden gibt es nur Früchte der Saison, ein auffallender Kontrast zu den auch in Korea üblichen Supermärkten. Die meisten Produkte stammen aus ökologisch kontrolliertem Anbau. Obst, das anfällig für Krankheiten ist, darf ausnahmsweise mit Biospritzmittel behandelt werden. Bei tierischen Produkten wird auf tiergerechte Haltung geachtet, was heißt, dass keine Antibiotika verwendet werden und zunehmend heimische Futtermittel zum Einsatz kommen. Generell wirbt Hansalim bei seinen Mitgliedern aber für einen geringeren Fleischkonsum. Die Kooperative hat inzwischen eine Größe, die ein riesiges Lkw-Verteilungszentrum erfordert.

Hansalim garantiert den Bauern feste Abnahmepreise für ein ganzes Jahr, egal wie sich der Weltmarktpreis entwickelt. Das gilt auch für andere solidarische Landwirtschaftsbetriebe, die ihre Erzeuger nicht dem ständigen Auf und Ab aussetzen wollen, dem so viele, vor allem kleinere Betriebe, zum Opfer fallen. Betriebe, die oft eigentlich gut wirtschaften, aber dichtmachen müssen, wenn sie von Preisstürzen ausgerechnet in einer besonders verwundbaren Phase betroffen sind, etwa weil sie gerade viel Geld investiert haben und keine Reserven mehr übrig sind. Wenn sich der allgemeine Markt gerade in einem Tief befindet, kann es daher vorkommen, dass die Lebensmittel in den Hansalim-Läden aufgrund der garantierten Erzeugerpreise im Vergleich deutlich teurer sind. Andersherum kann es aber auch sein, dass die Lebensmittel dort billiger sind,

als Anbaufläche genutzt werden müsste. Und schon hier zeigt sich, welchen Einfluss allein die natürlichen Gegebenheiten auf die Chancen zur Selbstversorgung einer Stadt haben. Rotterdam (über 600 000 Einwohner), Mailand (über 1,2 Millionen) und London (über 8 Millionen Innenstadtbewohner und bald 23 Millionen Bewohner der Metropolregion) könnten ihre Nahrungsversorgung nicht auf eine ausreichend große Umlandfläche stützen. Weder jetzt noch 30 Jahre später, wenn die Bevölkerung weiter angewachsen sein wird. Dafür sind die Ränder dieser Städte zu dicht besiedelt, die Böden nicht fruchtbar genug, oder das verfügbare Ackerland wird durch Gebirge oder Meer begrenzt.

Berlin ist hier die Ausnahme, mit sehr guten Zukunftschancen für die Relokalisierung des städtischen Ernährungssystems. Was den Flächenbedarf angeht, zeigen Zasadas Zahlen, dass Berlin seinen Nahrungsbedarf künftig problemlos mit regionalen Produkten decken könnte. Das Berliner Umland ist stark landwirtschaftlich geprägt und dünn besiedelt. Von den 14 600 Quadratkilometern Acker und Grünland, die sich in einem Radius von etwa 110 Kilometern um die Stadt befinden sind, würde sogar schon die Hälfte, nämlich 7300 Quadratkilometer, ausreichen, um die Nahrungsversorgung vollständig durch regionale Erzeugnisse zu decken.

Ein Mehrbedarf entsteht natürlich durch die bis 2050 geschätzte Zunahme der Bevölkerungsdichte. Doch das individuelle Konsumverhalten hat noch weit größere Auswirkungen, etwa wenn mehr Fleisch gegessen wird oder mehr regionale Bioprodukte gekauft werden. Starken Einfluss hat zudem, in welchem Ausmaß Lebensmittel verschwendet werden.

wenn Agrarprodukte auf dem Weltmarkt gerade boomen. Und das ist tatsächlich häufig der Fall.

Die Erzeuger von Hansalim entscheiden auch ganz eigenständig über ihre Produktqualität-Standards – auch dies ist anders, als sonst üblich im Handel, dessen Streben nach kosmetischer Perfektion eine gigantische Verschwendung bei den Bauern erzwingt (in Deutschland müssen Landwirte bei Karotten und Kartoffeln zwischen einem Drittel und der Hälfte der Ernte aussortieren, weil der Handel sie wegen Größe, Form oder sonstiger lediglich äußerlicher Merkmale nicht abnimmt). Aber Bauern, die sich selbst kontrollieren– geht das? Der Hansalim-Vorstand meint: Ja! Weil sich Erzeuger und Verbraucher ständig austauschen, ist auch keine kostenpflichtige Zertifizierung nötig. Die externe Kontrolle wird nach Meinung der Mitglieder in derart engen Beziehungen einfach überflüssig. Den Hansalim-Fragebogen zum Qualitätsstandard füllen zwar nicht alle Bauern aus, aber doch immerhin zwischen 80 und 90 Prozent. Zusätzlich gibt es eigene interne Kontrollen, an denen alle Mitglieder teilnehmen können, aber nicht müssen. 2015 schwärmten sie in 58 Teams aus und bescheinigten 114 von den 117 überprüften Betrieben, dass sie den strikten Null-Pestizid-Standard von Hansalim einhalten. Darüber hinaus wird die eingehende Ware noch einmal im Zentrallager überprüft.

Wie Kwak Keum-Soon, die Präsidentin von Hansalim, unumwunden zugibt, muss sich das solidarische Gesamtunternehmen derzeit auch mit schwierigen strategischen Fragen befassen. Mitgliederzahlen und Umsatz nehmen zwar immer noch zu, aber nicht mehr so stark wie in den Anfangsjahren. Viele Mitglieder kaufen heute individueller ein. Vor allem junge Konsumentinnen und Konsumenten wollten sich nicht mehr an eine Organisation binden. Zudem wird die Konkurrenz größer: Es gibt inzwischen drei weitere Bioladenketten. Und deren Sortiment ist oft vielfältiger als das der Hansalim-Läden, vor allem im Bereich der Fertigprodukte.

Zur Diskussion stehen behutsame Lockerungen der strengen Regeln. Zum Beispiel wird das Hansalim-Prinzip, wonach keine Lebensmittel aus anderen Ländern importiert werden dürfen, für eine Ausnahme durchbrochen: Der Pollackfisch, der in der koreanischen Küche eine große Rolle spielt, heute aber wegen der Klimaerwärmung nur noch in den kühleren Gewässern Russlands gefischt werden kann, darf jetzt als russischer Import in Hansalim-Läden verkauft werden. Zudem dürfen heute auch Nichtmitglieder in Hansalim-Läden einkaufen, sie bezahlen einfach 10 Prozent mehr für die Produkte, ähnlich wie zum Beispiel die LPG-Biomärkte in Berlin in ihrer Verkaufspreisgestaltung zwischen Mitgliedern (allerdings keiner Genossenschaft und ohne Mitbestimmungsrechte) und der übrigen Kundschaft unterscheiden.

Die Erinnerung an die politischen und wirtschaftlichen Verwerfungen der Gründerzeit ließ Hansalim schließlich 2012 einen Stabilisierungsfonds einrichten, in den 0,2 Prozent des Umsatzes fließen und den die Bauern mit derselben Summe aufstocken. Im Falle einer dramatischen Missernte, etwa wenn über 50 Prozent der Ernte ausfallen, werden damit Ausgleichszahlungen an die Bauern möglich. Das war tatsächlich schon 2015 der Fall, nach einer Unwetterkatastrophe wurden die Bauern mit 3,5 Millionen US-Dollar unterstützt. •

Beide Beiträge sind Auszüge aus: »Genial lokal - So kommt die Ernährungswende in Bewegung.«
Das Buch erscheint zur Frankfurter Buchmesse 2018 im oekom-Verlag, München.
Wir danken dem oekom-Verlag für die Rechte.

SHERIDANS CHEESEMONGERS

Bolognas neue Feinkostwelt

Ein Rundgang durch den weltgrößten kulinarischen Erlebnispark

Von Jean-Baptiste Malet

So etwas hat die Welt noch nicht gesehen. Bologna besitzt jetzt einen riesigen kulinarischen Erlebnispark, ein Ess-, Staun- und Einkaufszentrum mit Restaurants, Manufakturen, Stallungen – ein Gesamtkunstwerk italienischer Esskultur. Große Tore weisen den Weg zum Eingang von Fico Eataly World, dem größten Food-Freizeitpark der Welt. Das videoüberwachte, umzäunte Areal liegt mitten im Gewerbegebiet Bolognas, drum herum Baumärkte, Sportgeschäfte, Lampen- und Spielzeugläden. 8 der 10 Hektar Grundfläche sind mit 44 000 Sonnenkollektoren überdacht, auf 2 Hektar sind Tiergehege und kleine Gärten angelegt.

Am Haupteingang werden die Besucher von einer hohen Wand aus Hunderten sorgfältig in Regalen angeordneten Äpfeln begrüßt. Gesponsert wird die Installation von Melinda, einem auf Obstanbau spezialisierten Konsortium mit über 250 Millionen Euro Jahresumsatz. »In Europa gibt es mehr als 1200 Apfelsorten. 1000 in Italien und 200 im Rest Europas. Dafür haben wir die Fico gegründet«, ist auf einem Plakat zu lesen. »Die Äpfel sind echt«, erklärt Silvia Zanelli lächelnd, die Sprecherin des Foodparks. »Alle 14 Tage werden die Früchte ausgetauscht.« Die Fico will sich nachhaltig und umweltbewusst inszenieren. Die alten Äpfel gehen an wohltätige Einrichtungen.

In deutschen Medien wurde die spektakuläre Einkaufslandschaft als »Disneyland für Feinschmecker« und »kulinarischer Erlebnispark« beschrieben. »Fico«, das italienische Wort für Feige, steht hier für »Fabbrica Italiana Contadina«. Unter dem Dach versammeln sich Firmen wie die Kaffeemarke Lavazza, der Dosentomatenproduzent Mutti, das Mortadella-Konsortium von Bologna, aber auch der Traktorenhersteller New Holland. Dazu Alessi, Electrolux, Samsung, Whirlpool, die Möbelfirma Kartell, Milchgigant Granarolo und viele andere. Die Einweihung war am 15. November 2017 im Beisein des Ministerpräsidenten und der Minister für Umwelt, für Arbeit, Landwirtschaft sowie Kultur und Tourismus. Ebenfalls anwesend waren 150 Firmenchefs, unter ihnen Oscar Farinetti, Gründer der Firma Eataly.

Von seinem Vater hat Farinetti einst UniEuro geerbt, eine Handelskette für Elektrogeräte, die er 2003 verkaufte, um ein Jahr später Eataly zu gründen. In Italien ist der schnauzbärtige Unternehmer inzwischen der Protagonist einer Heldensaga, nach der eine ehrgeizige Firma die Wirtschaftsflaute des Landes überwindet, indem sie Lebensmittel in Geschäfte und Restaurants auf der ganzen Welt exportiert. Eataly besitzt Verkaufsstellen in den USA, in Katar, Saudi-Arabien, Brasilien, Deutschland, Japan, Südkorea, in der

Türkei und auf mehreren Kreuzfahrtschiffen. Inzwischen ist Farinetti fast zum Heiligen geworden – ein neuer »Handelskönig«, dessen Gesicht Zeitschriften und Werbeflächen schmückt.

Vor der Apfelwand am Eingang der Ficus Eataly World stehen Hunderte blauer Lastendreiräder, hergestellt von Bianchi, ebenfalls Kooperationspartner des Foodparks. Wer seinen Ausweis hinterlegt, bekommt eines der Gefährte, auf denen hinten und vorn Holzkisten befestigt sind. »Mit den eigens für Fico entwickelten Dreirädern kann man sich bequem auf dem riesigen Gelände fortbewegen und seine Einkäufe transportieren«, erläutert die Sprecherin. »Wir haben 120 Millionen Euro investiert. Nach unseren Berechnungen muss jeder Besucher mindestens 20 Euro ausgeben, damit sich der Park rentiert.«

Angestrebt werden 6 Millionen Besucher bis 2020: Ein Drittel soll aus der Region kommen, ein Drittel aus dem übrigen Italien, ein Drittel aus dem Ausland. Im Eingangsbereich können sich die Besucher auf großen Tafeln informieren: »1. Wir arbeiten für Italien. 2. Wir sind ein authentischer Ort. 3. Wir haben Geschichten zu erzählen. 4. Die Erde zuerst. 5. Wir reden mit den Leuten. 6. Spielerisch lernen. 7. Respekt und Geschäftssinn.« Es ist eine perfekte Show der mächtigen italienischen Lebensmittelindustrie, die auf die autarkiefixierte Agrarpolitik des Faschismus zurückgeht. Inzwischen ist man bestens an die Gegenwart angepasst und produziert ununterbrochen Fantasievorstellungen von einem Bilderbuch-Italien.

Doch so schön die Verpackungen der Lebensmittel »made in Italy« auch aussehen, viele Inhaltsstoffe kommen gar nicht aus Italien, wie Statistiken des Zolls belegen. 2016 hat das Land zwar große Mengen Pasta im Wert von 2,19 Milliarden Euro, Olivenöl (1,42 Milliarden), Kaffee (1,29 Milliarden) und Käse (2,26 Milliarden) exportiert. Möglich war dies jedoch nur durch den massiven Import von Weizen (1,29 Milliarden Dollar), Olivenöl (1,39 Milliarden), Kaffee (1,20 Milliarden) sowie Milch und Milchprodukten (1 Milliarde). Beim Olivenöl verwandeln sich die Importe aus Spanien, Tunesien oder Griechenland quasi über Nacht in ein hochfeines toskanisches Produkt. Der Ort der Abfüllung ist entscheidend.

Nach wenigen Tritten in die Pedale beginnt die kulinarische Reise durch den neuartigen Konsumtempel: Holzleuchten verströmen warmes Licht, Werbeslogans schwärmen von Umweltbewusstsein und Artenvielfalt, von traditioneller italienischer Küche und Gastfreundlichkeit. Käselaibe, Salami und Schinkenkeulen, die von der Decke hängen, Olivenöl und Balsamico, Rotwein und Bier, Keksdosen, Dolce und unzählige andere Produkte – die Fico ist das welt größte Einkaufszentrum für Lebensmittel. Aber nicht nur. »Wir wollen Grenzen auflösen«, erklärt Sprecherin Zanelli. »Wir sind hier im Tempel des Made in Italy. Kein anderes Land kann es mit der italienischen Küche aufnehmen. Dieser Ort ist Showroom für unsere Lebensmittelindustrie, Einkaufszentrum, Touristenattraktion, aber auch ein Raum des spielerischen Lernens.«

Wie in den riesigen Hallen von Ikea ist es auch im Fico-Universum unmöglich, die vorgegebenen Pfade zu verlassen. Der Besuch ist »als Erlebnis konzipiert«, sagt die Sprecherin. Der Übersichtsplan des Parks ist beeindruckend. Die Besucher essen in einem der 45 Restaurants, nehmen an Verkostungen teil, betreiben in Spezialzonen sportliche Ertüchtigung, besuchen einen Kochkurs oder gucken sich Kühe und Schweine in Vorzeigeställen an.

Daneben gibt es noch 40 »Hofwerkstätten«. Die 40 Betriebe auf dem Gelände sollen den Geist von Ficus Eataly World versinnbildlichen – und dienen vor allem der Inszenierung. Die kleinen Produktionsstätten locken die Besucher mit dem Versprechen, dass sie die Herstellungsprozesse live miterleben können. Damit ist ein klares Ziel verbunden: Wenn die Geschichte zu Ende erzählt ist, sollen sie im Laden neben der Werkstatt einkaufen. Es ist eine beruhigende und leicht verständliche Darbietung, die nicht in einer großen, lauten Fabrik stattfindet, sondern in einer Werkstatt, die einer geräumigen Küche entspricht und nach frisch gebackenem Brot duftet.

Der unauffälligste Stand auf dem Fico-Gelände gehört der Zeitarbeitsfirma Randstad. »Die meisten Leute, die für die Fico arbeiten, kommen über unsere Vermittlung«, verrät eine Personalerin des Unternehmens. »Wir bieten ausschließlich Monats-, Wochen- und Tagesverträge an, die von einem Tag bis zu vier Monaten gehen können. Aktuell suchen wir Bedienungen, Köche, Techniker und Vorführer.«

Die Beschäftigten im Laden des Lakritzherstellers Amarelli und die Arbeiter von Lavazza gehören mit ihren Drei- oder Viermonatsverträgen zu den Bessergestellten. Die jungen Hostessen dagegen, die Äpfel der Marke »Pink Lady« verteilen – kein »Traditionsapfel« wie behauptet, sondern eine Neuzüchtung –, haben lediglich Verträge für ein paar Tage. »Ich mach' den Job, weil ich keine andere Wahl habe«, sagt eine junge Frau mit rosa Schirmmütze. »Die Leute hier sind nicht doof. Die wissen alle, dass die Fico auf prekäre Beschäftigungsverhältnisse angewiesen ist. Im Foodpark gibt es überall Essen im Überfluss. Aber Mahlzeiten für die Beschäftigten sind nicht vorgesehen, nicht einmal Essensmarken. Ich habe mehrere kleine Jobs. Wenn ich es nicht schaffe, mir etwas Essen mitzubringen, dann gebe ich von den 43 Euro, die ich am Tag bei der Fico verdiene, mittags 12 Euro für einen Teller Nudeln aus.«

Hinzu kommt die unentgeltliche Arbeit von Schülern, die meist im Hotelgewerbe oder in der Gastronomie ausgebildet werden. Randstad und die Fico haben 300 000 Stunden unbezahlter Arbeit eingeplant, die 20 000 Schüler von 200 Berufsschulen aus ganz Italien verrichten.

Am Stand des Keks- und Panettone-Giganten Balocco, der 2016 mehr als 170 Millionen Umsatz gemacht hat, präsentiert ein Zeitstrahl »die Universalgeschichte des Getreides«. Schritt für Schritt wird die Kundschaft vom Alten Ägypten über das Goldene Zeitalter des Kapitalismus bis hin zur Gründung der Firma geführt. Durch eine große Fensterfront erhält man Einblick in eine kleine Produktionsanlage, in der Arbeiter mit weißen Haarnetzen auf dem Kopf zugange sind. Unter dem Blitzlichtgewitter der Besucher stellen sie und ihre Maschinen Kekse her.

Im Vorraum erläutern Infotafeln die Produktionsschritte. Auf der letzten Schautafel steht: »Bleibe nicht stehen, die Reise durch die Geschichte geht weiter. In der Boutique kannst du nachempfinden, wie die Atmosphäre in den ersten Konditoreien war, die Francesco Antonio Balocco 1927 eröffnet hat. Dort kannst du unsere schmackhaften Spezialitäten entdecken.« Ein paar Schritte weiter präsentiert die Firma ihr komplettes Angebot – mit Ausnahme derjenigen Kekse, die man für Discounter wie Lidl produziert. Woher denn das Mehl für die Kekse stamme? »Ich weiß es nicht«, sagt der Chef des edlen Süßigkeitenladens.

Aus dem Französischen von Richard Siegert

Erstmals erschienen in *Le Monde diplomatique* vom Februar 2018, leicht gekürzt und aktualisiert.

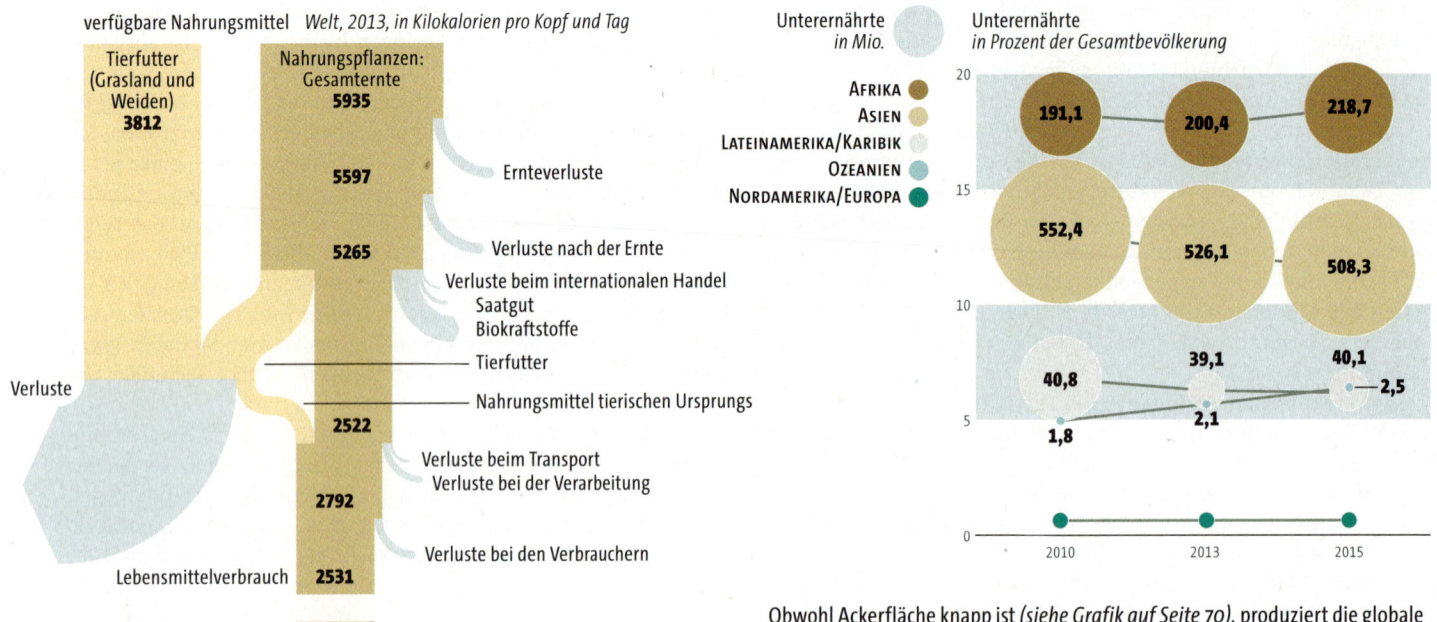

verfügbare Nahrungsmittel *Welt, 2013, in Kilokalorien pro Kopf und Tag*

Tierfutter (Grasland und Weiden) **3812**

Nahrungspflanzen: Gesamternte **5935**

5597 — Ernteverluste

5265 — Verluste nach der Ernte

Verluste beim internationalen Handel
Saatgut
Biokraftstoffe

— Tierfutter

— Nahrungsmittel tierischen Ursprungs

Verluste

2522

Verluste beim Transport
Verluste bei der Verarbeitung

2792

Verluste bei den Verbrauchern

Lebensmittelverbrauch **2531**

Durchschnittlicher Energiebedarf aus Lebensmitteln (ADER) **2353** **178** Überschuss

Unterernährte *in Mio.*

Unterernährte *in Prozent der Gesamtbevölkerung*

AFRIKA
ASIEN
LATEINAMERIKA/KARIBIK
OZEANIEN
NORDAMERIKA/EUROPA

AFRIKA: 191,1 — 200,4 — 218,7
ASIEN: 552,4 — 526,1 — 508,3
LATEINAMERIKA/KARIBIK: 40,8 — 39,1 — 40,1 / 2,5
OZEANIEN: 1,8 — 2,1

2010 — 2013 — 2015

Mangel im Überfluss

Obwohl Ackerfläche knapp ist *(siehe Grafik auf Seite 70)*, produziert die globale Landwirtschaft mehr Nahrungsmittel, als die Weltbevölkerung braucht. 2013 betrug der Gesamtertrag mehr als das Vierfache der Bedarfsmenge, Tierfutter eingerechnet. Viele Graslandflächen sind für den Ackerbau ungeeignet, und tragen nur über den Umweg der Viehhaltung zur menschlichen Ernährung bei. Gleichzeitig verbraucht die industrielle Fleischproduktion einen großen Teil der Nahrungspflanzenernte. Über ein Drittel der verfügbaren Kalorien geht der menschlichen Nahrungskette durch die Herstellung von Fleisch, Milch und, in zunehmendem Maße, durch Agrosprit verloren. Eine 2018 erschienene Studie (Berners-Lee u. a.) hat berechnet, dass eine radikal reduzierte Menge reichen würde, die Weltbevölkerung auch noch 2050 – wenn sie von heute 7,6 Milliarden auf dann 9,7 Milliarden angewachsen sein wird – zu ernähren.

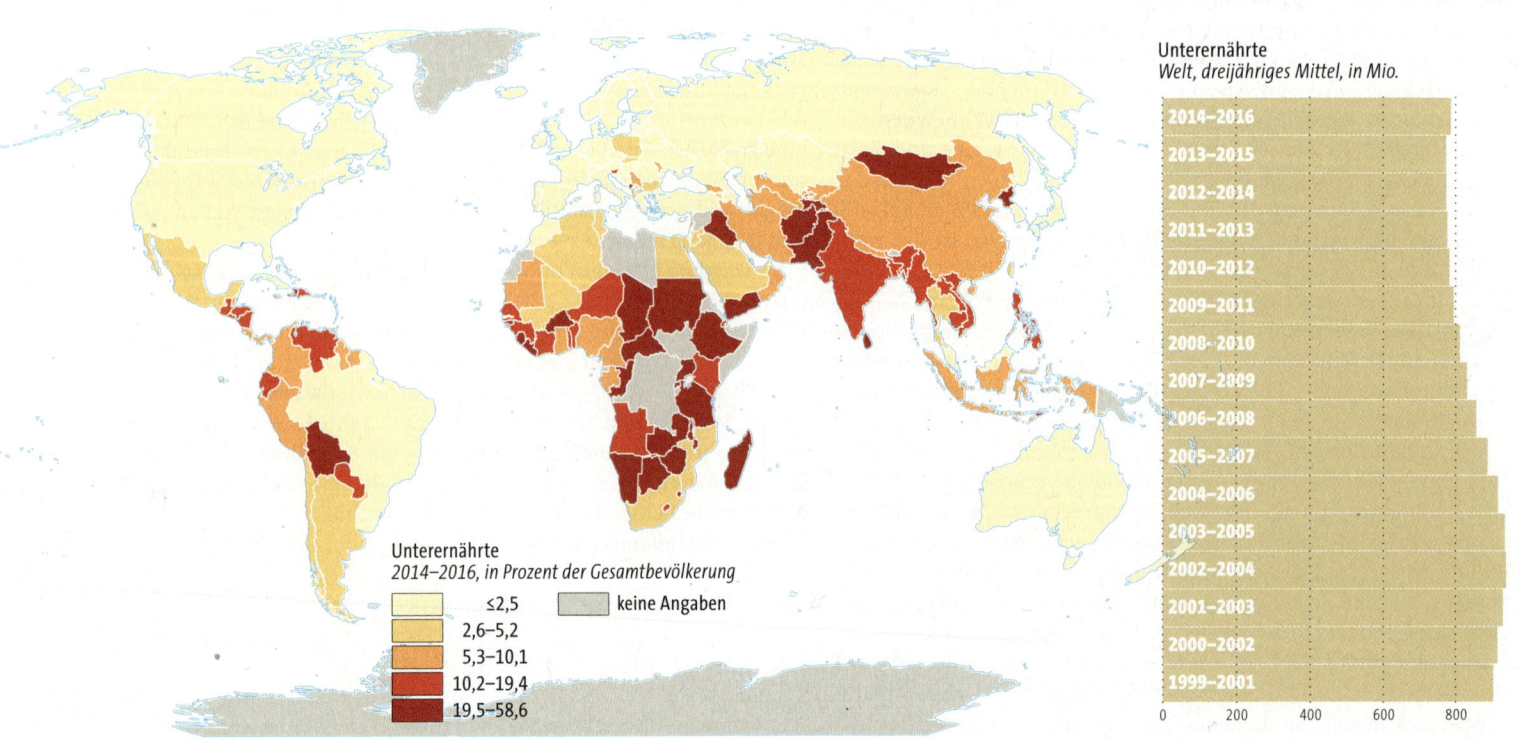

Unterernährte *2014–2016, in Prozent der Gesamtbevölkerung*

≤2,5
2,6–5,2
5,3–10,1
10,2–19,4
19,5–58,6
keine Angaben

Unterernährte *Welt, dreijähriges Mittel, in Mio.*

2014–2016
2013–2015
2012–2014
2011–2013
2010–2012
2009–2011
2008–2010
2007–2009
2006–2008
2005–2007
2004–2006
2003–2005
2002–2004
2001–2003
2000–2002
1999–2001

0   200   400   600   800

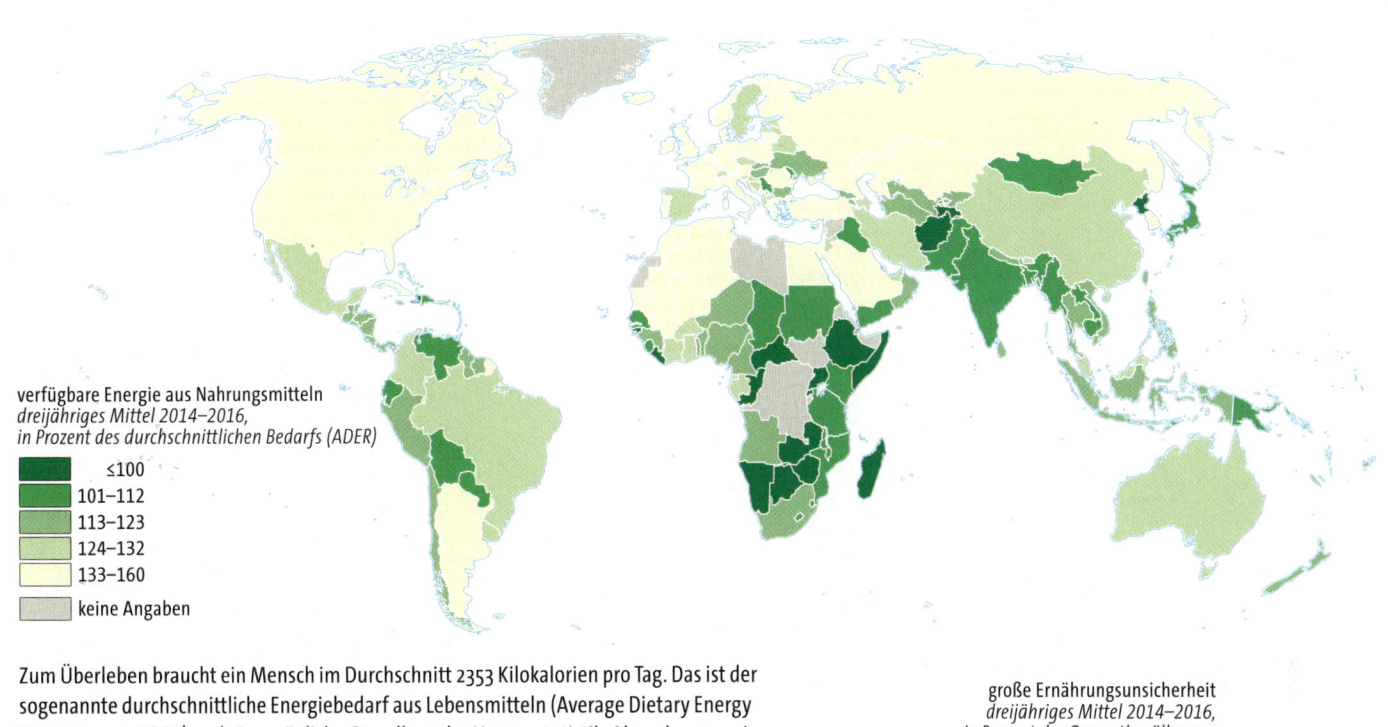

verfügbare Energie aus Nahrungsmitteln
dreijähriges Mittel 2014–2016,
in Prozent des durchschnittlichen Bedarfs (ADER)

- ≤100
- 101–112
- 113–123
- 124–132
- 133–160
- keine Angaben

Zum Überleben braucht ein Mensch im Durchschnitt 2353 Kilokalorien pro Tag. Das ist der sogenannte durchschnittliche Energiebedarf aus Lebensmitteln (Average Dietary Energy Requirement, ADER) und eine mögliche Grundlage der Hungerstatistik. Aber eben nur eine. Wie viel Kalorien ein Mensch tatsächlich zum Überleben braucht, ist statistisch gesehen umstritten. Die Welternährungsorganistation (FAO) geriet 2012 in die Kritik, weil sie ihre Definition und Messmethode von Unterernährung rückwirkend angepasst hatte. Die Änderungen waren politisch motiviert: Die Neudefinition sollte die Hungerbekämpfung erfolgreicher erscheinen lassen. Ohnehin ist die FAO-Untergrenze von 1800 Kilokalorien – die minimal benötigte tägliche Energiemenge, wenn man sitzt – unrealistisch. Ein indischer Rikschafahrer zum Beispiel braucht eher die doppelte Menge. Unterernährung kann, so eine weitere Kritik, nicht auf die Energiemenge im Essen reduziert werden. Vom Mangel an Vitaminen und anderen Mikronährstoffen sind über 2,1 Milliarden Menschen betroffen, schätzt die Welternährungsorganisation, die außerdem zur Vermessung der neuen Entwicklungsziele der Vereinten Nationen[1] das Instrument der sogenannten Erfahrungsskala für Nahrungsunsicherheit (Food Insecurity Experience Scale, FIES) propagiert. Ein Standardfragebogen soll die Unsicherheit über die Verfügbarkeit von Nahrungsmitteln auf einer Skala von gering (Frage 1) bis groß (Frage 8) abbilden *(siehe unten).*

1. Die 17 Ziele für nachhaltige Entwicklung bis 2030. Ziel 2: Den Hunger beenden, Ernährungssicherheit und eine bessere Ernährung erreichen und eine nachhaltige Landwirtschaft fördern.

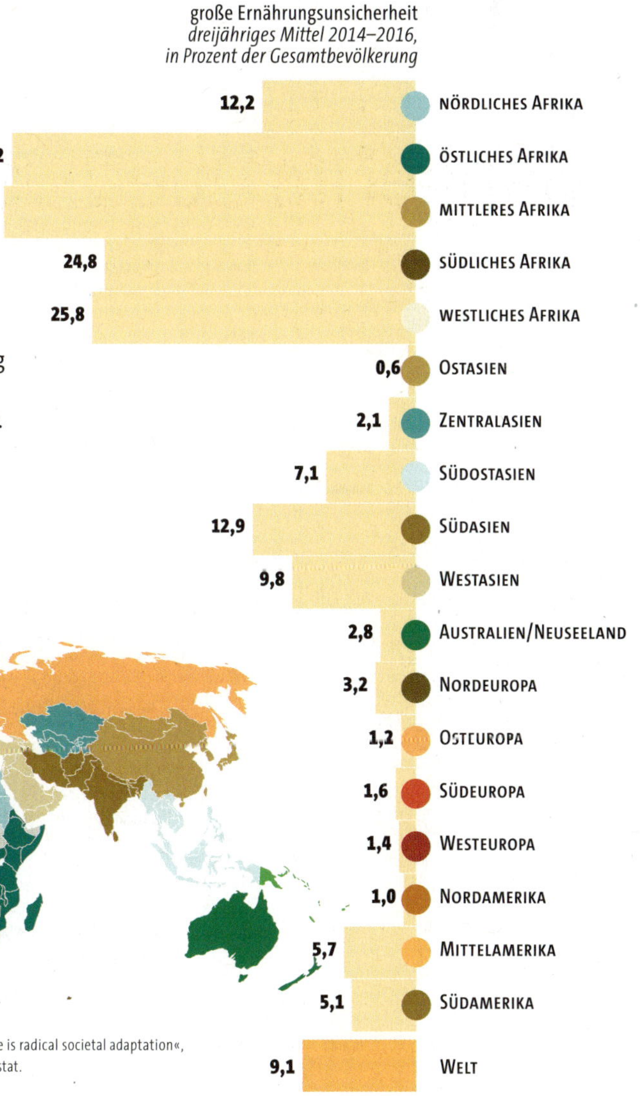

Ist es in den letzten 12 Monaten vorgekommen, dass Sie wegen Mangel an Geld oder anderen Ressourcen …

1. sich Sorgen gemacht haben, nicht genug zu essen zu haben?
2. keine gesunden und nahrhaften Lebensmittel essen konnten?
3. sich einseitig ernährt haben?
4. eine Mahlzeit ausgelassen haben?
5. weniger gegessen haben, als Sie Ihrer Meinung nach sollten?
6. in Ihrem Haushalt nichts mehr zu essen hatten?
7. Hunger hatten, aber nichts gegessen haben?
8. einen ganzen Tag nichts gegessen haben?

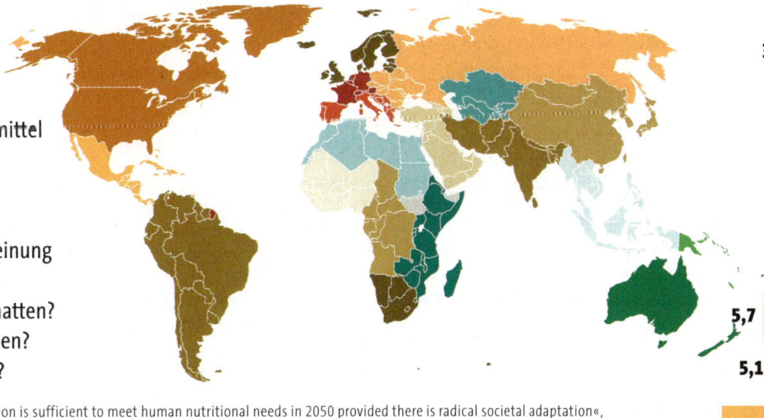

Quellen: Mike Berners Lee u. a., »Current global food production is sufficient to meet human nutritional needs in 2050 provided there is radical societal adaptation«, *Elementa Science of the Anthropocene;* FAO/IFAD/UNICEF/WFP/WHO, *The State of Food Security and Nutrition in the World 2017;* faostat.
■ *Le Monde diplomatique,* Berlin

große Ernährungsunsicherheit
dreijähriges Mittel 2014–2016,
in Prozent der Gesamtbevölkerung

12,2	NÖRDLICHES AFRIKA
32,2	ÖSTLICHES AFRIKA
32,8	MITTLERES AFRIKA
24,8	SÜDLICHES AFRIKA
25,8	WESTLICHES AFRIKA
0,6	OSTASIEN
2,1	ZENTRALASIEN
7,1	SÜDOSTASIEN
12,9	SÜDASIEN
9,8	WESTASIEN
2,8	AUSTRALIEN/NEUSEELAND
3,2	NORDEUROPA
1,2	OSTEUROPA
1,6	SÜDEUROPA
1,4	WESTEUROPA
1,0	NORDAMERIKA
5,7	MITTELAMERIKA
5,1	SÜDAMERIKA
9,1	WELT

%	Land	%	Land	%	Land
52	Dem. Rep. Kongo	51	Niger	51	Myanmar
50	Oman	45	Togo	45	Samoa
44	Malta	44	Turkmenistan	40	Nordkorea
38	Mexiko	36	USA	35	Südkorea
35	Polen	35	Portugal	32	Saudi-Arabien
32	Bahamas	31	Nepal	30	Kanada
30	Chile	30	Mali	30	Finnland
29	El Salvador	29	Tunesien	29	Australien
29	Kasachstan	29	Ver. Arabische Emirate	29	Tonga
29	Argentinien	29	Andorra	29	Antigua und Barbuda
29	Ukraine	29	Uruguay	29	Liberia
28	Bahrain	28	Mauritius	28	Barbados
28	St. Kitts und Nevis	27	Lettland	27	Libyen
27	Israel	27	Spanien	26	Zypern
26	Italien	26	Südafrika	26	Grenada
26	Kroatien	26	Russland	26	Suriname
25	Peru	25	Laos	25	Venezuela
25	Nigeria	25	Palau	25	Jamaika
24	Ghana	24	Kuba	24	Trinidad und Tobago
24	Dominikanische Republik	24	Japan	24	Weißrussland
24	Island	24	St. Lucia	24	Belgien
24	Gabun	24	Cookinseln	23	Litauen
23	Bulgarien	23	Frankreich	23	Slowakei
23	Slowenien	23	Kenia	23	Äthiopien
23	Pakistan	23	Seychellen	23	Elfenbeinküste
23	Irak	23	Irland	22	St. Vincent und die Grenadinen
22	Rumänien	22	Niue	22	Guatemala
22	Indien	22	Philippinen	22	Uganda
22	Algerien	22	Ecuador	22	Schweden
22	Aserbaidschan	21	Haiti	21	Vanuatu
21	Österreich	21	Schweiz	21	Deutschland
21	Dschibuti	21	Nauru	21	Brasilien
21	Moldau	21	Mongolei	21	Syrien
20	Kolumbien	20	Äquatorialguinea	20	Belize
20	Papua-Neuguinea	19	Serbien	19	Armenien
18	Ägypten	18	Mauretanien	18	Türkei
17	Brunei	17	Niederlande	17	Palästina
17	Albanien	17	Panama	17	Guinea
17	Katar	17	Botswana	16	Bolivien
16	Bosnien und Herzegowina	16	Ungarn	16	Salomonen
15	Mikronesien	14	Mosambik	14	Swasiland
14	Usbekistan	14	Gambia	13	Eritrea
13	Malawi	13	Kuwait	13	Libanon
12	Hongkong	11	Jemen	11	Kapverdische Inseln
11	Tadschikistan	11	Griechenland	11	Honduras
11	Simbabwe	10	São Tomé und Príncipe	10	Tansania
9	Nicaragua	9	Taiwan	9	Marshallinseln
9	Kamerun	8	China	8	Kongo
8	Dominica	8	Costa Rica	8	Georgien
7	Senegal	7	Malaysia	7	Singapur
7	Angola	7	Benin	7	Sambia
7	Sudan	7	Sierra Leone	7	Sri Lanka
6	Lesotho	6	Osttimor	6	Guyana
6	Kiribati	6	Malediven	6	Iran
6	Puerto Rico	6	Großbritannien	6	Komoren
6	Tschad	5	Guinea-Bissau	5	Norwegen
5	Bhutan	5	Paraguay	5	Burkina Faso
4	Montenegro	4	Luxemburg	4	Zentralafrikanische Republik
4	Dänemark	4	Madagaskar	4	Marokko
4	Somalia	4	Neuseeland	4	Estland
4	Indonesien	4	Jordanien	4	Namibia
4	Tuvalu	3	Ruanda	3	Tschechien
3	Bangladesch	3	Fidschi	3	Kirgistan
3	Afghanistan	3	Kambodscha	3	Burundi
3	Vietnam	3	Thailand		